幕末譜代藩の政治行動

鈴木壽子　著

同成社

目　次

第二部　関東譜代藩の幕末

幕末譜代藩の政治行動

序章

一　幕末維新史研究の概略と本書の課題

慶応三年は、新たに出現した政局への対処と、政治の再編成が模索された重要な時期である。しかし、従来の幕末維新史の叙述をみると、慶応二年の第二次長州戦争での幕府の失政と敗戦以後は、京都において倒幕に向け進行する政治過程しか、語られていないものが多い。慶応二年の第十四代将軍徳川家茂の死と将軍交代、三年初頭の孝明天皇の死の公表は政治の一大転機であったにも拘らず、維新史の叙述は第二次長州戦争から大政奉還に直結している。確かに、将軍と幕府の半ばは京都にあり、政治の先端は京都において動いていた。そのため、政治史の視点が京都に偏っていることには理由がある。しかし、情況が切迫したなかで、政権の本来の本拠である江戸に政治行動の空白があったとは信じがたい。

過去の維新史に江戸の情勢が登場してくるのは、薩摩藩が江戸で動き始める慶応三年末の時点である。しかし、それまでの間、旧来の政権政治機構と諸藩江戸藩邸が置かれていた江戸で、何が起こっていたのか、それが全国的な政治の進展に何らかの影響を及ぼしえたのか否か、京都と並行して江戸の状況を同時にみることによって、幕府崩壊過程の全体像を視野に収める必要があるのではないだろうか。幕末維新期の長い政治史研究における、この空白部分が何故生じたのか、問題点を明らかにした上で、幕末維新の全体像の再構築につながる途を探ることが、本論の果たすべき課題である。

では、従来、幕末維新像は、どのように構築されてきたのであろうか。

まず、一世紀にもわたる幕末維新史の先行研究の状況を、おおよそ把握しておくこととする。徳川幕藩体制から天皇親政へと政治的変革を実体験した明治以降、幕末維新史研究は、変革の性格規定を行おうとしてきた。明治維新を実現した新政権は、維新後間もなく、維新への政治過程を記述する目的で、諸藩や個人に提出を求めた記録類を含めた史料に基づく『復古記』(1)の編纂事業を開始した。『復古記』は、明治維新を「丁卯十一月大政奉還に起こり戊辰十一月東京臨幸鎮将府を廃し大政帰一に終る」と定義したが、尾佐竹猛は、この公的見解がその後、維新の始期と終期を漠然とさせ、幕末史と明治史とを分けてしまったとして、維新は接合線ではなく「幕末維新」という時代の「交錯帯」であるとの考え方を示している。(2)のちに、一九八〇年代に至り「転換期」「移行期」との語が用いられるようになったが、これらは尾佐竹の指摘に重なるものとしてよいであろう。なお、この時期の始期と終期は、現在ではペリー来航から廃藩置県までとするのが一般的であり、本書もこれに従う。

『復古記』の公的見解が規定したものは、それだけではない。維新という政治体制の変革を実現して間もない時期に着手された、政府による修史事業は、王政復古主義や尊王倒幕の立場から政権の正当性を裏付けようとする政策の一環であった。したがって、維新を実現した側の政治勢力、すなわち薩長および西南雄藩と、倒された側の徳川幕府勢力との対立が、維新理解の軸となった。それは、明治国家が確立した段階で開始し昭和に終わる、次の修史事業、『維新史』において完成される。他方、その理解は、教育現場やメディアなどを通じて、社会にも定着してきたのである。

明治期には、国家事業に留まらず、これと並行して、旧幕府の立場でも多くの学者、政治家、文人たちが、個人のレベルで自身の経験や維新論を発表する状況があり、(3)これらについては、家近良樹が、右と同じ維新理解の枠内で、旧幕府勢力側から復権を図る動きであったと考えるのに対し、[4]遠山茂樹は、その動き自体、アカデミズムの維新史学の出発点であると評価している。[5]その後、尊皇・復古主義史観は国家神道や軍国主義等と結びついて、皇国史観隆盛の時期を創成したが、いっぽうでは、世界的に普及してきたマルクス主義に基づく唯物論的発展史観が導入され、その史観は資本主義の確立をめぐって経済史の分野を中心に展開されることとなった。[6]とくに、第二次大戦後は、皇国史観への反動もあって、唯物論的発展史観が主流となったが、幕末維新史研究においても、この史観によって、維新の性格規定の再検討が行われ、封建領主制国家から絶対主義国家への転換に議論の焦点が絞られた。

しかし、政治的・イデオロギー的な対立感情の高まりに比して、それが、従来の、勤王対佐幕の構図による尊皇論的政治史の理解と、基本的に対立することはなかったと言えるのではないだろうか。すなわち、図式化すれば、皇国史観においては【朝廷＋西南諸藩という倒幕勢力（勤王）】に対する【徳川幕藩体制支持勢力（佐幕）】という図式であり、唯物論的発展史観によれば、【近代絶対主義国家を創出した勢力である朝廷＋西南諸藩】対【近世封建領主制国家に留まった幕府勢力】という二極対立的図式による全体像の構築となる。いずれの立場も、この「朝廷＋西南雄藩」対「徳川幕府」という二極対立的図式をもって、明治国家成立への過渡的状況の進展過程に接近してきたのが、明治初期から一九七〇年代にいたる「幕末維新史」であったといえる。しかるに、この図式は、研究対象とその分析方法を固定化し、視点を狭めることになったと言ってもよいだろう。

維新後間もなくは、新政権を樹立した新政府の事業として、幕末維新の経過を記録しようとする問題意識から、また、唯物論的発展史観が隆盛となって以後は、絶対主義を確立した新政権の構造（基礎構造）を明らかにするという問題意識によって、主として薩摩、長州藩の研究や、尊王論の中心であった水戸藩の行動への関心は強かった。しかし、これに対して、超越した存在としての朝廷・天皇に関する興味は薄く、また、旧体制側の視点に立った研究は、ほとんど見当たらなかった。その状況については、一九六二年に田中彰が、倒幕勢力の攻撃の対象となった幕府側の研究は、分析の主要な対象ではないことに言及し、この傾向は「幕府すらいかに王政復古＝明治維新に参加したかという視角で」行われた戦前の研究よりも、かえって戦後のほうに偏りが顕著であるとし、その理由は、「マルクス主義歴史学を主軸とした戦後の歴史研究の展開と無関係ではないと思われる。（中略）まず関心の対象とされるべきものは、まさにその発展・進歩を担ったものであり、当然旧体制のシンボルであり、打倒される側である幕府その他は二の次とならざるを得ない」[7]ためであると述べて、この研究の偏りを容認している。

その後、【絶対主義的（発展した）勢力＝新政権樹立勢力】と【封建制的（遅れた）勢力＝幕藩体制支持勢力】との対立的図式は、政権獲得抗争における「勝者と敗者」[8]の対立という語に置き換えられるなど、言葉としてはイデオロギー的色彩を脱する傾向に変化していくのだが、内容的には図式を基本において踏襲したものと言ってよい。これに対して、幕末期の徳川政権を、対外的視点を踏まえながら、比較史的に絶対主義政権とする見方も生まれたが[9]、これも、絶対主義政権国家成立の時期を前倒ししたものであると考えることができるだろう。

しかし、八〇年代後半から九〇年代初めにかけて、東西冷戦終結を背景に、唯物史観的幕末維新史の見直しに拍車がかかった。それとともに、政治的色彩の強い固定化した史観の枠組みが外れ、それまでの幕末維新史に、主役としては表舞台に現れなかったものについての研究が市民権を得るようになった。その結果、従来の枠組み以外のところで、確かに続けられてきていた、史料に基づく実証的な方法を継承する研究が多数姿を現してきた[10]。それは、研究史的には、実証的な個別研究によって、幕末維新期の社会を理解し直そうとする動きの時期であると考えられる。地道な史料の発掘や再編再評価も進んでおり、例えば、いわゆる雄藩の構造的研究や、薩摩藩と幕府の対立を中心に進める倒幕過程の研究といった視点[11]、また、諸藩の尊王攘夷論者や倒幕論とその運動家の顕彰といった研究に代わって、天皇と公家の主体性、幕末の幕政改革[12]、さまざまな社会層に及ぶ個人の幕末期の生活文化や行動が対象に取り上げられ、研究が積み重ねられ、整理も進められつつあるのが現状といえる。とくに、八〇年代、顕著に進んだ研究は、天皇と朝廷に関する問題であり、幕政改革等、幕府側に視点を求めた研究であった。しかし、これらを総合して、その中から新しい枠組みまたは理解の軸を築くことは、未だに模索が続いている。個別細分化した幕末維新史研究の拡散状態を克服することは、九〇年代以降、研究全体の課題となっているのである。[13]

以上のように、田中彰が研究対象の偏りに言及した当時と比較して、研究状況の変化は明らかであると言える。それは、家近良樹が「幕末維新期における幕府・佐幕諸藩・朝廷側の研究が、西南諸藩（倒幕諸藩）側のそれに比して、著しく遅れていることは早くから指摘されている。そのため、近年、幕臣の研究や天皇の実態および幕末期の朝廷内に設置された政治機構ないしは朝廷内の諸政治勢力といったものの分析がかなりのピッチで進められつつある」[14]と述べているとおりである。すなわち、ここでは、倒幕勢力に関心の傾いていた研究史の状況を見直し、幕府支持勢力の政治行動を、幕末維新政治史の視点に加えてみる必要が指摘されているのである。こうした状況のなか、八〇年代末から、家近自身は、幕末の朝幕関係における会津藩を対象に取り上げて、幕末政治史を分析する新しい視点に立ち、孝明天皇と一会桑権力について研究成果を挙げている。[15]

一会桑という語は、すでに六〇年代終わりに、井上勲が用いていた概念である。[16]その後、井上と同様、一会桑を政権であるとして議論した宮地正人の研究や、政権内権力であるとした原口清の研究[17]があるが、いずれも、薩摩藩を中心とする倒幕勢力の成長に主たる視点を置いた研究である。井上が、一会桑を後に倒幕勢力となる諸藩を含む「有志大名」の権力参加との関係を中心に論じたのに対して、宮地正人は、幕府権力の中核である「将軍＝譜代結合」との関係における位置づけを行った。これら倒幕の進行に関心をおいて行われた先行研究に対して、会津藩の立場から、原口の指摘していた朝廷と幕府上層部とを結びつける政権内権力としての機能（「朝幕間の結合の媒介体」）を、詳細に明らかにしたのが家近の仕事である。[18]すなわち、従来の研究視点では対象となりえなかった朝幕政権内部の分析と、一会桑という新興の幕府内権力の成立と崩壊を軸として、徳川幕府の崩壊過程をみるという新たな視点を導入したのである。

このように、一会桑の分析によって、従来見えなかった徳川政権末期の内部構造が明らかにされてくれば、政権内の他の勢力の分析も同様に、進められる必要があるだろう。ところが、家近が「佐幕諸藩」と呼んでいる、譜代をはじめとする徳川政権を支えてきた諸藩の幕末期に関する研究の情況には、最近でも大きな変化がないのである。家近は、朝幕政権内権力の分析にエネルギーを傾け、新たな視点の普及に集中するが、その慧眼も、政権内の他の政治勢力と一会桑がいかなる関係にあったのかを解明するところまでは至っていない。藤野保は、この点を捉えて、この時期の幕閣諸藩（関東幕閣譜代藩）と一会桑（徳川一門）との政権内部の乖離が、徳川体制の内部崩壊を促進する原因となったとの考えを述べているが、議論が深められているとは言えない。[19]藤野の指摘の前段階として、この時期の譜代諸藩の動向を明らかにするという膨大な作業を重ねなければ、家近論の問題点を克服するところに進むことはできないのではないだろうか。したがって、この時期の譜代藩の政治行動を分析してみようとする本書の試みは、この嵌め絵を埋める一片となるものと考える。

従来の幕末維新政治史の通史の視点からすれば、譜代諸藩は、結果的に政治的敗者である故に焦点が当てられず、語られない部分が多い。それは、彼らが幕府権力の内部機構の一部であって、幕府と同質であるとの認識によるのである。宮地正人が、「将軍＝譜代結合」の限界こそが、その結合の外側にあった諸藩倒幕勢力を統一する方向へと向かわせたと理解するのも、こうした認識に一致する。しかし、幕藩関係の視点に立つならば、譜代藩とは、三河時代から配下にあった臣、あるいは体制初期の出頭人などとして、徳川家との君臣関係が緊密であり、体制成立時から徳川幕藩体制の軍事的、政治的基礎を支える存在であった。二百年以上にわたり、体制を支えた彼らが、政権の危機―彼ら自身の存在基盤を脅かす危機―にあたって、何ら注目されるべき行動をとらなかったとは、考えにくいのである。当然、彼らには何らかの行動があったと仮定してよい。

幕末維新史の視点に譜代藩を加えることには、いかなる意味があるのだろうか。それは、維新という政治社会変革のなかで、権力構造が急変するとき、新体制によって克服、凌駕されていく側に立ってみることで、その変化の実際が、より深く理解できる可能性が大きいからと考えられる。新政権は何を排そうとするのか、旧体制のどの部分が破壊され、何がどのように継承されるのか。倒幕が現実化するなかで、それに対する内側からの対応を講じ、外側からの政治的圧力を受け入れねばならなくなった旧体制側は、どのように行動し、何を考えるのか。最終的に、いかにして新政権に従う（または吸収される）のか等々、解くべき問題は多く、それらを探ることが、徳川幕藩体制最末期の諸要素を明らかにするのではないだろうか。

無論、本書が、そのすべてを実証的に論じることはできない。しかし、譜代藩にとって、徳川政権の解体が自己の解体を意味した以上、譜代藩の危機意識は強く、したがって、幕末維新の政治的な過程を分析するために、本書が譜代藩の側に視点を定めることは有効であると言うことができよう。言い換えれば、幕藩体制を体現する存在であった譜代藩なればこそ、体制が危機とその崩壊を迎えたとき、彼らがその現状にいかに対処しようとしたかを知る必要性は、高いと考えられるのである。

以上により、筆者は、徳川体制の成立以来、幕府政治の柱であった譜代藩を、維新の政治過程に関わった政治勢力の一つと位置づけ、維新の過程を、江戸（関東）から、譜代藩の視点で考察してみたいと考えるに至った。直接の課題は、譜代諸藩が、政権の最終的な危機に際して、どのような政治行動を選択したのか、という疑問を解くことである。

二　幕末譜代藩に関する諸問題

(一) 基礎的な問題

幕末史との関わりでの藩研究は、天保改革論・安政改革論のなかで、絶対主義への傾きの始まりの時期を探ろうとする視点での諸藩藩政改革研究が六〇年代から、盛んに行われた[20]。しかし、幕末期の譜代藩を対象とした研究は多くない。その理由の第一は、史料上の理由である。最後まで徳川政権を支持した諸藩においては、維新期の藩の政治的立場の安泰をはかるため、藩政史料の廃棄や改竄が行われた例が少なくない。したがって、譜代藩の幕末維新期における史料は物理的に制約があり、研究量も少ないのである。第二の理由は研究の問題意識である。譜代藩は当然のように幕府権力の内部に包括されているとの理解が、幕末における譜代藩独自の政治行動を取り上げようとする問題意識を生まなかったと考えられるのである。

こうした史料状況の下でも、いくつかの幕末譜代藩研究はある。小島茂男は六〇年代に、関東譜代の忍、沼田、安中、館林各藩の幕末を対象とする研究を行っている[21]。その問題意識は、戊辰戦争において、各藩がいかにこれに対応したかということが、その藩出身者の「その後の運命に大きく影響し」、それが大正年間原敬内閣成立まで続いているため、幕末維新における諸藩の動静は、「日本の近代史を研究する上に見逃すことのできない問題である」とするところにある。諸藩と言いつつ、何故、譜代藩を取り上げたのか、という点になると、「徳川幕府と運命を共にすべき譜代藩が、幕府の崩壊に際していかなる態度をとったかに興味を持ったからである」と述べているのは、自身の立論にずれがあると言わねばならない。しかし、小島自身が研究の「盲点」と呼んで、従来の幕末譜代藩研究という分野の手薄さを指摘していることは、確かに的を射ている[22]。

木村礎・杉本敏夫による幕末佐倉藩の研究は、詳細な藩の構造分析であり、幕末の譜代藩を対象とした優れた研究である。しかし、幕藩体制論最盛期に世に出たこの研究では、その成立こそが幕藩制の確立を意味するとして、近世成立の鍵を握る存在と考えられた譜代藩が、幕末までそのまま同じ線上に捉えられている。すなわち、そこでは、旧体制の中心である譜代藩が近世を超えることはできないと、アプリオリに捉えられていて、研究は、藩の基礎構造のうちに絶対主義政権に発展しうる要素の有無を探り、佐倉藩が、あくまで、封建領主的性格に留まったことを証明することによって、譜代藩全体の歴史的限界を見出そうとするのである。したがって、維新の政治過程における譜代藩の存在は重視されないのが基本的な立場である。しかし、木村が研究の「はしがき」[23]で、「(大勢順応の) 決定的瞬間—ここに各種の問題が凝集される—における譜代藩についての具体的分析」を行うことは「維新史の全体把握に当ってきわめて有効であることは疑いない」として、幕末譜代藩の研究には可能性のあることを示唆していることに注目したい。

藤野保は、権力基盤であった幕府と関東譜代藩の相互補完的関係が変質することによって、幕藩体制は内部から徐々に崩壊を始めていたとの持論を展開している。すでに触れたように、藤野は、家近良樹が明らかにした一会桑権力の成立は、関東の譜代藩を基盤としていた政権が、徳川一門に権力を集中させることとなった結果であるとし、一門による一会桑政権の成立によって、幕府内部では、次第にこの一会桑政権と関東幕閣譜代権力との間に対立・政策矛盾・乖離が現出し、内部からの幕府崩壊を加速してゆくと考えている。[24] この相関分析が、従来の史観に基づく明治維新解明に代わる視点となりうるのではないかと主張するのである。[25] この、譜代藩と一門の相関関係を、幕末政治史の政権分析のなかに据え、これを維新史の新たな枠組みとする議論は、進展していない。[26]

しかしながら、少なくとも、藤野の「関東幕閣譜代藩」という概念は、当然、徳川政権にとっての軍事要塞であり、相互に依存し合う権力基盤である関東、幕府を動かす政治機関としての幕閣、制度としての譜代藩という諸概念を含むものではないかと考えられ、徳川政権の崩壊する幕末維新期を考えていく上で、立ち返るべき基本的な問題点を意識させるものとして、重要である。

(二) 譜代藩の態度と呼称について

幕藩体制末期の危機における譜代諸藩の政治行動が、研究対象として問題意識を生まなかった情況をみたが、では、取り上げるに値しないとされたのは、どのような評価の結果であったのだろうか。それは、明治初期以来、大政奉還から維新政権に吸収されるまでの譜代藩が、いずれも、新政権に対する政治的態度が不明瞭であるとされ、日和見あるいは曖昧という語によって表されてきたことの延長線上にある。すなわち、薩摩はじめ西南諸藩の立場から見た幕末維新史の枠に一致するものである。

田中彰は六〇年代に、これら態度不明瞭とされる藩を日和見藩との語で呼び、池田敬正も同様である。[27] そして、こうした語によって、譜代藩を中心とするこれらの藩が、切り捨てられたままになっている状況には、現在でも基本的にあまり変化がみられないと言ってよいであろう。例えば二〇〇二年の田中彰についてみると、「あいまい」[28]とひらがな表記を用いるようになっている以外、基本的な理解は、以前と同様である。幕末譜代藩に関する先行研究には、次節で詳しく触れるが、それに先立ち、ここでは、まず、大政奉還から維新政権に吸収されるまでの譜代藩を、一貫して「曖昧」と規定することについての是非を、意味と、語の使用対象時期の面から、検討しておきたい。

明治二年の戊辰戦争の論功行賞は、全国の藩を「勤王藩」とそれ以外とに分けることになった。[29] これに対する概念は「朝敵藩」であろう。「朝敵」の語は、中世より使用されており、近世では長州戦争期長州藩に用いられて以後、戊辰戦争期に立場が逆転して旧幕府勢力に対して用いられ、新政府のもとで定着したと考えられる。また、原口清は、戊辰戦争と藩体制を論じるについて、明治二年五月の備中国住人島田某の言葉を引いているが、そのなかには、すでに「朝敵」藩とともに「曖昧」藩との言い方が表れている。[30] これは、「勤王」でもなく、「朝敵」でもない、幕末における政治動向が不明瞭であった諸藩を指した用語であり、明治初めにはいくらかの価値判断、つまり後ろ暗いという意味を含めた語であったと思われる。

勤王（尊王）、佐幕という語は、幕末を通じて使用され、朝敵は立場を変えて使用されたが、最終的には戊辰戦争期に使用された語である。しかし、「日和見の曖昧藩」との語は見えても、史料的に「日和見藩」という語を発見することは、管見の限りできていない。すなわち、ジャーナリスト宮武外骨は、『府藩県制史』を編纂中に「順逆表示の史実、永久不滅の賞罰県名とみるべき事実」を発見したというのである。[31] 新政府は、明治二年の戊辰戦争戦功賞典において、その貢献度によって諸藩を分けたが、それが廃藩置県時に県名を付すときの原則として反映されたというのであり、三名称は「忠勤藩」「朝敵藩」「日和見の曖昧藩」[32]となっている。つまり、「曖昧」という語は戊辰戦争の賞典にともなって当時の人々の間で、忠勤藩でなかった後ろ暗さ（立場を変えれば後ろめたさ）を含んで生まれた語だったと思われるのである。廃藩置県は明治四年のことである。各種の修史事業や恩典表彰の進行にともなって、その基本となった大政奉還をもって時代区分を行う立場によって意味が拡大され、次第に、大政奉還以後の時期すべてにこの語が適用されるようになったものではないだろうか。

つまり、「曖昧」という語は、戊辰戦争の賞典に伴って広がった語であるが、定められた用語ではなく、慶応三年十月の大政奉還後、朝廷による諸藩への上京命令に対して示された反応から、恭順意志の不明確な諸藩（とくに譜代藩）について、恐らくは日常的習慣的に使用されてきた語であると考えられる。戊辰戦争の賞典では、譜代藩のうち彦根、大垣等少数が忠勤藩とされ、僅かな「朝敵藩」との間に位置する諸藩が灰色（「曖昧藩」）として見られることとなり、「曖昧藩」の大部分は譜代藩であったことは、田中彰によっても述べられているとおりである。[33] 前述した原口清を除けば、研究者たち（遠山茂樹さえ）も明確な出典を示すことなく、戊辰戦争中からの言葉として「勤王」や「朝敵」をむしろ自然に用いている状態であることをみれば、原口の引いた島田某の言以外に、史料的に初見を見出すことは難しいと考えねばならない。そのような状況で、「曖昧」を正確に規定しようとすることは難しいが、少なくとも研究の中では、諸藩の態度を、幕末維新史を通して「勤王」か「佐幕」か、という概念で分け、いずれにも属さぬ者を「曖昧（または日和見）」と呼ぶことは厳密さを欠く。大政奉還後、全国の政治状況は一様ではなく、さまざまな局面を見せながら変化していった。語の概念を再検討しなければならないと同時に、また、実証的にも、態度不明の諸藩に対する「曖昧」という言葉を、どの時点で使用することが適当なのかについて考えねばならないだろう。参考までに、前掲の池田敬正の場合は「日和見藩」という語を、戊辰戦争勃発時点で初めて用いている。[34]

従来、曖昧と称されてきた政治行動の根本は、「勤王」という語の理解に立ち戻ってみるとき見えてくるのではないだろうか。「勤王」は王事に勤めるの意である。公武合体が議論された時期以降、朝幕政権下では、当然のことと受け入れられていた概念である。同様に「佐幕」は、古来将軍の軍事行動を補佐する意味であり、嘉永・安政期以降幕府支持を意味する語であった。すなわち、これが、幕末においては「倒幕または討幕」の対立概念として、立場を変えて使われた語であったことは、尾佐竹猛が明らかにしている。[35]

公武合体から公議政体論を支持してきた譜代藩にとっての「勤王」は、朝幕政権のもと、元来「佐幕」を当然包括する概念であったはずである。そしてそれ以後、「勤王」と天皇の国「皇国」は、全国共通の意識であった。逆に、倒幕派のなかでは、「佐幕」は自己の政治的立場に対立する概念として用いられていた。しかし、新政権が成立し、徳川追討令を境に「勤王」「佐幕」という語は変化したのではないだろうか。つまり、新政権側の論理の中に、「追討する側すなわち政権首長である天皇を頂く立場を表す概念」＝新「勤王」、「追討対象である徳川を擁護することと同意の概念」＝新「佐幕」が生まれたと考えてもよいのではないだろうか。この新「勤王」概念の出現により、「佐幕」概念は明確に政権枠外に押し出されて、客観的（徳川支持者にとっても）に対立概念を形成することとなった。追討令によって、新政府が自らの論理で明確にうち出した新たな勤王概念、すなわち「勤王＝反徳川」から見たとき、多くの譜代諸藩の態度は反徳川にまで至っていないという意味において、政治的に不徹底ということになる。しかし、徳川支持を掲げた譜代藩側の意識は朝廷に対立するまでには至らなかった故に、それは、すぐに軍事的政治的対決を意味するものではなかったと考えられる。つまり、譜代藩にとってみれば、それは当然の政治的立場であったことになる。

したがって、「曖昧」とは、新政権側から見たとき、正体が見えない、先が予測できないということを意味する語であることになる。単に正体が見えないという意味に留まるのではなく、徳川排除という政治的に最重要の点で不徹底さを残す以上、「曖昧」は新政府の政治的立場に明確に対立する第三の政治的立場であったと言うことができる。無論、譜代諸藩が自己の立場を表現する語として、この語を持ったとは考えられない。本項冒頭に述べたように、あくまで、新政府側から見ての言葉である。しかし、筆者は、対立する勢力からそのように呼ばれるようになったこの立場を、譜代藩の政治的選択の結果として認めたいと考える。そして「勤王対曖昧」を、政治的概念としては、徳川追討令以後の時期、東征軍の進攻の時期において使用されるべきものと規定したいのである。

では、多くの譜代藩が総督軍に対して恭順の姿勢をとったのは、この新勤王概念に取り込まれたことを意味するのだろうか。いくつかの例をみてみよう。最終的に第一の忠勤藩とされて恩典に浴した彦根藩は、「勤王」への対立概念として、否定されるべき「勤幕」という語を持っていたとされる。[36]よって、彦根藩の政治的立場は、「反徳川」にまで至っていたといってよいだろう。また、佐倉藩では、慶応三年段階で「奉幕」という語が用いられ、その後「恭順」表明した後も継続して持ち続けられたとされるが、[37]これは「新勤王＝反徳川」に対立し、「佐幕」とも一線を画する概念ではなかったのだろうか。佐幕とは本来、将軍の軍事力を意味する語であったが、軍事的に幕府を助けるという意味を含まぬ「奉幕」という語は、新政府側から態度未決の藩への説得に向かわされることになった諸藩にとっても共有できる概念であり、相互の妥協点に存在しえたと思われる。徳川を奉じるためには徳川家と命運を共にすることであり、徳川家の意思が恭順であった以上、自らも恭順するとの理解であり、特異な定義ではなかったと考えることができよう。「恭順」は、多くの譜代藩にとって、新政権への屈服（被征服）を意味しなかったと思われる。

飯島章は、関東の小藩である下館・下妻両藩について、戊辰戦争期の大鳥圭介軍への協力という視点から考察している[38]。下館藩は小藩ゆえに強大な軍事力を前にして大鳥軍に協力せざるを得なかったが、同時にこれが表面的な協力に過ぎないことを新政府軍側にも献金するとともに、文書で伝えていることが明らかにされている。全体の論調は結果として、大鳥軍に高い評価を与えている印象だが、ここでは、藩のいわば二股をかけた政治行動が史料的に跡付けられている。

飯島自身は言及していないが、この論を延長すれば、政治的に勤王でも佐幕でもない第三の立場の存在がみえてくるのである。これを「曖昧」の実例のひとつとしてよいのではないか。「曖昧」は無意思と同義ではなく、実は徳川追討令以降も意思表示を行わなかったと受け取られた佐倉藩、小田原藩、館林藩などの例があるように、新政府軍の攻撃の第一の対象となる。それは、この第三の立場こそが、どちらに転ぶか見通せないという意味で、彼らにとって、政治的に最も警戒すべき行動選択であったからだと考えたい。そして、その第三の立場を放棄させることによってのみ、新たな国家統一は実現されるのである。したがって、譜代諸藩の側から言えば、この立場を意思的に放棄すること――「曖昧との決別」――により、初めて、新政権下に組み込まれることになるのである。木村礎は、それを指して「最後の決定的瞬間」と呼んでいるのではないか、と筆者は考えるのだが[39]、それ以前に掲げられた「曖昧」という立場を意識し、本書では、それを「曖昧との決別」と呼ぶ。

以上のように、「曖昧」を徳川追討令以降の選択肢となった政治的立場のひとつと見なすならば、政権内部の譜代諸藩は当然それ以前、明確な政治的立場（朝幕政権支持）を掲げていたものと考えることになる。本書は、慶応三年から四年二月にかけての政変期における幕末譜代藩の政治行動を、慶応四年二月の徳川慶喜恭順以降におけるそれとは異なる行動と捉えている。すなわち、朝幕政権支持から「曖昧」を経て、「曖昧との決別」により新政権に従う、との過程をたどるのが、関東の幕末譜代藩の政治行動のモデルであることを、筆者は実証的に示そうとしているのである。そして、管見の限り、先行研究にはこの過程の全体像を描いたものはない。

三　本書で明らかにすること

(一) 政変期における譜代藩の全国的状況

維新後間もなく編纂が行われた政府主導の史料集『復古記』をみると、慶応三年の記述には、大政奉還という政変を中心に多くの藩に関する資料が集められており、譜代諸藩が朝廷の上京命令を返上し、幕府勢力を回復することを訴え、京都の将軍に対して一致して行った上書運動に関する史料が、多数掲載されている。しかし、前述のとおり、従来、この時期の譜代藩の政治姿勢への理解は、大政奉還後の上洛命令に対する態度が不明確であるとし、譜代藩の政治的主体性を認めていないのが主流であり、この事に関心を留めていない。この関心のあり方には、最近までさほど変化していないと思われる。その一例を挙げると、田中彰は「情勢混沌、憶測はみだれ飛び、諸大名は形成展望を決め込んだ。(即上京を決定した十数藩以外) あとの二百の諸藩は、辞退もしくは上京延期などによって、去就を明らかにしなかった」とする。「二百の諸藩」とは譜代藩を含むほとんどの諸侯である。かれらの態度を一まとめに、形勢展望を決め込んだ消極的姿勢とし、譜代諸藩の行動を、とくに問題として取り出していないところに、過去の幕末維新史における譜代藩理解の特徴が集約されていると言えるだろう。[40]

『維新史』[41]は、大政奉還に際し、諸藩は初め形勢を展望し去就に迷ったとしながらも「譜代藩のなかには上京命令を拒否しようとするものが少なくなく」、それによって江戸と京都の情勢は切迫し、危機感を抱いた朝廷は説諭に乗り出して将軍慶喜に事態を収拾させたとする。この譜代藩の態度を「大政奉還の盛挙に汚点を印せんとする形勢」を示したものと理解する『維新史』の立場は、譜代藩の行動を朝廷の立場に逆らうものである故に、退けるべくして退けられたものと評価していることになる。しかし、裏を返せば、譜代諸藩の行動は、政治的危機を形成したという点で大政奉還後の政局に大きな意味を持ったという議論が成り立つのである。そこで、筆者はこの立場によって、慶応三年後半から四年前半の江戸における譜代藩の政治的動向を再考する。

『維新史』には、政治行動の一例として譜代藩による殿席単位の上書が挙がっているが、実像は明らかでない。この運動はどのようなものであったのだろうか。これについては、管見の限り、先行する研究は多くない。その中に、『復古記』の諸史料と佐倉藩家老平野知秋の筆記を中心に、上書運動を考察した杉本敏夫の「藩体制の解体」[42]がある。杉本は、運動を幕府支持勢力による政治運動として捉え、譜代藩が政治的に結集したことを明確に主張している。すなわち、慶応三年十一月の朝廷からの上京命令に対する殿席ごとの上書、および四年二月の徳川慶喜除名嘆願上書という二度にわたる譜代諸藩の行動を取り上げ、これらを継続した一連の運動とし、その主体を「佐幕統一戦線」という名で性格づけている。この「統一戦線」は、しかし、王政復古後、多くが自藩安泰のため大勢順応して離脱した結果、急速に失速したと理解される。この結論は、最近の真辺将之の研究にも引き継がれている[43]。

杉本以来、上書運動は、取り上げられずにきたが、運動について、初めて幕末維新史の通史にも頁を割いたのが井上勲[44]である。井上は、徳川政権発足以来徳川の臣であった譜代諸藩のうち九四藩が殿席ごとに上書し、官位返上・徳川政権再委任のための行動を起こした慶応三年秋の運動の存在を認めるが、すでに大政奉還後であることから、これを「徳川遺臣」の行動とする。「官位を返上して王臣であることを拒否すれば、譜代諸侯は純然たる徳川の家臣である。徳川の家臣であることを語る譜代の諸侯を糾合して関東に割拠すれば、（中略）西国の諸藩が天皇の権威を独占したとしても、対抗できないわけではない」[45]との考え方によれば、井上は徳川譜代の家臣を徳川軍団と捉えており、「徳川遺臣」は、無力な過ぎ去る者ではなく、この段階では、一致して行動を選択できる政治勢力と認識していることになるのではないだろうか。

これより先、藤井甚太郎は、(46)慶応三年における諸大名の情況について、「諸勢力の断面」として、慶応三年においては、公卿、諸大名、幕府勢力、浪人勢力といった「維新の基調となる勢力」が存在していたとし、慶応三年大政奉還後の時点で諸大名は、「討幕の密勅を受けた薩長二藩並にその同志藩」「忘恩の朝臣たらんよりは全義の陪臣たらんなど公言せる譜代大名中の同志」「その他」に分けることができると述べて、『維新史』の立場より一歩踏み込んだ見解を示している。杉本、井上が、大政奉還後の江戸における譜代藩の政治的行動を、「佐幕統一戦線」や「徳川遺臣の行動」という名で呼んだということも、それを構成した譜代藩を政治運動の担い手、すなわち幕末における政治勢力の一つとして捉えたものと考えてよいのではないだろうか。

また、譜代藩が連帯して一勢力を形成しえたと考えることが妥当なのか否かについては、時間的には遡るのだが、「将軍＝譜代結合」という枠組みで幕末国内政治過程を理解した宮地正人の研究が示唆的である。(47)なるほど、安政期と慶応期の点で隔たりはある。また、宮地の本来の主張が、文久、元治期には、この結合が無力化し、権力の中枢が一会桑に移ったことを主張していることを考えれば、譜代藩を政治勢力のひとつとすることとは相反すると思われる。しかし、それでもなお、宮地が政治的に連帯する主体として譜代藩を取り上げた視点は重要である。なぜなら、すでに安政期に、徳川政権構造の柱である「譜代」内部で諸藩が同一の政治目標を掲げて結集し、一大政治的圧力を形成した事実は先例を形作り、本書の対象とする時期においても、譜代藩が体制最大の危機に対処するにあたり、結集して一斉に意思表明を行うという政治行動を選択する素地を残していたと考えてよいと思われるからである。

本書第一部では、以上の論者の主張を参考に、慶応三年における譜代藩を一政治勢力と把握し、大政奉還後行われたとされる譜代藩による上書運動を分析、考察していこうと考える。その際、「統一戦線」「徳川遺臣の行動」との用語に代わり、複数の者が一定の目標を得て共同路線をとるという意味での「連帯」という語を使用し、研究の中心を、譜代藩の連帯運動の実態を明らかにするという点に絞り込んでいくことにしたい。(48)

（二）幕末関東譜代藩の政治行動モデル

譜代藩は、体制成立時から徳川幕藩体制の軍事的、政治的基礎をさせる存在であった。したがって、徳川政権の崩壊は、譜代藩と徳川氏との君臣関係の崩壊すなわち彼らの存在意義の崩壊でもあったことを考えるとき、諸藩の最終的な意思決定がどのような課程をたどったのかを明らかにすることは、政権交代の実際を知るために重要な課題であると思われる。新政権による支配の進捗を見通そうとする研究視点からすれば、すでに新政権が成立した後で、未だ政権に吸収されない諸藩を曖昧＝態度不明瞭の枠によって一括りにし、個々の藩の内部に目が向けられなかったことは自然であろう。しかしながら、本書が「曖昧」と規定すべきとの仮説を設けた時期、すなわち、体制の最終的崩壊時期は、新政府側の政治的圧力の下で、譜代藩である故の葛藤とその克服とが見て取れる時期であると考えなければならないだろう。

残されたままであった譜代藩の最後の政治的意思の決定（「曖昧」という立場を意識的に選択された行動とする本書は、それを「曖昧との決別」と呼ぶが）を探るという課題に、先行研究はどのように向き合っているだろうか。

佐々木克は、譜代藩の頂点に立っていた彦根藩の慶応四年段階での藩論転換の時期について議論しており、王政復古直後には、譜代諸藩の筆頭にいる彦根藩の恭順を勝ちとることが、全国の譜代藩の態度決定に対して影響力大であったことは、新政府側によって十分認識されていたことにも言及している。[49]杉本敏夫も、佐倉藩について、慶応四年二月から三月にかけての徳川慶喜助命嘆願上書運動の咎めにより、藩主は京都において謹慎命令を受け、いったん恭順を表明したものの、藩主の赦免帰国後、藩内の旧幕府支持論は再燃し、藩内大激論となったこと、重臣層が議論を制し、ようやく抑え込んだこと、藩内は一致して「奉幕」を底流に抱き続けたことを述べている。[50]また、小田原藩のように、徹底して新政府に抵抗し、敗戦して過酷な弾圧を受けた藩もあり、庄内藩のように、早期に帰国し、奥羽列藩同盟の中心となった藩もある。その他の譜代藩に関してみると、飯島章は、前述のように、[51] 関東譜代の小藩である下館・下妻両藩について、戊辰戦争期の両藩が、旧幕府軍である大鳥圭介軍と新政府軍双方に協力していることを明らかにした。

以上のように、慶応四年の慶喜恭順以降、譜代藩の最終的に選択した意思決定はひとつの型にはめることはできず、それぞれのおかれた状況によって、異なっているのである。

本書第二部では、その一例を明らかに描き出すために、当時奏者番として幕政の一角に携わり、譜代藩の連帯運動にも積極的であった館林藩秋元家を対象に取り上げ、藩が譜代藩としての基本的立場から、「曖昧」行動を経て、最終的に新政権に従う意思決定を行うまでを追ってみる。

本書が、館林藩秋元家を研究の対象に取り上げたのは、何よりも、幕末期の未知の史料に遭遇する機会を得たことが最大の動機であるが、館林藩を、幕末譜代藩の政治行動モデルをみるのに適した存在であると考えたのは、次の理由による。すなわち、秋元家は、大御所出頭人の一員であり、第一に、あくまで関東に所領をもつことに拘りつづけ、関東幕閣譜代藩の一角としての意識が高かったこと。第二に、複数の関東幕閣譜代藩同様、幕末時点でみると、畿内と羽州とに飛領を与えられて、実高十一万石（表高六万石）となっており、関東では親藩を除き、小田原、佐倉に継ぐ実力であったことである。

このような存在でありながら、幕末の館林藩については、管見の限り、先行研究と呼べるものが非常に少ないのだが、従来次のように理解されてきていた。まず、福田啓作は、歴代の館林領主中、秋元家は他の領主に見られない「一大勲績を残された。夫れは戊辰役に於ける勤王である」と述べて、慶応四年閏四月の「錦旗拝戴」以降の藩の行動を館林藩の勤王事績として評価した。[52] 川島維知は、「（幕末館林藩は）勤王対佐幕の対立から藩は混乱を極めた」ものの、戊辰戦争へのいち早い官軍出兵により、ようやく本来あるべき勤王に統一された（傍点筆者）。関東において最初の官軍参加であり、大きな戦功をあげて関東で三藩のみの「勤王藩の恩典に浴した」として、「勤王対佐幕」論に立ち、館林藩の主流は率先して終始勤王であったとの理解を展開する。[53]『明治史要』に示された「戊辰戦功賞典表」[54]に記載された譜代藩は少ないが、確かに、館林藩もそのなかに含まれている。

小島茂男は館林藩の幕末は、勤王対佐幕の対立のなかで、前者が後者を凌駕する過程であると理解している。小島の視点は、川島に比べて、より客観的、政治的である。しかし、小島が明らかにした藩内勤王派の行動をみると、[55]川島の主張する終始勤王の状況は、四月、閏四月に、新政府軍の関東進軍以後、政治的態度の決定をめぐって藩内の議論の対立が激化して以降の時期におけるものであり、小島もまた同様である。したがって、結果的に『明治史要』に見るような評価を得るに至るまで、慶応三年から四年の奥羽戦争終結にかけての時期を、中堅的譜代藩である館林藩がどのように行動してきたのかを具体的に知ることのできる先行研究は見出せない。それは、従来の館林藩研究の主流が、政変期の藩が、権力を構成する一員であったという事実に注目していなかったこと、つまり、藩を戊辰戦争の全国的な政治状況情況のなかに置くという視点をとらず、藩内部における勤王対佐幕の対立に、関心を集中させていたことによるのである。

右のような理解に対して、次のような記述もある。すなわち、「新藩主礼朝は慶応三年（一八六七）に奏者番となり、幕府政治の参画に一歩を踏み出すが、活動するいとまもなく翌年明治維新を迎えることになる」という『群馬県史』[56]の記述である。しかしながら、これも、前掲の川島に代表され、維新期以来形成されて、今に至るまで根強い「終始勤王館林藩」理解との違いには踏み込んでおらず、実際には権力内の存在としての動きを認めてはいない。しかし、幕末政変時の館林藩が、奏者番として幕政に参画していたという事実認識に立ち返ってみたとき、慶応三年から四年にかけての館林藩について、先行研究とはかなり異なる像が描かれるはずである。[57]

注

（1）『復古記』は明治二年の詔勅に基づき、明治五年太政大臣成員歴史課において編纂が開始し、修史曲、内閣臨時修史曲を経て帝国大学編纂掛により、明治二十二年に『復古記』『復古外記』二九八巻十五冊として完成した。
（2）尾佐竹猛『明治維新・上巻』（白揚社、一九四二）九―一〇頁
（3）旧幕臣の代表的な論者には、福地源一郎（『幕府衰亡論』一八九二、『幕末政治家』一九〇〇）、戸川残花（『幕末小史』一八九八）、渋沢栄一（『徳川慶喜公傳』）などがあり、雑誌『旧幕府』の発行も行われた。
（4）家近良樹『孝明天皇と「一会桑」』（文春新書、二〇〇二）七〇頁。
（5）遠山茂樹『明治維新』（岩波書店、一九五一）五―六頁。
（6）日本資本主義論争は、一九三二～七年頃まで行われた。明治維新を絶対主義革命であると規定する講座派（『日本資本主義発達史講座』）と、明治維新をすでにブルジョア革命であると考える労農派との間に論争が戦わされた。
（7）田中彰「幕末の政治情勢」（岩波講座日本歴史一四、一九六二）一二七頁。
（8）田中彰『明治維新の敗者と勝者』（NHKブックス、一九八〇）。
（9）幕末絶対主義政権論は、石井孝『明治維新の国際的環境』（吉川弘文館増訂版、一九六六）が中心的に主張した。幕末の改革を国民国家形成過程と考える立場によるのが、西川長夫・松宮秀治『国民国家形成と文化変容』（新曜社、一九九五）。家近良樹も、維新を経なくても、絶対主義国家は成立していたとの議論は、新たな視点として、もはや定着していると述べている（『日本歴史』六六九号、二〇〇四所収の工藤威『奥羽列藩同盟の基礎的研究』に対する書評）。
（10）最も顕著な対象が、皇国史観、唯物史観いずれの立場からも避けられていた天皇個人と公家についての研究である。次に、幕府側の立場を取りつつ、国際視野を入れた幕政改革、幕末の重工業・軍需産業、言路開放と人材登用などを評価する研究がある。また、知名度の高い幕臣以外にも、無名の幕臣個人やその家族についても、維新後の行動などが研究対象とされはじめた。一気に現れてきたこの状況に対して、宮地正人は「研究視座の無政府的な、あまりに無政府的な現状への不満」があると述べ焦燥感を露わにしている（「廃藩置県の政治過程」ⅱ頁、坂野潤治・宮地正人『日本近代史における転換期の歴史』山川

出版、一九八五所収)。
(11) 羽賀祥二「開国前後における朝幕関係」(『日本歴史』二〇七号、一九七九)、宮地正人『天皇制の政治史的研究』(校倉書房、一九八一)、藤田覚「国政に対する朝廷の存在」(『日本の近世』第二章天皇と将軍、中央公論社、一九九一)、深谷克己『近世の国家、社会と天皇』(校倉書房、一九九一)ほかの諸研究がある。
(12) 家近良樹編『幕政改革』(『幕末維新論集』③、吉川弘文館、二〇〇一)の文末解説(三三四頁以下)に詳しい。
(13) 一九九二年の明治維新史学会の設立と、『幕末維新論集』『明治維新史論集』の刊行は、その中心的な動きである。
(14) 家近良樹「会津藩公用方(局)の実態について」(『大阪経済大学教養部紀要』第一〇号、一九九二・十二月)。
(15) 家近良樹『幕末政治と倒幕運動』(吉川弘文館、一九九八)、「会津藩公用方(局)の実態について」(『大阪経済大学教養部紀要』第一〇号、一九九二・十二月)、『孝明天皇と一会桑』(文芸春秋社、二〇〇二)、『もう一つの明治維新』(有志舍、二〇〇六)。
(16) 井上勲「将軍空位時代の政治史―明治維新政治史研究―」(『史学雑誌』第七七号、一九六八所収)。
(17) 宮地正人『天皇制の政治史的研究』(校倉書房、一九八一)第三章幕末過渡期国家論(六六頁以下)。
原口清「近代天皇制成立の政治的背景―幕末中央政局の基本的動向に関する一考察―」(遠山茂樹編『近代天皇制の成立』岩波書店、一九八七所収)一〇三頁以下。
(18) 家近良樹『幕末政治と倒幕運動』(吉川弘文館、一九九八)。
(19) 藤野保『近世国家解体過程の研究』(吉川弘文館、二〇〇六)後篇、五頁。最近著である『幕藩制国家と明治維新』(清文堂、二〇〇九)においては、一会桑政権時期の老中藩の構成が、関東幕閣譜代藩とは異なっている点に触れているが、一会桑政権の性格規定などの深い議論が行われているとは言えない(同書八八頁)。
(20) 藩政改革と明治維新に関しては、遠山の絶対主義への傾斜論以降、絶対主義への芽生えを探って、七〇年代まで、盛んに議論された。遠山茂樹『明治維新』(岩波書店、一九五一)、堀江英一編『藩政改革の研究』(お茶の水書房、一九五五)、関順也『藩政改革と明治維新』(有斐閣、一九六五)、田中彰『幕末の藩政改革』(塙書房、一九六五)、芝原拓自『明治維新の権力基盤』（お茶の水書房、一九六五）。その後、藩ごとに天保、安政期の改革研究が現れた。

(21) 小島茂男「幕末維新における譜代武州忍藩の動向」（『順天堂大学体育学部紀要』第六号、一九六三）、「幕末維新における譜代安中藩の動向」（『同』第八号、一九六五）、「幕末維新における譜代沼田藩の動向」（『同』第九号、一九六六）。

(22) 木村礎・杉本敏夫『譜代藩政の展開と明治維新』（文雅堂銀行研究社、一九六三）所収。

(23) 同書五—七頁。

(24) 藤野保『江戸幕府崩壊論』（塙書房、二〇〇八）。

(25) 藤野保『近世国家解体過程の研究』（吉川弘文館、二〇〇六）後篇、五頁。しかしながら、最近著である『幕藩制国家と明治維新』（清文堂、二〇〇九）においても、これは維新史叙述の枠組みとして採用されておらず、一門と関東譜代藩の乖離を軸にした、きちんとした政権議論は、具体的に進展していない。

(26) 注（25）の前掲書で、藤野が維新史の枠組みとして構えたのは、鎖国成立から開国を軸としてみた、幕藩制国家を取り巻く対外環境である。

(27) 『岩波講座日本歴史』第一四、一九六二。

(28) 田中彰『明治維新』（講談社学術文庫、二〇〇三）四五頁。

(29) 『明治史要』（東京大学出版会、一九三三）附表四頁。

(30) 原口清『戊辰戦争』（塙書房、一九六三）二五〇—二五一頁。

(31) 宮武外骨『府藩県制史』（谷沢永一・吉野孝編『宮武外骨著作集第三巻』所収、河出書房、一九八八）八九頁。

(32) 同右。田中彰もこれについて述べている（『明治維新』講談社、二〇〇三、二〇〇頁）。表記は「あいまい」とひらがなである。

(33) 田中彰前掲書。

(34) 池田敬正「幕府の倒壊と戊辰戦争」（『岩波講座日本歴史』第一四、一九六二）二八六頁。

(35) 尾佐竹猛『明治維新』（宗高書房、一九七五）八〇二頁。

(36) 佐々木克「彦根藩と戊辰戦争」（彦根市教育委員会『幕末維新の彦根藩』、二〇〇一、所収）。
(37) 杉本敏夫「藩体制の解体」（木村礎・杉本敏夫『譜代藩政の展開と明治維新』、文雅堂銀行研究社、一九六三所収）。
(38) 飯島章「戊辰戦争期の常総地域―大鳥圭介軍の北上を中心に」（『茨城県史研究』七七、一九九六）。
(39) 注（22）参照。
(40) 田中彰『明治維新』（講談社学術文庫、二〇〇三）四五頁。原口清『戊辰戦争』では、郡県制論との関連から、この譜代藩の行動を記していながら、そこに特別な関心を向けていない。
(41) 『維新史』（維新史編纂事務局、一九四〇）第十八編第一章一―二頁。
(42) 杉本前掲論文。
(43) 真辺将之「明治期『旧藩士』の意識と社会的結合」（『史学雑誌』二〇〇五、一号）は、この運動の結果に幕末の藩士行動の典型例を見出し、これを前提にした明治期旧佐倉藩士族の分析を主題とする。
(44) 井上勲『王政復古』（中公新書、一九九一）、「徳川の遺臣―その行動と倫理」（『開国と幕末の動乱』所収、吉川弘文館、二〇〇三）。
(45) 『王政復古』二九二頁。
(46) 藤井甚太郎「明治維新（一）」（『岩波講座日本歴史』第八、国史研究会、一九三五）。
(47) 宮地正人『幕末維新期の社会的政治史研究』（岩波書店、一九九九）。
(48) 本論第一章で後述するように、史料上の用語は「連合」であるが、回状の写しに一度出るだけで、用語概念も読み取れる箇所がないため、これを採用せず、「連帯」という語を用いることとした。
(49) 佐々木前掲論文。
(50) 杉本前掲論文。
(51) 飯島前掲論文。
(52) 福田啓作「戊辰役に於ける館林藩の勤王」（『館林双書・二一』館林市教育委員会、一九九三）一三九頁。

(53) 川島維知「館林藩史料について」(『館林双書・九』館林市教育委員会、一九七七)三頁。
(54) 『明治史要』(東京大学出版会、一九三三)。
(55) 小島茂男『幕末維新期における関東譜代藩の研究』(明徳出版社、一九七五)。
(56) 『群馬県史』通史編・四巻、一九九九、七三四頁。
(57) それに先立ち、福田、川島らが用いてきた「幕末館林藩」という語の意味を再確認しておく。この語は、館林の地方史研究家の間では、館林に入封した諸大名のうち、近世最後の幕末期に領主となった秋元家の藩政を指す呼び方である。そのため、幕末維新史的にみると、安政から文久、元治年間を経て、戊辰戦争終結に至るまでをとおしての用語となっており、いったんこれを離れる必要があると思われる。本章で、幕末館林藩という語を使用するとすれば、それは、幕末期の一藩である館林藩という以上の意味を持たない。

第一部　譜代藩の政治的連帯

第一章　江戸における政治運動の展開

慶応三年の江戸で展開された譜代藩の連帯運動について、過去の研究は多くはないが、ここでは先ず、すでに序章においても検討した先行研究との関わりにおいて、以下の諸点について考察していくことにしたい。

第一に、先行する研究は、譜代藩による上書運動が徳川体制支持の運動であることでは一致しており、この運動は大政奉還をきっかけとして起こったとされている。しかし、慶応三年（一八六七）十月末に至るまで、譜代諸藩の間に、徳川政権の再構築を模索しようとする動きはなかったのであろうか。仮に、大政奉還以前にそうした動きがあったことが実証されるなら、譜代藩の連帯は上書運動以前にその根を持っていると考えられ、慶応三年秋から十二月にかけての政変期の全国的な政治過程の考察に、譜代藩の動きを一要素として加えねばならないことになるのではないだろうか。したがって、運動の開始時期を再検討することが求められる[1]。

第二に、慶応三年の運動における城内四殿席連帯の実在如何である。譜代四殿席連帯については、『維新史』が、「譜代藩のなかには（上京命令を拒否するものが）少なくなかった」との表現を用いて、運動が譜代藩全体のものではないととれる記述を行い、また原口清[2]が、雁席は上書せずと理解し、否定的である。これに対して、井上勲は、大政奉還後の各席上書は城内四殿席の一致した行動（連帯）の現れとし、譜代藩の連帯の存在を肯定的に捉えている。杉本敏夫も、四殿席による一斉上書の存在を認め、四殿席の連帯を「佐幕統一戦線」の行動の表れと位置づけている。

しかし、杉本、井上論のように、四殿席同時の上書行動が実現していたとすれば、それは、大政奉還が江戸に伝わった十月二十日から十一月中旬までの期間で成立したことになる。この連帯は、短期間では成立しがたいと思われるほど大規模であり、それがいかにして可能であったのかを探ることが求められてくる。したがって、そこにも、従来のいずれの研究でも、大政奉還後であったとされている連帯形成の時期について、再考を加えねばならない理由がある。

第三に、杉本論文、真辺論文において、慶応三年秋と慶応四年（一八六八）二月の二つの上書運動は、時間的に連続した一連の政治運動と捉えられている。すなわち、王政復古後、多くの藩が、あくまで徳川氏支持を貫くか、新政権に恭順して自藩の安泰を図るか、という葛藤のなかで、後者を選択した。その結果、運動の担い手の多くが離脱し、大政奉還によって結集した譜代藩の連帯が、内部崩壊していくとの理解である。その根拠は、両者が共に徳川家支持の運動であり、その担い手がいずれも佐倉藩を中心とする譜代藩勢力であったことにある。しかし、同質の主体によると把握されている二度にわたる上書運動は、果たして連続する過程と理解してよいのだろうか。

以上を考察するにあたり、本書は、運動の当事者である佐倉藩江戸留守居役依田七郎の日記『学海日録』(3)を中心史料とする。そこには、慶応三年当時の、未だ先の見えてこない体制危機のなかで譜代藩連帯の実現を目指す人々の行動が明らかに表れている。依田の日記の内容を忠実に述べた著書としては、翻刻者の一人である白石良夫の『最後の江戸留守居役』(4)があり、運動の経過自体については、本書で改めて記すまでもないだろう。しかし、運動を分析検討し、これを幕末史に位置づける作業については、依田の日記を取り上げた研究は行われていない。

第一節　「国勢」挽回・上京命令拒否運動の展開

一　運動の萌芽

佐倉藩江戸留守居役依田七郎（号学海）の日記『学海日録』からは、慶応三年後半、江戸の譜代諸藩が、どのように行動したかを知ることができる。すなわち、慶応三年後半の江戸において、譜代諸藩の江戸留守居役有志を中心に、徳川体制の勢力を挽回しようとする運動が起こっていた事実を知ることができる。同じ運動は、大政奉還後には、徳川氏の政権復帰という要求を掲げて親藩・譜代藩の江戸藩邸をつなぐ運動となり、朝廷からの上京命令に対抗する京都幕府への上書として、実現していく。依田の日記からは、その過程が詳しく読み取れるのである。

依田が「親藩・譜第諸藩親睦を謀りて国勢を挽回すべき」であるとして、初めて運動の構想を記しているのは、慶応三年九月二十一日のことである。(5) 三日後の九月二十四日、依田は自説をさらに具体的に述べ、「親藩・譜第合従して国脈を強くせんこと」を主張している。(6) さらに十月二日、(7) 依田は運動の主旨を、「親・譜の藩々会盟して幕朝を奉戴すべき」ことであると述べている。「国脈」の強化を主張する依田の「国」は、幕朝、すなわち現政権の統治を指すと考えてよいだろう。

さらに依田の記述を追うと、大政奉還を聞いた直後の十月二十二日(8)になって、「国勢挽回」ではなく、「大勢を挽回すべきの策」が必要であるとの主張が現れる。逆に、大政奉還以前の時期においては「国勢挽回」が繰り返され、「大勢挽回」は用いられていないのである。したがって、史料に忠実に考えるなら、将軍が政権を返上する以前、つまり大政奉還以前の運動の名称としては、「国勢挽回」を採ることが適当であろう。

依田の日記はまた、徳川氏追討令後の慶応四年二月に形成された、徳川慶喜助命嘆願哀訴における諸藩の上書運動についてもその経過を記している。

以上によって、本書では、史料にある二つの運動を、運動から検出できる政治目標によって、「国勢」挽回・上京命令拒否運動」（慶応三年秋）および「徳川慶喜助命嘆願運動」（慶応四年二・三月）と呼ぶことにしたい。

依田七郎は、下総佐倉藩士依田貞剛の次男として天保四年（一八三三）、佐倉に生まれた。母は仙台藩伊達家江戸麻布龍土町の江戸藩邸詰め藩士齊藤氏の女である。藩校成徳院に学んだ後、江戸下谷の儒者藤森弘庵（天山）[9]の塾生として青年期を過ごし、朱子学、漢学を修めた。文久三年（一八六三）、侍読兼近侍となり、江戸藩邸詰めの藩士の教育にあたり、第一次長州出兵の際は藩主に従って上京した。その後、郡方に転じて代官を勤め、元治元年（一八六四）、藩の軍制改革にともない郷兵頭となった。慶応二年（一八六六）十月に家族共々江戸詰めに転じた七郎は、翌慶応三年二月二十九日付で江戸留守居役に就任した。役目上、帝鑑席十万石以上の九藩[10]からなる「留守居会」が最も中心的な活動の場であったが、江戸家老平野知秋は、なお二カ所の情報入手の場を指示した。一方は、尼崎藩士神山衛士[11]との頻繁な接触、他方は紀州藩士武内孫助が主宰する「新聞会」への参加である。公務の場以外にも、江戸で青年期を過ごし、母も江戸出身である依田の交流は幅広く、なかでも、当時それぞれ諸藩で活躍していた藤森天山塾同窓諸士との頻繁な交流は個人的に信頼する情報交換の場ともなった。

慶応三・四年の日記に現れる全人物を初出の時点で数え、藩内を除き、藩外での交流状況を知るべくまとめてみたところ、その人数は四二九名に及んだ。そのうち、慶応三年中と四年四月までの他藩関係者と幕府関係者との対面を取り出し、月ごとに示したのが表1である。

「新聞会」は小人数で慶応三年年頭から開始されており、毎月一の日に定期的に会合がもたれた。そこでは毎月ほぼ一定の核となる人々との交流がある。また、依田にとって二・三月中は、新任としての挨拶回りの一方、久しぶりに会う塾同窓生と旧交を暖め合う時期である。同窓の人々とは機会があるごとに、少数での交遊の場をもっていく。公

表１　対面人数（慶応４年４月まで）

	慶應３年												慶應４年			
月	1	2	3	4	5	6	7	8	9	10	11	12	1	2	3	4
A	15	20	24	31	38	36	38	34	53	54	45	51	38	18	28	39
B	15	19	23	31	37	35	36	28	50	54	43	48	39	17	27	38
C	－	－	1	4	8	2	3	5	6	5	7	4	15	4	2	－

Ａ・Ｂは対諸藩個人対面人数（Ａ：間接を含む、Ｂ：対面実数）Ｃは対幕府関係者

務のうち、情報交換と懇親を兼ねた「留守居会」における付き合いが開始するのが四月である。表を見ると、四月から八月までに交流した人数は安定していることから、彼の生活の変化は読み取れない。しかし、夏期を挟み、九月以降、諸藩の人々と対面する機会が急増している。活動の活発化は、Ｂ欄のように、書簡や、人づての情報交換を含めて増加していることからも分かる。この対面の増加は十二月まで続く。また、四年一月には、それまで公務によって赴く各役所での事務的関係のみであった幕府関係者との接触が、急増している。以上から、慶応三年九月から十二月の時期および、四年一月の依田を取り巻く環境の急変が、読み取れるのではないだろうか。

さて、依田の日記によれば、先行諸研究で大政奉還後のものとされていた譜代藩間の連帯運動はその萌芽が、すでに八月頃に見られる。依田は、慶応三年七月までに、新任としての挨拶等恒例業務を終えたが、非常の時期においても形式ばかりの留守居会活動に、少なからず不満を抱えていた。しかし、その「留守居会」にも同志はおり、「新聞会」や同門諸士との会合でも、有志は国勢挽回の動きを起こす必要を論じ合っていた。

八月半ば、依田は、久留米藩有馬家の江戸留守居役佐々治から、赤坂の料亭での集会、「赤坂周旋社の会」に誘われ、親藩譜代をはじめとする全国的な幕府支持派有力藩留守居役のネットワークにも参加するようになる(12)。

> 十二日。武藤氏来ル。明十三日赤坂門外の酒楼にて周旋家諸君尽く会合して、雄論を為すべきよしの告あり。

十三日。薄暮に至りて、約の如く周旋社諸君と赤坂門外に会す。会するもの二十余人。飲膳のまふけ。甚簡易にして倹素なるも目出たしと覚ゆ。(13)

「留守居会」とは主旨も雰囲気も異なり、佐倉藩より格上の諸藩留守居役が参加して時局を論ずる、この集まりは依田にとって、まさに志に沿うものであった。

そのようななか、依田は、九月十六日、藩の主要な情報源である尼崎藩松平家神山衛士から極秘情報として、八月十一日に京都栂尾で親藩による会合があったことを聞く。

尾、紀、会、桑をはじめにて五十余人集会す。主意は、近頃外藩やうやく跋扈の勢ありて幕朝孤立の危におもむかせ給へり。これ、親藩勲臣等の坐視する時にあらず。すべからく力を一にして幕朝を輔け奉り、陰にその謀を挫くにしかず。しかれども異議あらん人々は少も隠すことなく申させ給ふべし。又、京師にあるもの、藩臣微官にしてはその任軽し。よって老臣一名を出して衆議に会せしむ可なりと。此事、未だ決せざるよしなり。(14)

八月十一日、京都における親藩重臣の会合開催は、大政奉還以前に諸藩の間に幕府支持の動きがあったことを裏付けるものである。史料では、京都における親藩諸藩は、反幕府外様諸藩が勢力を増すなかで幕府は孤立しているとの形勢判断から、強い危機感を抱くようになっていることが明らかに窺える。(15)この情況を座視するわけにいかず、一致して幕府を支え、反幕府諸藩の謀を阻止するために、議論を深めようとしたのが親藩会合開催の主意であったが、「此事、未だ決せざるよしなり」とあり、依田の日記に、会のその後のことは記述がない。しかし、この会を図ったのが「赤坂周旋社」にも参加している前橋藩留守居役久松矢一郎（白堂）らであったことを、依田は後に久松に会った日、記している。(16)

右の京都情報は、自分も同様の危機感を抱いていた依田に大きな刺激を与え、ただちに行動を起すきっかけとなるのである。

二　運動の組織化

京都における親藩諸藩会合の動きを聞いた九月十六日を境に、彼の周辺ですでに議論されていた国勢挽回論は、政治運動として明確な形を取り始める。先ず、四日後の二十日、実は定例の「留守居会」開催の日であったにも拘らず、これを無視した依田は、「留守居会」内の同志も加えて、「新聞会」員の他家類役とともに他の場所（川舟のなか）で会合を計画し、国勢挽回を議論する場をもった。[18]

以後、依田の周囲で有志の言論活動拡大の基地的役割を果たすようになるのは、毎月一の日に紀州藩邸内武内孫助宅で開かれ、藩の枠を越えて個人が集う「新聞会」であった。「留守居会」にも小浜藩の成田作右衛門ら同志の者はいたが、この段階では依田の言論活動の輪は未だ「留守居会」と「新聞会」をつなげておらず、成田が紀州藩邸との接点をもつのはひと月先の十月末である。

九月二十一日条に、左のようにある。

親藩、譜第の諸藩親睦を謀りて国勢を挽回すべきよしを、口を極て議論せしかば、政右衛門も大に喜び、それ等のことを周旋すべきよしをゆはる。此事、かねて京師にて議論ありしよしなれば、ますます盛んにすべきこと勿論たるべし。[19]

政右衛門とは、紀州藩家老斎藤政右衛門である。「新聞会」の席で会った紀州藩家老斉藤政右衛門に対して、依田は、親藩・譜代諸藩が一致して、幕府の治める「国」の勢力挽回に向けて努力すべきであることを、熱心に訴える。斉藤はその議論を支持し、諸藩に広く周旋するようにと言う。これに続く「此事、かねて京師にて議論ありしよしなれば、ますます盛んにすべきこと勿論たるべし」との記述からも、八月十一日の京都における親藩会合の意図をつなぐ運動を活発化していこうという依田の意識が読み取れる。先ず紀州藩家老の支持を得て、依田らの思いは初めて実現に向けて動き始めたと考えて良いだろう。

運動の次の段階は、依田らの手を離れて、「新聞会」の同志である紀州藩士による紀州藩内周旋の動きに入り、紀州藩邸内で進むことになり、紀州藩外にいる依田らには見えないところで進められる。しかし、紀州藩邸内ではすぐに意見が一致したわけではなく、有志達は待たされる日が続いた。[20]

十月に入ると、依田ら有志の考えを聞いた紀州藩附家老の新宮藩主水野大炊頭[21]が動いたことにより、運動は大きく進んだ。

二日。きのふ、武内氏（筆者注、「新聞会」主宰、紀州藩士武内孫助）、早朝より来訪せらる。主意は、先つ頃親、譜の藩々会盟して幕朝を奉戴すべきの主意を献議せしに、大夫水野君大によろこび、近日その人を撰びて諸侯説諭すべきの勢あり。兄も勉てその力を助くべしとて、一紙の会盟の席上約束を示さる。異存あれば申すべしとなり。早朝より武氏の会に到り、水野大炊頭の家臣にあふ。[22]

十月一日、「新聞会」主宰の紀州藩士武内孫助が依田を訪ねてきた。武内が言うには、先日、「親藩・譜代諸藩が会盟を結び、徳川幕朝政権を奉戴するべきである」という主旨の建議を行ったところ、水野が大いに喜んだというのである。実は、武内の建議の原稿は、これより先の二十四日、依田も目を通しており、内容は、九月二十一日に依田が紀州藩家老の斎藤に対して行った議論に沿ったものと考えてよいだろう。武内は、早速人選の上その主意を諸侯に説くことになりそうであるから、依田も力を尽くしてくれと言って、依田に「諸藩会盟」を認める旨の一通の書付を示したというのである。

以上から分かることは、現政権支持のために親藩・譜代藩が結集する必要性を説く有志の建言に賛意を示した水野が、人を選んで諸侯説得に乗り出すことを約束したうえ、会盟を認める書付を与えたということである。これによって、依田等有志の議論の中心的な場は、「新聞会」から紀州藩内に移っている。翌十月二日早朝、依田は早速、紀州藩邸内の武内家で開かれていた会合に出かけていき、水野家の用人飯田鞭児と会っている。紀州藩邸上層部の御墨付きを得て、親藩・譜代藩による国勢挽回運動は組織化へと始動した。しかし、会盟への動きは依田らの手を離れたところで進み、依田らは再び待つことになる。

　十日、晴、武内氏の新聞《ママ》に至る。是日、紀藩用人岡田清右衛門、中納言殿より内命をかふむり他藩と外交すべきよしを命ぜらる。よって余に有志の人々を紹介すべきの頼あり。

　紀藩は幕朝の懿親にして、近頃西征の総督となり給ひ、老臣水野氏は屡々忠勇の誉をあらはしたること、天下の知る所なり。この君盟主となり給ひなば、親藩、内藩必ず服従して一致の力を極め、幕朝の御勢、古へにかへらせ給ふこと、是を企てまつべし。[23]

十月十日、「新聞会」に赴いた依田に対して、有志の人々を紹介するよう、紀州藩用人岡田清右衛門より依頼があった。「中納言殿より内命をかふむり」とあり、紀州藩の用人が紀州藩主の内命を得て、周旋役として動き出したことが分かる。そのため、その時点まで有志の運動の推進役であった依田が、運動の拠点となるべき諸藩の有志留守居役を紹介するように求められたのであろう。

　九月半ば以降の有志の運動の経過を振り返ると、紀州藩内では、依田の同志である榊原耿之介、武内孫助が家老斎藤を動かして「新聞会」の席に誘い、さらに紀州藩閣僚の最上位にいる水野大炊頭を動かすことに成功したことになる。ここでは文中、「この君盟主となり給ひなば、親藩、内藩必ず服従して一致の力を極め」、それによって、幕朝の勢力が挽回できるであろう、と述べられているところに注意してみる必要があるだろう。依田のなかには、前年の征長の際、征西総督（紀州藩主）のもと幕府軍江戸隊の先鋒を率いた若いリーダーである水野家当主の姿があったことが読み取れる。そこからも、国勢挽回運動推進派にとり、水野を動かすことは、大きな政治的関心事であったと確認することができ、彼らはすでにそれを実現していたのである。では、ここで「盟主」となれば、「親藩、譜代藩が服従して一致の力を極める」はずだと期待されている「この君」とは、水野家なのであろうか。

まず、運動が目指すのは「藩々会盟」であった。紀州藩付家老水野家が新宮藩主となったのは、維新後のことである。また、前代水野忠央は幕閣並の権力をもっていたとされるが、関係の深かった井伊大老の暗殺後に失脚し、隠居謹慎を命じられていた。当主忠幹率いる水野家の江戸政界での実力は失墜しており、したがって、この時点では、一般に水野家が、会盟に属するべき諸藩の一つであるとの認識はないと考えてよいだろう。[24]

ここでは、依田が、「幕朝の懿親にして、近頃西征の総督となり給ひ」と、紀州藩について、第一に「幕朝の懿親」すなわち徳川政権に最も近しい親族としての存在、第二に、征長期の征西総督としての立場を意識し、説明の一環に「老臣水野氏」と記しており、しかも、その記述が、水野忠幹個人の忠勇を引いていることから見ても、あくまで、紀州藩主に忠を示す立場の人間であるとの認識に留まっているように思われる。用語上も、紀州藩については「征西総督となり給ひ」と敬語で書き、水野については「老臣水野氏は屡々忠勇の誉をあらはしたること」とあるように、敬語を使用していない。続く「この君」に対しては、再び敬語が用いられている。よって、ここまでの文は、忠勇の誉れ高い水野を擁した紀州藩の重要性を強調しているとの流れで理解した方がよさそうである。水野家が、過去に幕閣に比される実力者であったことは事実としても、親藩を含めた諸藩すべてが「服従」すべき対象とされ、その名の下に諸藩が結集しうると考えることは疑問である。むしろ、諸藩の上に立って、それを統率する「藩々会盟」の「盟主」と期待された「この君」は、「幕朝の懿親」たる紀州藩主を指すと考えるのが自然であろう。そして、紀州藩内を統一することのできる政治力を備えた者は水野である、というのが有志たちの認識だったのではないだろうか。[25]

藩邸内での議論と、藩主の内命を獲得するには時間がかかったが、紀州藩邸が動き出して、有志の言論運動が諸藩会盟の方向に踏み出したことに、依田は満足を表していることが読み取れよう。

これより先、八月十三日には、前述のように「赤坂周旋社の会」が発足していた。依田の日記において、十月十日までの間に行われた単なる懇親ではないと確認できる国勢挽回派有志による集会や議論の場は、「新聞会」四回、「赤坂周旋社の会」二回を含め、二十三回に上る。この間に依田が新たに接触した他藩の人々の所属をみると、八月中には十三藩であったが、九月中は二十八藩に増えている。表1で、直接対面した他藩の人々が一気に増加していることもみた。この傾向は、依田ひとりについての傾向ではなく、依田の同志である人々それぞれについても同様であると考えられる。諸藩有志の間の連帯形成に向けた政治運動の輪は、確実に広がっていたと言ってよいだろう。「新聞会」と「赤坂周旋社」において、諸藩有志留守居役の結びつきは拡大しつつあり、個人のレベルを超えて、藩と藩とを結合する動きが存在した。有志から紀州藩への働きかけが行われたのも、「新聞会」の席上であり、彼らが、藩主の内命を受けた紀州藩が正式に動き出すという確答を得たのも、また、「新聞会」の席上であった。

この時期、運動の政治的目標（「国勢挽回」）が意識されていたこと、方法として、紀州藩を頂点とする「藩々会盟」が構想されていたこと、運動の底辺を形づくる有志たちの活動が進展していたことから、江戸において、「国勢挽回」運動は、諸藩連帯の実現に向けて具現化しつつあったと考えてもよいのではないだろうか。しかし、残念ながら、依田の日記の十月十日から十九日までの記事を見る限りでは、親藩譜代藩会盟が成った暁に掲げられるべき具体的な政治目標については、「幕朝の御勢、古へにかへらせ給ふこと」という以外には明確に記されていない。その部分に関しては、紀州藩内の人々が周旋を進めており、依田が奔走したのは、諸藩会盟の必要を説くための周旋活動であったためかも知れない。

三　大政奉還と上京命令

藩主総登城により正式に大政奉還が伝えられた十月二十一日、依田はお先詰として城内にあった。

東照宮の開基ありしこの天下を、兵を以て奪れたらんは力なし。故なくして大阿《ママ》の柄を倒にして人に授給ふこと、実に情理の解すべからざるものに似たり。しかれ、先朝の御時にあらば、猶、政を天子に復し給ふともいひつべし。今の朝廷はいかなる朝廷ぞや。逆藩等、陰に公卿を誘して非法の政を為す。これ君にかへすにあらず、賊にあたふるなり。惜べし惜べし。(26)

（傍点部は筆者による）

依田の気持ちは、武力による戦いも経ず、ただ政権を譲り渡した将軍に対する強い批判と、薩長および両藩と組んだ朝廷に対する露骨な反発となって沸き出している。傍点部から読み取れる依田の理解は、今回の将軍の行為は、天皇でなく、「賊」にただ政権を渡すことであるというものである。すなわち依田によれば、政権を得たのは天皇ではなく、「逆藩」である故に、大政奉還は誤った決断なのであった。

ひと月前から動きだしていた運動は、ここで政権指導者の予期せぬ行動に機先を制される形となったのだが、運動は揺るぎを見せていない。もう一歩具体的になっていなかったと思われる彼らの政治目標「国勢挽回」は、かえって、この決定的な危機に触発され、「徳川政権回復」という明確なスローガンを得ることになった。

翌十月二十二日、依田の日記には初めて「大勢を挽回すべき策を議す」という一行が見られ、その策こそが、親藩譜代藩の有志を会することであると記されているのである。したがって、ここから、運動は「国勢挽回」ではなく、失われた政権を取り戻そうとする運動へと変質する。この日は、譜代藩の連帯運動の節目として特記しなければならない。

この二十二日はまた、運動の組織化過程において要となる一日であった。早朝、紀州邸では依田、紀州藩儒者榊原耿之介（「新聞会」、「赤坂周旋社」）、新宮水野家用人飯田鞭児に紀州藩用人岡田清右衛門が合流した。密談後、岡田は尾張・水戸両家へ急行し、いっぽう依田は「新聞会」の武内、榊原と共に紀州藩家老齋藤政右衛門に会って運動の具体策を練り、「何れの道にもせよ、親藩、譜第の有志の士を会して大議論を発せずんばあるべからず(27)」との結論に達した。その場で齋藤は、幕閣をも動かそうと、実力者である支藩吉井（矢田）(28)藩の隠居松平左兵衛督（紀州藩邸内に定府）に働きかける戦略を提示する。[29]各会談は、幕藩体制内における三層（譜代藩留守居役、御三家用人、御三家重臣）での周旋範囲が明らかに読み取れる点にも注目したい。

紀州藩による根回しは早速効を奏し、翌十月二十三日朝、譜代藩に対して総登城命令が出た。次の史料は、依田が、これをお先詰として登城した同役から聞いたという記事である。

君侯（筆者注、佐倉藩主堀田正倫）登営ありしに、四閣老、帝鑑の席に出まして、今度の御大事には御譜第の御家の人々連合尽させ給ふ御心ばへなかるべからず。又御政事につきてもふさせ給ふべきこと候はんには、何ごとにても登営ありて言上あるべきよしの仰ごとありとなん。[30]

在府四閣老から各席に対して、大事にあたって、この危機を乗り切るには全譜代藩の「連合」を徹底しようとしなければならないこと、それについて、いつでも直接の建言を認める旨が申し渡された。こうして譜代諸藩の連帯を実現する運動は、依田等の根回しによって、在府幕閣にも認められ、江戸における譜代藩全体の政治的課題となる。これにより、譜代藩有志留守居役たちは、今まで以上に急な動きを見せて、それぞれ精力的に諸方をつなぎ、一層の言論統一に努力する。帝鑑席で依田とは異なる留守居会に属する島原藩の内山四郎は、二十五日までに帝鑑席十万石以上の十藩留守居役の集会を実現させている。[31]

十月二十五日、朝廷から諸侯に対して、上京命令が到着した。江戸の幕閣と譜代諸藩邸は、徳川政権回復を目指すなかで朝命にいかに対応するかという、新たな政治課題に直面する。僅か数日のうちに、運動は政権回復を目的とする段階から上京命令拒否を政治目標とする段階に転じようとしていたのである。佐倉で大政奉還を聞いた国家老平野知秋はその覚書『将門山荘日録』[32]に、朝廷の上京命令は二十六日に江戸邸から佐倉に到着し、二十七日には上京が決定し、平野も江戸へ上ることになったと記している。しかし、依田の日記に拠れば、佐倉、小浜等当初上京を決定した諸藩[33]は数日のうちに方針を転換し、個別にではなく、一致して対応する方向へと議論は進展したようである。そのためか、平野の着府は遅れて十一月一日になっている。この十月二十七日から晦日までの間に、藩論を転換する何らかの要因があったと推察される。

ここで、京都の状況に目を転じてみよう。『復古記』によれば、大政奉還後、徳川慶喜は御三家以下の在京諸藩重臣を二条城に招集し、朝廷よりの下問二か条（三條実美以下の上坂と外交権管轄）に答えるよう求めている。[34]招集された各家の回答書は大別して、すでに政権は朝廷に返還されたのだから、朝議決定で十分というものと、上京命令を受けた諸侯到着の上で衆議により決定すべきであり、それまでは従来通りが妥当との圧倒的多数意見に分かれ、後者に属する溜間席の忍・庄内・姫路・高田四藩は連署により回答している。

翌日付で彦根・庄内・姫路・忍・高田・高松（以上溜席）・郡山・小倉・小浜・中津・松代・大垣[35]（以上帝鑑席）の十二藩家臣は改めて連名で建言を行っている。[36]江戸で動いていた譜代席間の連帯は京都でも見られるのである。恐らくこの一連の情報も、上京命令に遅れること僅かで江戸に到達しており、江戸諸藩邸の行動にも影響を与えたのではないだろうか。

さて、この十月末の段階でみると、留守居役間の運動は既に同席留守居会の枠を超えており、小浜藩と紀州藩邸もまた、依田を仲介に新たに結合したことが分かる。大政奉還後「(十月) 二六日、若州侯、召に応じて京師におもむく。来月朔日を以て発すといふ」と、即上京を決定した小浜藩だが、先述したように、譜代諸藩はその決定を翻して、上京命令拒否へと進む。二十七日、牛込の小浜邸を訪ねた依田に対し、依田と親しい同家江戸留守居役成田作右衛門は次のように語ったという。

主人、此度のことを論じて忼慷に堪へず。その志、嘉すべし。同班の諸侯、壱人も国のために姦を覗き邪を正んといふ人なし、甚うらむべきよしいわる。（十月二七日条）

小浜藩主酒井忠氏は在府であった。藩主自らが大政奉還に反対であり積極的に議論していた様子が語られ、藩主の

表２　新規接触藩数推移（慶応３年１月〜４年３月前半）

月	1	2	3	4	5	6	7	8	9	10	11	12	1	2	3前半
接触藩合計	7	8	9	11	15	13	15	5	18	18	16	19	13	15	14
新規	7	8	5	8	5	1	1	2	4	5	3	5	4	6	0

強い意志で幕府支持の藩論が形成されていたことが分かる。それに比べ、「留守居会」の他藩には、藩主が率先して行動する意志が明確に受け取れないと訴える成田の不満からは、連帯形成にはまだ障害が残っているとの認識が読み取れよう。

そこで、依田は、運動が成田の認識以上に進んでいることを知らせるべく、「留守居会」と「新聞会」を結ぶ動きに出る。同日夕、「新聞会」で運動を先導してきた紀州藩の武内と榊原が、成田を初めて訪問し「忠義を以て激勧」（十月二七日条）したという。成田はこの面会について、その夜のうちに依田に報告している。成田にとっては、「新聞会」を拠点とした運動の広がりに触れることで、運動が自分の周辺における「留守居会」中心の状況以上に拡大深化している現実を知ったことになる。同じ時期に、帝鑑席内で別々の留守居会に属する佐倉藩と、幕府番方の有力者上山藩松平家も、備中松山藩板倉家[37]を介して接点をもっている。当主在京の老中である板倉家江戸藩邸の、積極的な動きに注目しておきたい。

表２は、依田が初めて新たに接触した藩の数である。九月、十月の運動拡大期では、内訳は格上の溜席一、格下の雁間、菊間格二藩、紀州陪臣新宮、同席内四藩および筑後、二本松である。最後の二藩は由来的に外様であるので、これを除くと八藩であり、一人の留守居役が広げた新たな接触先がこの数であれば、他の留守居役たちも各々接触範囲を広げ、運動は大きく拡大していたと考えてよいだろう。

朝廷からの命令を受けて、議論はさまざまな場で新たに広がったが、十月末の段階で、江戸はどのような状況だったのだろうか。

内藩（筆者注、譜代藩）上京の命を蒙りしもの、皆出る処を知らず。或は闕下に出て哀訴せんといふもあり。或は内藩は幕府の臣下に属して朝家の直命を受可らずと議するもあり。然れども、観望の説、極多し。人情おして知るべき也。(38)

諸藩の上京命令に対する方針は決まらず、上京して朝廷に哀訴しようという意見、幕臣として朝廷の直命を受けるべきではないという議論があるいっぽう、経過を見ようというものも多かったことが分かる。運動は各藩重臣層、幕臣の一部へと広がり、議論の拠点も増したが、それだけに意見統一は難しかったようである。この段階で、帝鑑席取締の諏訪因州は、(39)藩主在邑の諸藩重臣を招集して意見を求めたが、依田が「させる議論もなしと云」(40)と記すように、ここでも重臣層レベルの反応は鈍く、順調に進んできた運動は、いったん膠着状態に陥った。(41)

第二節　連帯とその行動

一　四殿席連帯の成立

十一月一日、上京に月末迄と期限がつけられた。ここで、藩主が寺社奉行を務める小浜藩は、直ちに明確かつ強硬な態度を表明する。

若州藩、弥発憤して幕朝に従服して、決て王朝の号令を奉ずべきにあらざるよしを決言せらる。(42)

幕府に従うこと、朝廷の命令には従わないという決意が強い言葉で語られ、これを通じて、運動の高揚した雰囲気が読み取れる。

同夜はまた、尼崎藩神山と紀州藩邸から、京都発の情報として浪士等による江戸市中放火の謀略が伝わった。以上二つの情報が、政治的膠着状況を一気に打開することとなった。連帯推進派の対処は迅速である。まず紀州藩は、上京問題を討議するためとして、親藩譜代諸侯重臣を紀州邸に集め、御三家老臣から直接これを諸藩に諮る場の設定を決定した。一方、京都から帰府した前橋藩留守居役久松矢一郎は、幕閣に対して浪士による江戸擾乱の危機を説き、同夜のうちに、幕府は八四家に対し江戸城内外の非常警備を発令した。

厳戒体制の下、三日五つ時に、赤坂紀州藩邸において「八十藩許、その人百七、八十人に至る」という大集会が招集された。依田の日記には翌四日には雁、菊両席諸士が、同主旨で紀州邸に集められたとある。集会の日付に関しては、諸史料に三日、五日説があるが、依田の記録により三日に御三家・親藩・溜席・帝鑑席、四日に雁・菊席が集会し、五日には回答書を持ち寄ったうえでの二度目の集会が行われたとしておきたい。この集会開催によって、運動は四殿席連帯の最終的な段階へと進んだ。

集会の席上、運動の主意を説くため廻覧された所謂紀州藩檄文は、次のようなものであった。一通目は以下の通りである。

一名分條理御正シニ付、御親藩御譜代初、君臣之分一際相盡申度事

一同心協力、兵制一致之事

二通目は以下の文である。

一今般御復政之擧、御曠世之御猛断、大公至誠之御英圖ヨリ被為出御儀、實ニ不堪感涙御次第ニ候、併御連枝、御譜代臣子之面々ヨリ奉論候得者、九重御幼冲、輦下御動揺之折柄、御祖宗奕世之御大業、卒然一朝御辞解ニ相成候段、争テカ坐視傍観奉ルヘキ、悲憤痛此事ニ候、此上利害得失ヲ不顧、各為徳川氏益君臣之大義ヲ砥勵シ、以テ數百年之御厚恩ニ報シ候外無御坐候儀ト被存候、抑東照宮御武徳ヲ以天下ヲ戡定被為在、大ニ内外諸侯ヲ被封候テヨリ、何レモ君臣之分相守リ候事、殆于今三百年、其功徳之隆、前古以来御比例モ無之處、近年草莽不逞之徒、姦説ヲ鼓張シ、禍ヲ蕭牆之内ニ醸シ、次第ニ御羽翼ヲ奉殺、御孤立之勢ニ相成候ヨリ、既ニ近来討幕之企相唱候ニ至リ、又一変シテ今日之御場ニ奉陥候、剩、諸侯之進退ハ、今ヨリ両役ニテ被取扱候

旨被仰出、且又召之諸侯上京之上ハ、王臣ト相心得候様御沙汰モ出候哉之趣風説モ有之、實以恐入候次第ニテ、一旦右朝命相下リ候上ハ、即日幕府ト君臣之恩義相絶シ候得ハ、又候如何様成異變出来候哉モ難計、實ニ寒心之至リニ被存候、夫子弟功臣ヲ建立シ、夫々大封等ヲ被宛行候儀ハ申迄モ無之事ニ候得共、偏愛之御私情ヨリ出候儀萬々無之、斯ル時コソ、飽迄扶持匡救之為ニ被建置候處、昇平數百年、上下之情隔絶シ、君臣之恩義澆薄ニ趣キ、御連枝、御譜代之向迄モ各民土ヲ私シ、自ラ開拓封殖致候心得ニ相成、甚シキハ従来之姦説ニ籠絡セラレ、往々幕府ト君臣ノ大義ヲ忘レ、其御大難ニ臨ミ、不計モ不忠不義ニ陥リ候モ難計、近年國家御多難之折柄、御親藩其外天幕之間ニ周旋シ、聊臨機之御大権不被為失、全御祖宗之御大業御恢復之一途ニ出候處、遽ニ臣僕之諸侯ト御比肩之徳川家ニ被為成候事、實ニ冠履顛倒、綱常拂地共可申、嗚呼、歳寒シテ松柏ノ後凋ヲ知ル、誰カ幕府ト君臣之大義ヲ明ニシ、寧、忘恩之王臣タランヨリ、全義之陪臣トナリ、益砥節奮武之目的相立候得ハ、即チ依然タル徳川氏ヲ不被為失、世運挽回之期モ可有之哉ト被存候、猶御深算御見込モ有之候ハ、、國家之為譯テ　御示シ有之度候事。(43)

（波線、傍線は筆者による）

従来、この檄文は、東照宮に回帰する譜代意識の鼓舞が主意であるとされ、朝臣ではなく幕臣であると宣言する波線部分の文言が注目されてきていた。確かに、親藩譜代一丸となって幕府との君臣の大義を再考しようという強い調子の訴えかけが全体を貫いている。しかし、これが政治運動の頂点で発表された文書であることを考慮するとき、その具体的な政治的主張の内容のほうに、より関心が持たれてしかるべきではないだろうか。すなわち、檄文における真の政治的主張は、天皇の若年と「輦下御動揺」などの状況下で選択された政権返上は決して納得できるものではないとの立場を明確に掲げる冒頭と、それに呼応する締めくくりの部分、すなわち政権挽回のために、将軍周辺による明確な方針の提示と行動を要求している部分（傍線部）にあるのではないだろうか。檄文の中心的主張は、政権奪回へ実力行使をも辞さずとする大政奉還反対であり、現将軍と京都幕府の政治選択批判を含むことが見逃せないのである。

「王臣とはならない」との主張は、「陪臣である従来の立場を守り抜く」と同義の主張であるから、これも大政奉還反対と矛盾するものではない。ここで謳われている東照宮を掲げての譜代意識の鼓舞は、危機意識の低い諸藩をも取り込んで、より多くの藩の賛同と四席連帯という目標を獲得するためのいわば政治的レトリックであると考えてもよいのではないだろうか。「兵制一致」を政治目標の一方に掲げる以上、こうしたレトリックの採用は、徳川家家臣団（軍団）、徳川の旗下への集結のため不可避でもあっただろう。

しかしながら、並記された「同心協力」は、すでにみた大政奉還時の依田による将軍と朝廷に対する批判に照らしても、東照宮の理想における一致をよびかける抽象的なものに留まらず、より具体的な政治的スローガンのもとでの結集を意味すると考えられる。譜代藩の連帯運動は、薩長と結ぶ現朝廷は無論のこと、在京の現将軍への忠誠に必ずしもつながってこない、強い現状否定の主張を示すものであったということができるだろう。改めて徳川家臣団の存在を想起させた上で、以上を家臣団の頂点に位置する御三家から呼びかけることが、紀州邸集会の政治的意図であったと考えられる。

湯漬けと酒が供された大集会は、一日解散、再議と決まった。佐倉藩からは家老佐治三佐衛門が出席した。佐倉藩重役は夜、藩邸に帰った佐治の報告を聞く[44]。平野は集会報告の要点をメモに残している。以下の三点である。

①大政奉還は奸賊の謀に陥れられたものであり、親藩譜代として座視することはできない。

②上京命令は、上京し次第王臣とされる含みがあり、寧ろ忘恩の王臣となるより全節重義の陪臣たるべきで、朝廷にどんなに重く用いられようとも徳川家への臣節を同心協力して守り抜こう。

③それによって大勢挽回が可能である。

ここで、将軍に大政奉還を撤回させたいとの主張が出席者に明確に受け止められ、伝えられていることからみて、集会での議論の中心がそこにあったことは明らかと言えるのではないだろうか。

佐倉藩重臣会は、翌四日早昼を済ませて再度集まり、檄文の主旨に「同意」することを結論とする。この結果を佐治と依田貞幹（新任江戸家老。七郎の兄）がそれぞれ留守居会の小田原、小浜両藩邸とすり合わせている。(45)同時に注目されるのは、佐倉藩が、回答の期日と同じ五日に、幕府陸軍奉行と内談の上、国元へ歩兵一大隊を呼び寄せに遣っている事実である。(46)檄文の一通目にあった、「兵制一致」の呼びかけに符合する動きと言える。

溜、帝鑑席各藩は、五日の「紀邸第二会」に紀州藩の提案に対する回答書を持ち寄った。席上、庄内、会津、桑名（いずれも溜席）をはじめ八、九藩から大議論が起こり、夜に入っても結論は出なかったという。依田によると、諸藩は「上京して王臣たらんことを辞す」ことで一致していたが、方法に関しては二論あり定まらなかったことが分かる。前者は朝廷に回答する形を取ろうとする意見で、その中にも態度表明の硬軟には差違がある。後者はより態度が明確で「天朝え関係せず、幕臣たらんことを二条城に請う」(47)との論であった。また、だれが連署を携帯して上京するかについても、結論は出なかった。

集会後、諸方で紛々とする議論を一歩先に進めたのは、またも小浜藩であった。六日、進まぬ「留守居会」の評議から態度不明確な小倉、郡山を除き、議論の場を重臣会に引き上げて一気に運動を具体化させようと図ったのである。翌々日、佐倉藩からは、新任の家老、依田貞幹が小浜藩邸で開かれた重臣会議に出席している。最終的な詰めを重臣会で行う一方、上書の文案が練られる。帝鑑席上書が完成するまでを、平野と依田の記録をつきあわせてたどってみると、上書案は平野知秋の下書きをもとに、依田を中心に佐倉藩留守居局で作成されたことが分かる。依田等は武内宅で尼崎藩士神山衛士、会津藩士林三郎等同志にも相談後、これを紀州参政の岡田に提出した。紀州藩重臣の閲を経た文案は、さらに、佐倉藩邸に招集された帝鑑席重臣会議で合意を得、清書に至る。十一月九日であった。

しかし、紀州邸内にも慎重論は残っていた。檄文中の文言修正が求められたのである。(48)『南紀徳川史』には「寧、忘恩之王臣タランヨリ、全義之陪臣トナリ」の一行が削除された変更後の文面と思われるものが収められているので、問題の文はこれかと思われる。平野も佐治報告を聞いて記憶に留めたように、確かにこの一文は煽動的であった。また、立場が依田らに近い肥後藩留守居役澤村修蔵が国元へ送った書写は(49)、削除以前の文になっており、連帯外部の外様諸藩京都邸や諸藩国元へいちはやく伝播された檄文が文面変更以前のアジテーションを含んでいたことが、その後の政局に重要な意味をもった可能性は高い。修正された文面は九日に佐倉藩邸にも運ばれたが、上書は清書されており、時はすでに遅かったということであろう。

ここで、十一月三日から五日にかけての集会を通じて、各席の結集を勝ち得た後の連帯の戦略を見ておこう。各席はどのような戦略を選択したのであろうか。依田が忍藩用人山田求馬から聞いた溜間諸藩の具体的戦略は次のようであった。

①諸侯は藩ごとに上書して朝命を辞す。
②その後一斉上洛する。
③二条城において閣老とともに善後策を討議する。(50)

これに対して帝鑑席重臣会議では、

①まず連署による上書を二条城閣老へ提出する
②取り上げられぬ場合は伝奏に直に上書する。

という二段構えの強硬戦略で臨むことを決定した。平野によれば、伝奏に上げることについては幕閣と重臣会の間に議論があったようだが、帝鑑席諸侯は一致して、万一所司代が添書きを拒否した場合でも、直ちに伝奏にあげることに決定した。いっぽう上書案は、席取締である諏訪因幡守（忠誠）から変更を言い渡された。しかし、小田原、佐倉

表３　四席上書主旨比較

	主　意
溜　席	朝臣ではなく幕臣である。 官位返上し、一万石以下御家人と同格にと願い出る
帝鑑席	朝廷に対してはあくまで陪臣であり、公儀を差し置いて直接朝命を受けるのは筋違いである。
雁　席	数百年来恩を蒙り進退存亡、幕府に従う以外他念なく、一同報恩相立つよう奮発している意思を汲んで欲しい。
菊　席	大政奉還は悲痛の極み。微臣ながら今こそ大樹の恩に報いたい。不敬罪と言われても君臣の大儀を貫きたい。

重臣はこれに強く反発し、彼らと諏訪との間の議論に同席した松平讃岐守ら諸侯も、一致して小田原・佐倉側の議論を支持した。帝鑑席上書は、席取締である諏訪には到底受け入れられそうもなかったが、諸藩側は難航を予想したものか、予め小笠原首席老中の内々の検閲を得ておくことで、最終的に諏訪の反対を無力化する策に出たことが、平野の手記から分かる。

以上のように、譜代諸藩は、運動を推進する留守居役有志を媒介に連絡を取り、各留守居会を超えて同殿席内の藩同士の連帯を実現するとともに、席の枠を超えて繋がりを持ち、さらに四席は相互に連帯して上京命令拒否行動に出たのである。諸藩は席ごとに上書を作成し、戦略を決定したことが分かる。また、その過程では激論が重ねられていたことが確認された。

表３は、四殿席（注・ただし溜席は前述のように別の戦略を採っており、庄内以下六藩主連署のもの）それぞれの上書の主張をまとめたものである。出典は『復古記』に掲載された諸家連署による各席上書である。日付は溜席六家連署と、菊席上書が十一月十五日、帝鑑席、雁席が十六日である。佐倉藩留守局の手になり、既述のように他席同志と紀州藩執政も目を通した帝鑑席上書の中心は、溜席の官位返上を中心とする主張とは異なり、強い朝命拒否一色であった。雁・菊両席の上書は、幕臣としての報恩忠誠を前面にまとめられているが、関東常総地域一万石クラスの小藩が多い菊席（大半が天領の間に陣屋をもつ藩である）が、大政奉還反対を明示していることには注目したい。(51) 四殿席の主張は、それぞれ主眼が異なるが、これ

は、全体として檄文に謳われた譜代側の主張を形成するような構成になっているのではないかと思われる。連署諸侯は計一一四家であるが、依田が記す溜席の戦略からみて、同時期溜席諸家の上京見合せの上書もまた、いずれも連帯行動の一環と考えて良いであろう[52]。

小浜藩重臣の岡見左膳一行（十一月十六日江戸発）、佐倉藩家老平野知秋一行（十八日発）により、帝鑑席上書は京都へ向かった。肥後藩士の探索書によれば、雁席上書は、老中松平縫殿頭自身の手で京都へ届けられた[53]。

使者の出発後、江戸の様子はどのようであったのだろうか。依田の日記には次のようにある。

　廿二日。きのふ若州の成田氏より廻状ありて、今日、紀邸の衆議所に於て兵制のことを議せらる。帝鑑、溜席の二班を会せらる[54]。

これによれば、譜代藩の連帯を実現した大集会および、諸藩の会合の場であった江戸の紀州藩邸衆議所は、引き続き溜・帝鑑席諸藩によって、「兵制のこと」を議論する場となったことが分かる。この「兵制のこと」とは、紀州藩邸の大集会で配られた檄文の一通目にあった「同心協力、兵制一致之事」を意味すると考えられる。上書の使者が上京し、京都の幕府に対して、政権存続のため、あくまで幕府を支持する覚悟を示す一方、幕府軍を統一して事に備える体制を作ろうと図ったと考えてよいだろう。このことは、次に挙げる依田の日記の十一月十日条から読み取れる。

　十日。大監察川村信濃守様より、家老壱人可罷出よしの召あり。佐治大夫に従ひて柳の間に候す。木下大内記公（筆者注、大目付）出来りて、佐治と両人を召れて、今度屯所え兵を出させしは、独り非常を警しむるのみならず、且は諸侯の兵制を一にせんとなり。その家は衆にすぐるよしきこえあり。よろしく力を尽して諸家の首唱となるべし（後略）と也[55]。

大集会後、佐倉藩は、溜席の庄内藩とともに、大目付から城中に召された。前述のように、佐倉藩はこのときすでに歩兵一大隊を江戸に派遣し駐留させていた。兵制一致は、庄内藩、佐倉藩を中心に進められることになっていたのである。

二　連帯の挫折と消滅

上書に対する京都幕府の反応はいかなるものだったのだろうか。十一月二十九日夜、提出の上書が種々の箇条書きを付し板倉老中より御下げになったことを、平野はその覚書に記している。[56]付書は、譜代諸侯の忠には満悦であるが大政奉還は真情で、上書は自分の本意に逆らうものである。役にない諸侯は早々に上京し、役目のある者は重臣を上洛させること。以上二点が上意であると告げていた。さらに板倉は、帝鑑席が熱意を示していた伝奏への直達に対し、強く釘をさしたという。

上書の使者が出発して約二十日後の十二月九日、京都から佐倉藩江戸邸へ中間報告が届いた。

若藩、京師と江邸と大に議論相違して、京邸留守等は只速に上京すべしとのみ言へり。よりて各藩にすゝめて前説をやめて陳ぜず、上洛を促さる。されども議定せし上はその言撤廻せざれ、やむべからずとて、我平野氏は猶同意せず。[57]

史料では、将軍側近の説得にあっても、平野にはこれに対してまったく上書を取り下げる意志がなく、京都に残っていたことが分かる。また、もういっぽうの使者である小浜藩の岡見左膳は、上書を断念し、速やかに上洛するのが妥当であると京都藩邸の留守居役等から言われており、江戸と京都の情勢把握の差に苦しんだ様子が読み取れる。『復古記』に従えば、小浜藩代表は京都藩邸の説得を受け、藩主を迎えに江戸へ戻ったとある。しかし、十二月六日条の依田の記述から、実は岡見は依然初志を変えておらず、早駆けで帰府した当日の六日、即幕府軍の一斉上洛を主張したことが分かる。連帯側の形勢が決定的に不利であることを京都で悟っても尚、岡見は、幕府軍の即上京を訴えたのであった。京都藩邸ではなく、あくまで在府藩主の意思が優先するとの判断が、江戸藩邸側にはあったのだろう。

右の報告は、平野が十二月五日に三日切飛脚を雇って送ったものの一部と思われる。[58] しかし、それが到着するまでの数日間に、既に京都では情勢が大きく動いていた。小浜藩の岡見が帰府したのと同じ十二月六日に、江戸では帝鑑・雁・菊席諸藩に対して、同席申合せの上での上書、すなわち連署を戒め、江戸御門警護以外の諸侯は京都警備のため即上洛せよとの回書が示されていた。[59] 逆算すると、この幕命は、十一月二十九日の上書使者到着を受けて、ほぼ入れ違いに京都を発していたことになり、京都の幕閣の対応の早さが注目される。上京拒否における連帯は、ここに事実上挫折し、最終的に、江戸への王政復古の伝達という外的な要因により消滅する。

三　連帯の問題点

以上、連帯形成運動の経過を明らかにしたが、そこから、問題となると思われる幾つかの点について整理する。まず、運動が反幕府勢力に対して及ぼした政治的効果については、分析の材料も不足しており、今後なお慎重に検討していかねばならない課題が多い。例えば、前節に触れたように、紀州藩邸の集会等江戸からの情報を得て警戒した朝廷寄りの諸藩士は動きに敏感に反応し、これを親藩譜代藩勢力による政権転覆計画とみて、予め阻止する策に出ていたことが次の史料から分かる。

幕府の親戚譜第諸藩、陰ニ政権ヲ復セント謀ルモノアリ、福岡孝弟藤治○土佐藩士、辻維獄将曹○安芸藩士等、松平慶永ニ説キ、其謬誤スル所ト為ルコト勿ラシム。[60]

本稿では議論する余裕がないが、彼等は尾張・越前両前藩主を周旋の中心とする。また、朝廷側のこのような動きを把握していた譜代藩の京都藩邸と、江戸の藩邸間に生じていた考え方の違いも、連帯を挫折に導く大きな要因の一つであったのではないかと思われる。本論では、連帯を中心的に先導していた小浜藩について、依田の日記を中心とする範囲でその都度触れてきたが、この点も、今後解明していくべき課題である。

さらに、形成された四殿席連帯自体の内包する問題である。帝鑑席上書案が会津や尼崎藩士にも閲覧されていることから見て、各席上書が新聞会または有志留守居役の個人的集会にも流れ、書写されて流布されたとするのは無理な推量ではない。当時の留守居役たちが広い交流範囲を有していたことは、当然連帯形成に寄与したが、反面内側の脆弱さにもつながった。例えば、依田が頻繁に往来していた新聞会会員の肥後藩士首藤敬輔は実は同藩探索役であり、大政奉還後、依田に江戸を離れる挨拶をした後も潜伏し、帝鑑・雁両席上書案および、この件に関する大垣藩江戸邸から京都邸への書簡の写しも入手し、京都藩邸へ送付していることが分かる。[61] また、肥後藩江戸留守居役澤村修蔵は次の書状に檄文を添付し、国元宛に送っている。[62]

去ル三日紀州様御屋形へ、尾州様水戸様御始メ御家門方並帝鑑之間御席之御家来々々都而被召呼集会有之候付、小笠原豊千代丸様御留守居同様ニ而参上仕候処別紙御書附渡ニ相成、存寄之趣同五日迄ニ申出候様との旨ニ候由、然処右者不容易御事柄之上、小倉様ニ者御在国之事ニ而、在江戸之御家来限り兎角之御答可申上様無之、然ニ此方様ニ者格別之御間柄ニ而、御家之御進退も兼而御依頼ニ相成居候事ニ附、此方様之御模様ニ応し御答仕度、如何相心得可然哉、尤右書附者御家門方並御譜代家計江御談判之事ニ而、他家江者秘密ニ有之候得共、此方様者外ならぬ御間柄ニ付、内々入披見御答之振合等御相談ニおよひ候段、頼談有之候得共、於私茂素より決答可仕筋ニも無之候間、差寄之処御書附之趣、當時在国中ニ而江戸表詰合之家来限何とも御答難仕、何れ国許へ申遣し様子申越候上御答可申上、との御返答位ニ而可然哉と申談候事ニ御座候、就而者定而御国許江も小倉表より御使者等被差越可申哉ニ付、右書附貳通内々借受寫取差進申候、且同四日五日ニ者雁之間詰之御家来も紀州様へ集会有之候由ニ御座候、此段御内々得貴意申候以上

澤村修蔵

御奉行衆中

ここからは、帝鑑席に属する小倉藩の留守居役が、紀州藩邸集会で配布された書付の件に回答するに当たり、以前

から交流の深い家同士のよしみで知恵を貸して欲しいと、内々肥後藩邸へ相談してきたことが分かる。本来は譜代内部のみのことで外部には秘密であるが、他ならぬ間柄故とのことであった。澤村は自分が回答する筋の内容ではないとし、国元小倉から肥後の方への問い合わせに備え、書付二通を借り受け、書写したとある(63)。

譜代藩連帯にとって、内包された矛盾が露呈したことの政治的意味は重いと思われる。紀州藩自らが、数日内に檄文の一部を削除変更し回覧しているにも拘らず、原案はすでに全国に流れていたのである。

前述したように、紀州藩邸の集会後、その立場が不明確だとして、帝鑑席の「留守居会」重臣会から外そうとされた小倉藩小笠原家であるが、この史料から、席内部で不信を招いた理由を裏付ける行動が読み取れよう。史料にあるような行動は、当時、幕府支持派に近いとみなされていた肥後藩に対する小倉藩邸の信頼感から出た行動であろうが、国元の長州藩との緊張関係のなかで、若年藩主を支える藩邸機能が不安定にならざるを得なかった小倉藩の内情も窺われる内容である。しかし、この事実からはまた、連帯の最低限度の共通基盤を譜代家臣団に求めるという論理に無理があったことが指摘できるのではないだろうか。檄文自体認めているように、二百年の間に、もはや譜代藩自体の意味も変化しており、連帯推進派諸藩ほど強くは、殿席や藩の由来という枠によって縛られない藩があったことは、寧ろ当然と考えられる。例えば、右の史料に城内殿席同士をはるかに上回る、九州諸藩間で征長時に結ばれた強い連帯感の存在が窺えることは、幕藩体制の変質にも関わるものである。

客観的にみるならば、十月初旬段階で、紀州藩主を盟主として獲得した依田らの運動にとっては、「新聞会」や「赤坂周旋社」の厚みと広がりとを増していく有志の運動を通じて、当時の幕府支持勢力の間の政治的な結合を試み、藩を超えた、次の時代へのつなぎとなりうる運動を組織していけたならば、より大きな影響力をもった可能性もあったと考えられる。しかし、結果的には彼らに与えられた時間はなく、運動がそうした展望を持つ以前に、政権崩壊の危機は突如現実となり、きわめて緊急性を要する事態となった。それ故に（紀州藩邸および親藩と在府幕閣とが運動を外側から固めていたとはいえ）、短期間で容易に大勢力（軍団）を結集できる戦術として、既存の枠組みである譜代四殿席を結ぶ方法を選択することとなった連帯形成の方法には、問題があったと考えられる。いっぽうでは、時間を限られたなかで不測の事態に向き合わねばならなかったため、精神的に一気に昂揚したことで諸藩は結集したが、議論が熟さぬ間の選択であった分、連帯内部での理解や思惑の間にあった差が、未解決のままとなったと思われる。運動の限界が指摘できるのではないだろうか。

第三節　第二の連帯

一　徳川慶喜助命嘆願運動

本章冒頭で指摘したように、従来の研究によれば、慶応四年二月から三月にかけての徳川慶喜助命嘆願運動については、前節までに分析検討を加えてきた国勢挽回・上京拒否運動と同質かつ一連の過程であると理解されてきた。本節では、この点を再考しておきたい。

慶応四年一月十一日、将軍と会津、桑名藩主らが江戸へ敗走してきた。依田の日記に拠れば、「大君巳を得給はず還御なりしよし、一紙の布告を出さる」(64)とあり、知らせを聞いた諸侯らは江戸城へ駆けつけ、城内の「紛雑、湧が如し」(65)という状態であった。依田は城内で敗戦と大坂脱出に関する詳報を聞いている。幕閣側では西南諸藩をはじめ各方面への周旋が始まるのだが、佐倉藩では重臣会が徳川と存亡を共にすることを即決し、依田は庄内藩との連合と、譜代諸藩軍の上洛について激論したようである。その後、佐倉藩は老中小笠原から呼び出され、国家のために尽力せよと言われる。佐倉からは、すでに大軍が江戸へ上ってきていた。依田の周辺では開成所書生、紀州、会津、庄内諸藩士による議論に諸藩有志を加えた輪が広がる。前掲表1で、慶應四年一月では、依田の幕府関係者との接触急増が特徴的である。しかし、江戸は混乱しており、さまざまな議論が江戸の諸方面で噴出したが、それらが一本化することはなかったようである。[66]

諸方で対応策が論じられ、征東軍が迫り時間的にも余裕がないなか、二月十一日、諸侯に対し、将軍が恭順の意を表明して江戸城から退き、「上野東叡山の御廟に入らせ給ひ、罪を待させ給ふこと」が布告された。[67]小田原藩、佐倉藩などでは慶喜の助命を嘆願しようと図るが、慶応三年十一月の上書運動において、活発な幕府支持の行動を見せた帝鑑席諸藩は、慶喜の恭順謝罪を自らの意思とするとしていた。助命嘆願行動を起こす気力に欠け、連署による嘆願を進展させることは難しかったことが依田の日記には記されている。

そのようななか、翌日、館林藩秋元家大屋富三郎[68]が、助命嘆願哀訴状の上書運動を佐倉藩に提案してきた。[69]

館林ノ大屋富三郎来ル。京師、薩人の暴を厭ひて街内隙を生ぜり。此機を失はず内藩合従て、逆名除去之義哀訴すべし。同党の藩を集合せんとて議に及ばる。[70]

京都に於いて、薩摩の暴挙が問題になっている今こそ、将軍の赦免を訴える好機であるとして、同志の諸藩が連帯して朝廷に哀訴しようではないか、と呼びかけるのが訪問の主意であった。

哀訴は実行されることとなった。今回の哀訴状連署運動は館林藩の呼びかけが直接の契機となり、その後、幕府監察の加藤弘蔵から依頼される形で、短時間に有志大名の連署を実現したのである。加藤の求めとは次のようであった。

二月十五日、監察加藤弘蔵より、被参べしとの書来れり。則ゆきて拝謁す。外国同盟して天朝に哀訴の書を上るよしきこゑたり。譜代の藩にもその挙無る可らずと申さる。余、答ていふ、その義もとより望む処なり、速に力尽すべしと答へぬ。[71]

一月以降沸騰するがまとまらなかった議論をいちどにまとめたのは、結局、慶喜の行動であった。それに呼応する形で慶喜助命嘆願の諸侯上書運動が起こったわけだが、運動を起こすには、成就する可能性がなければならない。慶喜の行動を支持して助命嘆願を行った場合、それが聞き入れられる可能性があるという判断の根拠となったのは、依田にとっては次の三点であったと考えられる。

①九日、同門で越前藩士の岩谷瀧之助から慶喜自身が有力諸侯に対して恭順の周旋を依頼していることを聞いたこと。(72)

②旧幕府内の加藤から諸外国が慶喜助命を願い出ていることを聞き、譜代藩の行動を促されたこと。

③すでに館林藩の呼びかけを受けており、その根拠が、京都で薩摩への反感が存在するとの分析であったこと。

監察の入念な準備のもと、二月十二日、将軍は上野へ退く。(73)将軍自身の嘆願書に加えて、静寛院宮周辺をはじめとする哀訴が征東将軍の駿府到着を待って行われたが、上野寛永寺覚王院の日記(74)には輪王寺宮自身も登城し幕閣と打ち合わせのうえで嘆願哀訴に向かう事情が詳しく記されている。宮警護のため軍団を仕立てた諸侯も多数あったという。それは、哀訴状連署の諸藩重臣が輪王寺宮の慶喜助命嘆願の行列に従ったという次の史料にも裏付けられる。

二月二十五日。達小田原。會王有微疾。留而護之。至此同行侯士皆到。榊原式部大輔、土屋采女正、秋元但馬守、松平大学頭、大岡主膳正、黒田伊勢守、大久保加賀守、皆以老臣代君。従士都三百余人。是預謀於左近者。而左近亦従焉。(75)

この時、肥後藩の澤村修蔵（「新聞会」会員）が馬を用意して夜分江戸を出る宮一行を先導している。なおも幕府側に近く周旋に動く澤村だが、依田との親交の深さからみて、輪王寺宮と諸侯の嘆願の動きは別立てではなく、相互に接点があり、肥後藩邸はぎりぎりまで新政府軍と徳川方との周旋に奔走したと考えてよいだろう。混乱のなかで、二月十日以降進んだ将軍助命嘆願哀訴への連帯形成は、形成への契機となった要因から言っても、運動の成り立ちからみても、前年秋のものとは異質のもので、譜代をはじめとする四三諸藩のみが独立して起こした運動ではなく、静寛院宮周辺や、輪王寺宮自身による親征阻止と助命嘆願を頂点とする江戸の大きな動きの一環であったと考えることができるだろう。

今回の哀訴連署の中心になったのは小田原藩とその親戚諸藩、佐倉藩と親戚諸藩である。哀訴状連署の諸藩は四席に跨り、由来的に外様であるものも加えた四三であった(76)。前年十二月までの段階では、譜代藩連帯の外側にありながら、「新聞会」での議論形成には関わっていた二本松丹羽家留守居役和田右文は

丹羽氏は外藩（筆者注、外様）なれども、今代の恩かふむること深し。死を以て報じ奉ること勿論なり。今日に至りては只幕府に従ふの外なし。（十二月二一日条）(77)

と、徳川支持の強い意志を表明していたが、彼の所属する丹羽家は、今回の連署の一角をなしている。ここから、外様を含まない譜代四殿席のみで形成された前年の運動とは、目的、上書の対象だけでなく、その主体も異なることが読み取れよう。

また、京都に近い地域の諸藩は、後の章で触れていくように、それぞれが直面する周辺の事情や、新政府軍との関わりによって、すでに個別的な行動選択の時期に入っていることを考えておかなくてはならない。

以上により、徳川慶喜助命嘆願運動は、慶応三年の運動とは非連続の運動であったと言うことができ、本書は、これを第二の諸藩連帯として、王政復古以前の連帯と区別することが適当であると考える。ただ、三年秋の運動により形成された政治的ネットワークと、江戸における諸藩連帯という政治的機運の残存が、立ち上がりから使者の出発まで、僅か十日という短期間に、今回の運動を組織する助けになったことは確かであろう。

二　譜代藩連帯の意義

先行諸研究は、譜代藩が、大政奉還後に四殿席連帯の上書運動を起こしたとしており、それが、連帯に、いかにも急に（あるいは粗忽に）組織化されたかの如き印象を与えてきた。すなわち、四殿席連帯という大規模の連帯が、大

政奉還後僅か一か月足らずのうちに成立したのみならず、一斉上書という政治的意思表明を行うまでに至ったと考えることには、時間的に疑問が残ることはすでに指摘したとおりである。同じ疑問から、先行研究史上に、譜代藩全体の連帯の存在自体への疑問が提示されることになったのかもしれない。従来、譜代藩連帯の存在に、常に不確実性がともなっていたのは、連帯実現の原動力となっていた政治運動の存在を認識しないところで行われた議論であったからではなかったのだろうか。考察に『学海日録』を欠いた史料的限界も、無論大きな要素であったと言わなければならない。

これに対し筆者は、本書が、大政奉還以前の江戸では、紀州藩を中心として譜代諸藩の連帯を築くことによって、徳川体制を再建しようとする政治的な構想が存在し、大政奉還後の連帯が、一定の基盤をもっていたことを明らかにできたと考えている。したがって、大政奉還以前を「「国勢」挽回運動」、以後を「上京命令拒否運動」の二期に分けて考え、両者は、前者を基礎として時間的に発展し、大政奉還という外的な要因を得て、後者として結実したものと理解した。紀州藩を頂点とする徳川支持の動き、「「国勢」挽回運動」が、政治運動としての諸要素を備えて、さらに成熟しようとしていたのとほぼ同時に、大政奉還が起こった。未成熟であった運動が、この新たな要因に促されて、急激に「上京命令拒否運動」に結集したと考えることができるのである。

前者においては「新聞会」を核とする有志留守居役が「国勢」挽回のために諸藩連帯を目指して、紀州藩を担ぎ出した。これに対して、後者においては諸藩が連帯して大政奉還に対処するため、その推進力が諸藩中枢に移っている。しかし、本書の分析に従えば、両者は政治運動としては、同一の基盤に支えられており、非連続ではない。大政奉還を機に、ギャップを一気に飛び越えて後者に接続し、運動が政治的に成長するためには、前者の準備した運動体の組織とエネルギーが不可欠であったことは明らかである。

さて、「「国勢」挽回・上京命令拒否運動」の過程においては、一歩進むごとに、先行する京都の政治情勢に影響されて方向が決定し、また変更を余儀なくされるような、決定的な三つの画期が指摘できる。すなわち、第一に、九月半ば、運動開始の契機となった京都栂尾における親藩会合の情報。第二に、十月半ば、未だ漠然としていた政治目標を、政権挽回と朝廷の上京命令拒否へと明確化して、運動の転機となった大政奉還。そして第三に、運動を消滅に導いた十二月半ばの王政復古である。

このなかにあって、十月半ばから十一月下旬にかけての時期は、全国の情勢から見て、江戸の政治的連帯が進展結実し、唯一、京都に向け先制して意思発信するのに可能な機会であったと思われる。将軍の本拠を守ると自負する人々にはその立場での情勢認識があり、慶應三年十一月の連帯は、大勢挽回が可能なぎりぎりのタイミングを捉えて行われたもので、連帯を形成した側の政治的タイミングの認識は、十分現実的であったと言ってよいだろう。したがって、将軍に対して大政奉還返上を主張した運動は、この段階の政情に少なからぬ影響力をもったと考えられる。

政権のトップが行った大政奉還は、将軍慶喜なりの公算があっての決断であったとされている。江戸にいた譜代諸藩は、将軍の行動に即反対を表明したが、その意図を読むところまでは余裕がなかったのであろう。しかし、将軍の意図とは別に、この時期の譜代藩が、幕府消滅すなわち自身の消滅を意味する体制の決定的な危機に対して、ここに記したような大きな政治行動を起こすだけの力を有する政治勢力であったことは、積極的に評価してよいのではないだろうか。本書で触れたように、例えば、上書とともに一斉上洛を図っていた最上席の溜間諸藩が、もし、それを実現していたとすれば、それは大軍が上洛して倒幕側と対峙し、将軍にも大政奉還の再考を迫る直接の圧力となるはずであった。したがって、譜代藩の連帯は、単に脅威を感じさせたに留まらず、王政復古への政治過程を促進する大きな一因であった可能性を、指摘しておきたい(78)。当時京都から、江戸の勝海舟に宛てて王政復古のクーデターを知らせた有名な書簡における榎本武揚の主張は、根拠のないものではなく、この譜代藩勢力を信じて記されたと考えて良いであろう。

注

(1) 近世においては、現在行われているように大名家を親藩・譜代・外様に類別することはなく、諸大名は官位と殿席によって類別されていた。殿席とは、江戸城本丸御殿の「殿中席」を略した言い方であり、大名家藩主が登城した際の控えの間を指す。大廊下（松之廊下、上之部屋、下之部屋）、溜之間、帝鑑之間、雁之間、柳之間、菊之間の七つがあり、各殿席の位置は、将軍家との距離や幕府内の任務の重さと相関関係があるとされる。溜之間は徳川家臣団中最高の席である。古来徳川家に仕える譜第家臣であって、老中を勤める大名の詰め席は帝鑑之間詰めである。取立譜第の席である雁之間、同じく取立だが城持ちではない家の席である菊之間があり、以上の四殿席に控えるのが、現在いうところの譜代大名である。なお、溜席あるいは雁席のように称する場合も、意味は詰め間を指しており変わらない。大名の殿席は、業績によって替わることも知られている。狭義には「譜第家」とは、帝鑑之間の諸家を指し、一般に「御詰衆」と称されるのが雁之間席の大名家で、平日も交代登城で城内に詰めた。本書の先行研究上にいう四殿席とは、すなわち譜代大名全体を指している。
　ちなみに、譜代藩が幕府政治に関わる半面、儀礼上重要である官位は、外様大名のほうが高い。なお、注（15）（39）を参照のこと。
(2) 原口清『戊辰戦争』（塙書房、一九六二）。
(3) 『学海日録』（岩波書店、一九九一）。本稿では主として第二巻（安政六年～明治二年）を中心に使用した。原典は無窮会図書館蔵。
(4) 白石良夫『最後の江戸留守居役』（中公新書、二〇〇〇）。
(5) 『学海日録』第二巻、一五一頁。
(6) 同一五二頁。
(7) 同一五五頁。
(8) 同一六一頁。
(9) 儒者。一七九九―一八六二。江戸下谷に開塾。ペリー来航時「海防備論」を建白。徳川斉昭に「新政談」を呈す。安政大獄に中追放となり後病死。

(10) 殿席は時期によっても構成が変化し、先行諸研究でも慶応三年当時の留守居会の構成は明らかにされていない。依田の日記から総合して、当時佐倉藩の加わっていた留守居会の構成は、帝鑑席十万石以上の大垣、小田原、小浜、小倉、中津、福山、松代、大和郡山、佐倉の九藩であることが分かる。

(11) 佐倉藩立見家より尼崎藩儒家神山家へ養子に入る。依田とは藩校仲間である。慶応三年の米澤藩留守居役宮島誠一郎の日記(早稲田大学図書館蔵)では、同一人と思われる人物が「紬山衛士」と記されている。『学海日録』原典(無窮會図書館蔵)でも、文字は小さいが、「紬山」ではないかと判断できる箇所が多い。しかし、明治二年の『尼崎藩分限帳』(尼崎市立図書館蔵、藩士本人がそれぞれに書き込んだものか)によると「神山」姓は一家のみで、儒者であり、「紬山」姓はない。引き続き確定作業が必要であると考えている。

(12) 留守居会、新聞会、赤坂周旋社については、拙稿「幕末における依田七郎のネットワーク—慶応三年を中心とした対面交流からの考察」(『人間文化論叢』第九巻、二〇〇六)を参照されたい。

(13) 八月十二、十三日条。『学海日録』第二巻、一四三頁。

(14) 『学海日録』第二巻、一五〇頁。

(15) 依田の日記では、現在でいう譜代藩を「内藩」、外様藩を「外藩」と称していたことがみえる。この語を実際に用いている人物自身、また対象者の所属如何によらないことから、当時一般的な言い方であったのではないかと思われる。なお、注(1)参照。

(16) 同一五八頁、十月十三日条。

(17) 家によって、用人、御城使など名称は異なる。ここで用いた類役との語は、史料上の語で、ここでは江戸留守居役と同様の職務内容を勤め、留守居会に出席する人々の総称として用いている。

(18) 同一五一頁、九月二十日条。留守居会からは、小浜藩の成田が、例会後に遅れて参加している。

(19) 同一五二頁。

(20)「紀州殿より周旋方一人を出して諸家を説聞すべきこと、江戸邸極て不服のもの多くしてとゝのひがたきよし也」（同一五三頁、九月二五日条）。
(21) 忠幹。萬延元年六月家督。第二次征長時江戸隊の先鋒。
(22)『学海日録』第二巻一五五頁
(23) 同一五八頁、十月十日条。
(24) 御付家老五家の幕藩体制内の位置と、自らの譜代大名化を求める待遇改善運動等に関しては、林薫一「「御付家老」考―成瀬隼人正家と竹越山城守家を事例として」（『日本歴史』一三二号、一九五九）、白根孝胤「徳川一門付家老の成立過程と駿府政権」（『徳川林政史研究所研究紀要』三三号、一九九九）、小山誉城『徳川御三家付家老の研究』（清文堂出版社、二〇〇六）が詳しい。とくに小山誉城の研究は、嘉永から安政期の将軍継嗣問題における井伊直弼と紀州藩付家老水野忠央との深い結びつきとともに、水野家が五家のなかで突出して譜代大名化に近づいていたことを指摘している。しかし、水野は井伊暗殺の後、急速にその権力を失墜し、忠央の隠居謹慎後、忠幹が家督相続した。この慶応三年当時、水野家が単独で、諸藩の指導的立場に立てるような地位にはなかったと考えてもよいだろう。
(25)『学海日録』第二巻、一五三頁、九月二五日条。注（20）参照。
(26)『学海日録』第二巻、一六〇頁。
(27) 同一六一頁。
(28) 長州戦争期に陣屋の名を矢田藩から吉井藩へと改めた。
(29)『学海日録』第二巻、一六一頁。
(30)『学海日録』第二巻、一六一頁。序章の注（45）で既述のように、本稿ではあえて連帯という用語を選択したが、ここから、当時「連合する」との用語が一般的な政治用語として使用されていたことが考えられる。
(31) 十月廿五日条。『学海日録』一六二頁。
(32) 国立公文書館蔵、内閣文庫本。

(33)『学海日録』第二巻、一六二頁、十月二六日条。「若州侯、召に応じて京師におもむく来月朔日を以て発すといふ。○京師におもむかせ給ふによりて、余も供奉の内命をかふむる」。
(34)『復古記』巻二、十月二二日条。三〇頁。
(35)大垣については、態度が一日で変化している。
(36)『復古記』巻二、十月二五日条。六五―六七頁。
(37)留守居役川田毅は天山塾同窓の親友である。
(38)『学海日録』第二巻、一六三頁、十月二十九日。
(39)諸藩は江戸城に登城した際、家格に応じて城内の詰め間が決められていた。譜代藩では、溜間、帝鑑間、雁間、菊間の四席で、時代により詰席の構成藩は変化したが、当時佐倉藩は帝鑑間詰であった。
(40)『学海日録』第二巻、一六三頁。
(41)同一六三頁。
(42)同。
(43)『復古記』巻三、一〇一頁。
(44)『将門山荘日録』。
(45)同。
(46)同。依田の日記では六日に佐倉より銃隊一大隊が到着したとある。
(47)『学海日録』第二巻、一六五頁、十一月五日条。
(48)「此日、去る三日紀邸より出し示せし檄をかき改むるよしの議起りて、武・榊等大に憤怒して、義気、面に著る。然れども事実、必ず改むる非ずして、やゝ文の批を改るのみなるよしにて論も止き。件の文を改んとせしは、紀の執政の議に出しとぞ」(『学海日録』十一月八日条)(傍線は筆者による)。
(49)『改訂肥後藩国事史料』七巻、六一一頁。

(50)『学海日録』第二巻、一六七頁。原則として藩ごとの上書が取り決められたというなかで、連名での上書も残る。『復古記』巻四、一二三頁所収の庄内藩主酒井忠篤ら六名のものである。
(51)『復古記』に収められた各席上書より作成。
(52)井上勲が、同時期の上書をひとまとめに考えようとすることには同意できる。
(53)『改訂肥後藩国事史料』七巻、六一四頁。原口清（『戊辰戦争』）の雁席は上書を提出していないとの主張は、ここから誤認であると証明できる。また、殿席ごとの上書を戒め、即上京を促す京都からの幕命は、雁席も対象としていることからも裏付けられる。
(54)『学海日録』第二巻、同一七〇頁。
(55)同一六七頁。
(56)『復古記』巻五、一三五頁。
(57)『学海日録』第二巻、一七五―一七六頁。
(58)『将門山荘日録』。
(59)『復古記』巻七、一九三―一九四頁。
(60)同巻四、一二一頁。
(61)『改訂肥後藩国事史料』七巻、六一三頁、「慶應三年時體探索書」。
(62)同六一一頁、「慶應丁卯年一新録自筆状」。
(63)『改訂肥後藩国事史料』や『南紀徳川史』、『将門山荘日録』等からみて、本来書付は二通であったと思われる。しかし、一通目「兵制一致云々」は、『復古記』には所謂紀州藩檄文の前文として掲載され一通の形をとっている。兵制一致を図ろうとする内容から、政治的には一通目の方が重要と思われるが、これを論じるためには史料が不足しており、本稿ではその問題に触れないこととする。
(64)『学海日録』第二巻、一八七―一八九頁。

(65) 同。
(66) たとえば、勝海舟は「日々空議と激論」が飛んだが論は定まらなかったとしている（『続徳川実紀』第五編正月十二日条）。
(67) 『学海日録』第二巻、一九七頁。
(68) 「館林藩明治二年中小姓分限帳」（館林教育委員会蔵）によれば、当時は海軍方とある。
(69) 『学海日録』第二巻、一九七頁。
(70) 同一九七頁。
(71) 同一九八頁。
(72) 「岩谷瀧之助に浅草門外に面し、同行して河長楼に小酌す。大君、逆名を洗雪し給はんとて越・尾・土・芸・津藩・肥後藩に親筆の書を贈らるゝと云」（『学海日録』第二巻、一九七頁）。
(73) 「寛永寺年行事雑簿」（『維新日乗纂輯』五）日本史籍協会。
(74) 『維新日乗纂輯』五（日本史籍協会）所収。
(75) 同。
(76) 当初の連署から後に脱退した諸藩を引いてみるとこの数になるが、確定にはなお諸方面からの検討が必要である。
(77) 『学海日録』第二巻、一八〇頁。慶応三年の連帯では、その範囲は譜代四席としてよいと思われるが、留守居役が新聞会・赤坂周旋社の会に参加していた有馬家、丹羽家では、親戚藩は、いずれも帝鑑間詰であり、連帯に加わっていた。
(78) 「（前略）（筆者注、これに先行した記述で榎本は此時在京していた諸侯を列記している）此中我　徳川氏方之者ハ、会桑ハ申迄も無之。井伊、紀州、藤堂、大垣、加賀等ハ、皆国力を奮て我を助くルと云ふ。（中略）徳川氏の兵へ、前之頼母敷諸侯之兵を併算すル時ハ薩長土芸（此四藩之兵併せて六千許。）等ニ大凡三倍す」（『慶喜公御実紀』慶応三年十二月晦日条）『続徳川実紀第五篇』国史大系五二巻、吉川弘文館新装版、二〇〇三）三三八―三三九頁。

第二章　佐倉藩江戸留守居役のネットワーク

幕藩体制内での周旋活動と情報収集を主たる任務とする、藩の渉外担当である留守居役は、日常多くの人々との交流を行っていたことが知られている。とくに、情報の収集と伝達が非常に重要であった幕末期の諸藩留守居役の間には共通して、時代性に即した交流関係とネットワーク形成[1]とが存在したのではないだろうか。しかしながら、かれらが結んでいた社会的関係の状況、すなわちネットワーク自体を対象とした研究は管見の限り、多くはない。仮に、これらの人々の結んでいたネットワークの実像が明らかになれば、幕末の政治過程・社会構造だけでなく、連続した時間軸の先に連なる明治初期の政治・社会についても、読み解けることが多いと考えられるのである。先行研究が少ない理由として、この時期の特定個人のネットワークの全体像を明らかにするに十分な史料が少ないという状況が挙げられるが、幸い、佐倉藩の依田七郎に関しては、ほぼ毎日リアルタイムで丹念につけられた依田自身の日記である『学海日録[2]』が残されており、彼のネットワークを明らかにするための、好個の拠り所となる。依田七郎は、広い人脈をもち、幕末の政権危機に対し、慶応三年から四年にかけて江戸における幕府勢力挽回のために政治運動に奔走する江戸留守居役である。したがって、依田個人が、藩外のどのような社会的活動の場において交流を結んでいるのかを観察、分析することで、そのネットワークが政治活動にもつ意義を明らかにすることができるのではないだろうか。

文久期以降の京都において、朝幕と藩、藩と藩との間で進行する政治過程を個人の目をとおして見ようとしたのが宮地正人である。肥後藩京都留守居役上田久兵衛の書状および日記から当時の肥後藩の政治的立場を理解しようとした研究には、(3)朝幕融和と公儀権力確立に向けて周旋活動を重ねる上田が主として京都において交わった十一藩五十六名の名が挙がっている。上田の行動と思考を通して京都における政治過程を明らかにしていく宮地は、こうした交流を上田の個人的な属性に帰しているようで、とくに藩留守居役故のネットワークとして捉えようとしていないようにみえる。

この点を意識化したうえで、藩周旋方に固有な人的交流網の存在を前提にし、そのネットワーク分析を通して藩の政治的立場を論じているのが大庭邦彦である。(4)大庭は、米澤藩留守居役宮島誠一郎の日記に残されている交流人名一覧にある人々との面談を中心に分析することから、慶応三年当時における米澤藩の、會津藩との深い関わりを核とした政治的立場を立証している。大庭が留守居役の対面交流に政治的な意義を見出している点は、佐倉藩江戸留守居役の依田七郎と直接に対面した人々との間の交流（本書では、これをとくに対面交流という語で表すこととする）を対象に取り上げようとする本書でも参考としたい立場である。

本章は依田の日記のうち、彼の政治的活動が活発であった慶応三、四年を中心に取り上げ、この時期における依田のネットワークを示したうえで、各方面における交流を観察する。なかでも、とくに、前章で分析した政治活動との関わりを読み解いていこうと考える。

第一節　依田七郎と人的交流の全体像

一　江戸留守居役としての依田七郎

日記から依田の慶応三、四年中の活動を跡付けてみると、慶応三年二月二十九日、正式に留守居役に任命され、江戸邸留守居局の一員となる。公務は三月に開始され、諸藩の留守居役との交際が始まり、隔月に当番として藩主の登城にお先詰を務める一方、藩政関係の手続きなどで幕府の役所や関係藩邸の事務方に出向く毎日となる。同年八月初めには、弱体化した幕府勢力を回復しようとする江戸諸藩邸留守居役の有志とともに政治運動を起こす。これを本書では「国勢挽回運動」と呼び、すでに前章で分析した。

十月初め、紀州藩附家老を盟主として、譜代藩間の連帯を目指す運動の形成に成功するが、そのさなか京都から伝わった大政奉還の報を聞き、依田らの運動はさらに進展することとなった。運動は、江戸の幕閣による公認を獲得して各所での議論を広げ、諸藩重臣会議の手で朝廷の上京命令を拒否する段階へと進展した。十一月初頭、親藩・譜代藩全体を集めた紀州藩邸の会議を契機に、譜代藩四殿席をつなぎ、二条城の将軍に対して、上京命令拒否と幕府支持とを訴え出るが、この運動は王政復古によって挫折することになる。

徳川氏追討令以後、慶応四年二月の依田は慶喜助命嘆願哀訴状運動の中心の一人として奔走し、朝廷への上書使節に加わって上京した。上書を追って上京後は、京都に謹慎となった佐倉藩主堀田正倫の赦免のために新政府との周旋に尽くし、依田が佐倉藩公儀人に任命されて再び関東へ戻るのは、四年十月のことである。

二　交流の場と人数

依田の日記には、日々交流を結んだ非常に多くの人々の名が残っている。彼の人的交流はその人数も多く、方面も多岐にわたることが特徴であろう。このことは、依田の生活が公務だけに留まるものでなく、興味の対象も多く、余暇を十分に活用して様々なレベルで暮らしを楽しむ充実した都市生活者の側面を映し出す。依田は藩留守居役として情報収集が務めである。意図的な情報収集は彼にとって日常欠かせぬ任務であったことはいうまでもないが、日記の文面からは、無理をして情報を取りに行くと言うよりは、情報が、多方面に広がる交流網を伝って自然に彼の元に集まるような依田の生活ぶりが見える。また、彼が広い文化的興味と時局への強い関心を持ち、精力的に、まめに義理堅く多くの人々と交流を結んで行く様子が読み取れるが、エネルギッシュに人と交わる依田も、実は持病もちであり、とくに多忙の続いた後は時折寝込んでいる。その彼を見舞い、気遣う友人や上司、仕事仲間の多さも、彼の人的交流が広さのみでなく、血の通った強さを持つことを思わせ、依田の人柄が、その多方面での人的関係を結ばせたと考えられるのである。

ここでは依田の役目を考慮して、対象を慶応三、四年に対面した藩外の人物に絞ることにする。当該時期の日記に登場する人物を初出の時点で書き出したところ、依田が二年間で交流した藩外の人物は四二九名に上る。次に交流の場をみると、「留守居会」、「新聞会」、「赤坂周旋社」（以上、史料に出る名称）があり、同門諸士との往来および詩画の同好会が確認できた。その他、藩の役目で赴く他藩・幕府・新政府の関係者、特定の場には分類できない他家所属の諸士、医師、書肆、画商、自身の弟子などとの交流がある。これらは、その性格上、留守居役であるが故に結ばれたものと、それ以外に分けて考えることができる。これについては、以下分析・考察していく。

なお、藩別の交流人数と内訳をとった表4によれば、依田の広い交流も、基本において、譜代藩留守居役という立場に制約を受けていると思われる。

表4　慶應3・4年江戸において接触した藩家藩士数（網掛けは帝鑑席）

藩家名	人数	藩家名	人数	藩家名	人数	藩家名	人数	藩家名	人数
紀伊	12	小田原	6	大和郡山	5	久留米	5	大垣	4
福山	4	中津	4	備中松山	4	小倉	4	小浜	4
会津	4	肥後	4	佐賀	3	松代	3	庄内	3
掛川	3	島原	3	伊勢亀山	3	生壬	3	膳所	3
仙台	2	米澤	2	前橋	2	片桐家	1	明石	1
尼崎	1	出石	1	丹南	1	松江	1	延岡	1
越前	1	宇都宮	1	新庄容丸家	1	土佐	1	鳥取	1
尾張	1	大多喜	1	清水家	1	二本松	1	高田	1
上山	1	米倉家	1	忍	1	岩村	1	唐津	1
松本	1	西尾	1	館林	1	房州勝山	1	駒井家	1
＊佐野	1	＊宮川	1	＊雲州母里	1	＊浜田	2	新宮	1

陪臣家：越後高田藩家内建部家 1　＊は堀田家親類
依田七郎親戚：仙台藩伊達家内斎藤家 1、土岐家 1

第二節　藩留守居役として得たネットワーク

一　政治活動のネットワーク

（一）留守居会

日記から佐倉藩の城内殿席による固定的なグループ（留守居会）は帝席十万石以上のうち、大和郡山、小倉（十五万石）、小田原、福山、佐倉（十一万石）、小浜、中津、大垣、松代（十万石）の九藩と特定できる。留守居会の構成は時期によっても変化があり、すべてが明らかにはされていないが、笠谷和比古[5]は弘化年間の例として、上記のうち郡山、小倉、大垣、小田原、中津、松代六藩が高田、庄内、桑名、忍を加えた十藩の留守居組合に加わっていたとする。ここで、慶應三年には高田以下四藩は帝席を外れて溜間詰めとなっており、組合編成が変わっていることが分かる。

帝鑑間席十万石以上の大名家が集まる留守居会は慶応三年当時、どのような活動を行っていたのだろうか。日

表５　打寄一覧（慶応３年）

日	主人役（藩）	記　事
3/15	野村（佐倉）	新任依田の紹介。出席者不明
4/26	北沢（松代）	出席者不明
5/7	郡（小田原）	星野、成田、鳥居、久城、服部、北沢出席
5/26	服部（福山）	星野、玉川、鳥居、三井、吉田、郡出席
6/3	荒尾（中津）	依田は病気で欠席
7/25	玉川（松代）	北沢から留守居会先輩格の間で不評につき遠慮するよう忠告され欠席。不評の理由は挨拶の方法や劇場での解説が多すぎたことなど
8/7	依田	
8/27	鳥居（大垣）	依田は欠席
9/25	松下（小田原）	出席者不明
10/5	二木（小倉）	先輩格の間で礼儀をめぐって大喧嘩勃発。玉川、相羽、勝野、荒尾、三井出席
10/25	勝野（小倉）	「国家の大事を外にしてのみくらふ。悲しむべし」

記から四つにまとめられる。

（１）まず各藩回り持ちの定期会合、通称「打寄」だが、これは留守会の中心であり、各家二名ずつの留守居役によって構成され、交代で接待役を務めて、役宅に同じグループの留守居役全員を招待し、飲食とともに情報交換をする「懇会」《ママ》[6]である。「打寄」を拾い出してみると表5のようになる。

ほぼ月に二度行われ、前回に日程と主人役が決められる。就任時期の早い者が先輩として重きを為し、献杯の方法等にも多くの習慣があって、席上「大喧嘩」に至るトラブルも発生したようだ。　（十月五日条）

（２）相撲や芝居、狂言見物、四季の花見などや少人数での飲み会などの付き合いも行われている。一例を挙げておく。

夕方より芝浜にのむ。来会するもの、中津ノ荒尾、星野、小田原ノ玉川、松代ノ松下、郡山ノ久代、及余、野村なり。海上の風景いはん方なし。鮮魚亦他方の比あらず。志同じからん人と来らましかばと思ひしなり[7]

（傍線は筆者による。以下同）

表5の七月二十五日の項のように、好きな劇評で先輩格の不興をかったこともあり、右に引用した史料の傍線部にも、

同志の者と来れば風景も料理も、心から楽しめるのにと残念がる依田の様子が見え、付き合いが依田には苦痛となるものであったことが窺える。

（3）次の史料にみるように、時勢を反映した見学会もある。江戸大下水沿いの関口村に設けられた幕府の大砲鋳造所の見学である。

玉川、星野、渡辺、鳥居、服部、成田、久城、郡、三井九人と関口村の鋳炮所を一覧す。水車の力を以て炮口を鑽開し、炮筒中の弾道を鑿つ。その巧、驚べし。器械皆彼より来れるよしなり(8)

（4）暑中見舞い、寒中見舞い、火事見舞い、それらの答礼、類役の就任、離任、転勤などのある度に留守居会メンバーとの往来があり、近所を通れば挨拶に立ち寄り合う。合間には気の合う類役同士での半ば私的な集まりも盛んで、全般にいわゆる付き合いはかなり多忙である。(9)

当時の依田の最大の関心は危機に直面する徳川政権の大勢を如何に挽回するかにあり、人の集まる場において彼が望んだのは、それに関する建設的議論であったと考えてよい。ところが、依田の日記を見る限り、構成員が九家各二名の類役に固定され、慣習に倣った懇親を目的とする打寄に、政権危機を論じる空気はなかったようである。

かねて若州の成田と約することありて、此日、郡山ノ吉田、松代ノ北沢、膳所ノ福田、丹羽ノ那須、本多ノ名島等と舟行して、例の留守居会のことを為さずしてともに心事を論ずべしとて萬年屋てふ舟店に至りし所（後略。九月廿日条）

右の史料によれば、依田は留守居会例会の日に、成田、吉田、北沢の留守会中の同志に新聞会員と思われる他家類役を加えて、大勢挽回運動を論じるため、舟中で会合を行うという別行動をとっている。このことから見て、依田等が留守居会活動が政治的危機に際して何らかの役割を果たしうるとは考えていなかったことになる。

さらに、大政奉還を聞いてさえ、会の基調は変化していないことが十月二十六日の日記から読み取れる。午後より小倉の勝野宅で打寄が開かれた。ところが、会は「国家の大事を外にしてのみくらふ、悲しむべし」（十月二十六日条）という有様であった。鋳砲工場見学の例のように、一方では危機を意識していたと思わせる行事もありはするが、実際の留守居会行事は文字通り懇親会であったようである。この時点で、もはや留守居会は幕末の新たな状況に対応する機能をもたなくなっていたと言えるだろう。

十月二十六日を最後に「打寄」は姿を消す。十一月、上京拒否運動形成後は、重臣会が政治的討議の場となり、一留守居会の枠を超えた帝鑑席全体が政治行動の単位となる。[10]

依田が対面した八藩の留守居役のうち、小田原藩の日治孝太郎、小浜藩の成田作右衛門は譜代藩の連帯運動における依田の同志となる。また、松代藩の北沢幟之介（冠岳）とは、主として、趣味である詩画の会を通じ、個人的な付き合いを深めていく。[11]

留守居会は幕藩体制を支える重要な機関であった。しかし、制度としての留守居会は固定的なメンバーで会合を繰り返し、状況に応じて、外部から人が流れ込むことのない組織である点で、変革期の機能には限界があったと言えよう。

(二)　新聞会

表6は、新聞会の全活動の記事一覧である。表の記事が空欄のものは、日記に会開催の事実のみが残る場合である。依田は上司平野知秋の指示により、前年の慶応二年暮れ、発足前の顔合わせから加わった。平野は自ら会の準備段階に関わったと考えられるが、それについては未調査である。依田は会の帰路には平野のもとに立ち寄ることが多い。会は依田を含め僅か五名（紀州藩武内孫助、片桐家杉本心平、明石藩下田三郎、米沢藩上与三郎および依田）で出発したが、慶應三年を通じ、次第に拡大していく。表からは次の点が読み取れる。

表６　新聞会活動一覧

月日		参考
1/6	新年会を兼ねて。出席者：杉木、上、下坂、武内	発会は前年末
11		
2/1		
11		
21		
晦日	武内、英人サトーに会う。「極て邦語をよくして議論を好む」と。	翌日欠席の断りに
3/11		帰途、平野宅へ
4/1		平野宅へ
11	赤坂一木の妓お半が男を刺す。	
20		
5/1		平野宅へ
11	「京師風聞、慥に聞へたり」4/17幕府の異人入洛許可で、伝奏、議奏辞任へ。	
21	「儒官榊原先生に謁す。議論、尤も愉快なり」	
6/1	「京地の新聞多し」	
11	「いたはることありて」欠席	
22	武内体調不良で欠席。暑中の贈答やりとり。	
7/3	東条某(因州)より、上海で浪人八戸が大船団をもって朝鮮を討つべしと言い、朝鮮より対馬侯へ鎮静を求めて来たと聞く。	
11		
21	一昨夕、下目黒祐天寺に盗賊。賊中に佐倉浪人。	
8/2	京で幕臣玉虫留次郎、土藩人と口論し斬られる。	
10	藩内の公務で欠席	
21	有馬家佐々、武藤出席	
24	武内に使いをやり、「原市之進害される」と返書。	詳細は営中坊主より聞く
9/10	東条、首藤(肥後)、武藤出席	
21	紀州藩斉藤政右衛門と初対面。依田が「国勢挽回」を説き、大いに賛同を得て、斉藤よりこれを周旋すべしと。京においてと同様、ますます盛んにしなければならぬと認識。武内も尽力すると。	9/16 京都での親藩会(8/11開催)を聞く
10/1	武内来訪	
10	紀州用人岡田に会う。紀州が正式に国勢挽回運動をバックアップ。「親藩、内藩必ず服従して一致の力を極め、幕朝の御勢、古へにかへらせ給ふこと、是を企てまつべし」	
22	武内に会う	10/20 依田、大政奉還を聞く
11/2	幕府権力奪回と上洛拒否などを議論するため、紀州藩邸大集会が決まる	集会は3、5両日
21	出席者大勢で、銘々新聞を謄写。会合後、内山(島原)、名島(膳所)はじめ７人の留守を赤坂周旋社の人々に紹介する。「人々大に喜き」	11/18 使節上京し、運動後初会合
12/2	盗賊横行のこと。「朝議、弥復古のことを定められて、諸藩をして八省寮司に加らるべきよし也」	
10	鈴木房太郎(戸田淡州家)より、薩人府内放火計画が知らされるが、証拠は不分明と。撒兵隊、霊岸島で強盗に襲われる。	
21	納め会。二本松和田右文に会う。	12/18 王政復古を聞く

①会は毎月一の日に、紀州藩邸内の武内孫助宅で開かれ、国家的なレベルの情報から巷間の噂までさまざまな「新聞（情報）」を知るとともに、内外の「新聞（情報紙）」[12]を回覧して写し合うのが主たる活動であった。
②九月二十一日以前、情報はかなり雑多であり、会がとくに政治的活動のネットワークとして機能した様子はない。
③しかし、九月二十一日以降、その様子が一変し、政治的に重要な場としての機能を果たすようになったことがわかる。当日依田は会の席上紀州藩重臣と対面し、大勢挽回運動を起こすことへの理解を取り付け、十月十日、紀州藩用人を通じて、正式に支持を獲得している。
④大政奉還後の十一月二日には譜代藩の連帯形成を実現する運動の頂点となる紀州藩邸大集会開催が議論されている。

日記の記事を追うと、十月十日と十一月二日の間に、運動は大政奉還によって性格を変えるが、そのうち最も重要な十日間を動かしたのは新聞会と紀州藩であった。藩主惣登城のうえ書付五通により大政奉還が正式に知らされた翌日の十月二十二日、依田は紀州藩邸へ行き、紀州藩士武内、榊原、用人岡田、付家老新宮水野家の飯田に会う。密談後、岡田は御三家と発議に赴き、依田、榊原、武内は紀州藩家老斎藤政右衛門とともに、譜代藩有志を集めて大議論を起こそうと決定する。さらに、斎藤は幕閣への根回しを図る。二十三日、譜代諸藩主に登城命令が出て、今回の危機に当たり譜代家の連合が不可欠との老中達しがあった。翌日から、公認となった運動を進めるため、依田は新聞会員の諸家留守居役と会い、それぞれが拠点を作るなか、依田は彼らと紀州藩邸との間をつなぐ。

ところが、二十五日に朝廷の上京命令が飛び込む。そこで、依田は依然意識の低い留守居会を無視し、小浜藩留守居役成田作右衛門のみと議論を深め、成田と新聞会員をつなぐ。二十九日には紀州藩邸で水野家家臣や武内、幕臣数名を加えて議論を深める一方で、老中である松山藩板倉家留守居役の川田毅が佐倉藩主と上山藩主の会談を準備するなど、運動は拡大を続け、十一月二日、前橋藩留守居役久松白堂の提案から八四家による城内外厳戒態勢が敷かれ、その下で、譜代四殿席を結ぶ紀州藩邸大集会開催が決定されたのである。藩の枠を超えて人々が集まる新聞会は、政治運動の拠点として、以後さらに多くの有志を集め、依田はその感慨をこう記している。

此会、去年の十二月に初りて、その折は僅ばかりの人なりしに、かくまでの大集ならんとはいかで知るべき。実に測りがたき世の中のことにそ。[13]

十一月二十一日には会の七名の留守居役が他の政治的グループ（赤坂周旋社）にも加わり、ネットワークの拡大と発展が確認できる。新聞会は王政復古後、年末の納会を最後に活動が確認できなくなることから、その政治的機能はその時点で終了したとみることができるだろう。[14]

(三)　赤坂周旋社の会

八月十二日条に、「武藤氏来ル。明十三日赤坂門外の酒楼にて周旋家諸君尽く会して雄論を為すべきよしの告あり」とある。依田をこの赤坂周旋社と称される会に誘ったのは、藩邸が近所で、就任以来親しく交流していた久留米藩留守居役の武藤里次郎であった。以下、赤坂周旋社関連の記事を追ったのが表7である。

この表からは次の点が指摘できる。

①月の十三日に、赤坂門外吉田において定例会として開催されたが、会合は計五回のみであり、江戸での大勢挽回運動の始まりに重なる時期に開始し、王政復古と同時期に消滅している。

②新聞会に比較して家格の高い、親藩および溜間席諸藩と当時幕府支持の諸藩周旋方により構成されており、時期から見て、一時的に政治的な目的をもって作られたと思われるが、その集会での議論の内容は記されていない。また会は、前橋藩松平家の久松白堂らが八月十一日に京都で招集したという親藩の秘密会合と何らかの関連があ

表7　赤坂周旋社の会活動一覧

月日	記　事	備　考
8/13	薄暮、赤坂門外の酒楼にて。20余名出席。質実倹素な会であった。 会後、榊原耿之介（紀州）赤坂某（清水家）と飲む。	
9/13	未後、赤坂吉田屋にて。 石沢、栢崎（会津）水野（尾張）榊原の名あり。	
10/13	「例の赤坂の周旋社の会日」。 久松矢一郎（前橋）と初対面。8/11の京都での大勢挽回を謀る親藩の秘密会合は久松と三浦五介が実現させたと聞き発憤する。 中島嘉左衛門（肥後）下坂金次郎（筑後）の名あり。	9/16京都栂尾で8/11に極秘親藩会が開催されたと知り、大きな衝撃を受ける（神山情報）。 10/13京都で大政奉還。 10/20江戸で公表。
11/10	「榊原、久松等八人と吉田楼に会議す」	11/3～5紀州藩邸の大集会
11/13	「赤坂吉田屋周旋会」二十余名出席	
11/21	吉田屋にて、依田が席を設けて、新聞会の有志七名を周旋社諸士に引き合わせる。	11/18帝鑑席代表の佐倉藩重臣一行が上書を携帯し江戸を出発。
12/13	午後。「会する者甚少し」。 川村惣十郎（幕臣、元一橋家）が初めて出席。	12/9王政復古 12/18江戸で公表

ったのではないかと思われるが、推測の域を出ない。

依田の日記の十一月五日条に、紀州藩邸大集会後の方針決定会議では会津、庄内、桑名等有力八・九藩が大議論を交えたとあるのを見ても、依田らが新聞会を拠点として目指した譜代藩四席の連帯による大勢挽回・上京命令拒否の上書運動をまとめる指導的立場にいたのは、直接連帯に参加していない紀州藩をはじめとする親藩および譜代最上席の溜間詰諸藩であった。それらは、赤坂周旋社の会の構成とも重なりを見せる。表を見ると、十一月十日、依田を加えた十名ほどのリーダーの間で密かに会議が行われているが、運動の最終段階における重要な内容であったことが推察され、翌日、依田は初めて上席の忍藩邸を訪ねて、溜間席の戦略をきいている（十一月十一日条）。赤坂周旋社に連なるネットワークの果たした政治的機能は運動を外側から束ねることにあったのではないだろうか。会は十一月二十一日、政治運動の頂点において新聞会と接点を持ち、拡大している[15]。

新聞会と赤坂周旋社には、有志留守居役が個人の意思で、ある程度自由に参加していることが分かる。構成者が固定され、閉鎖的なネットワークである留守居会に対して、この両者は、藩や既成の制度の枠を超えた広がりをもち、個人の立場による参加を許容し、相互に接点をもつ意味で発展的開放的と言える。例えば新聞会が、京都での政権支持のための親藩会合開催の事実を聞いた九月十九日以降、大勢挽回運動を積極的に推進する基地に転じたことに見られるように、遭遇した新たな政治的情況により活動を柔軟に変化させ、その情況打開に対処していく様子が見られることは、留守居会と対照的である。新聞会と赤坂周旋社は、体制の危機に直面し、共通の政治的関心により、藩の枠を超えて時代的な課題解決を目指す政治的活動のネットワークとして注目しておきたい。

二　頻繁に交流した人々

日記に登場する他家藩士二九八名を人物ごとに取り出して、慶應三、四年中の二十五か月間（四年は閏月あり）に対面交流した月数を数え、上位二十名を順に並べたのが表8である。実回数よりは、交流が恒常的であるか否かを重視したため月数をとったが、参考として回数も挙げておく。上位を占めた人物は留守居会、新聞会および同門ネットワーク中の人物に符合し、これらが当時の依田の交流の核である。内訳に慶応四年一・二月を独立させたのは、一月の将軍の江戸帰還後、二月が徳川慶喜助命嘆願運動の時期にあたるためである。

活発に活動していた新聞会員に頻度の高い者が少ないことは意外に思えるが、武内、榊原との対面内訳にみるように、ここでの交流は密度が濃かったが、慶応三年の一定時期に集中していたことを示すのではないかと考えられる。依田にとって、三年三月以後定期的であった留守居会の会合が、その後約半年で消えていることも分かる。通常の留守居会での各種の懇親を通じての対面頻度は横並びで、継続五、六か月程に留まるのに対して、北沢冠岳、成田作右衛門とは交わりが深く、佐倉藩が慶應四年二月の徳川慶喜助命歎願哀訴運動まで行動を共にした小田原藩との交流が続く様子も読み取れる。北沢、小田原の日治孝太郎とは依田が京都に滞在中も親交がある。

表8　交流頻度上位二十名

氏名	慶応3・4年二年間の交流全月数	内訳			実回数	所属藩	
		3年中	4年1・2月	4年3～12月			
武内孫助	15／25	11	2	2	40	紀州	新聞会
神山衛士	13	9		4	26	尼崎	元佐倉藩士
北沢冠岳	12	6		6	33	松代	留守居会、同好
川田毅卿	11	9		2	24	松山	同門
日治孝太郎	11	5	2	4	16	小田原	留守居会
岩谷瀧之助	9	7	2		11	越前	同門
佐々　治＊	9	9			11	久留米	赤坂、新聞会
小出作平	8	8			12	出石	同門
郡　権之助	8	7	1		14	小田原	留守居会
成田作右衛門	8	8			20	小浜	留守居会
坂田　莠	8	1		7	18	高鍋	同門
小永井五八郎	7	6		1	7	小倉	同門
武藤里次郎＊	6	6			15	久留米	赤坂、新聞会
鈴木才蔵	6	6			12	延岡	同門
松下良左衛門	6	6			9	小田原	留守居会
西村　鼎＊	6	1	1	4	11	佐野	佐倉支藩
荒尾	6	6			9	中津	留守居会
星野平八	6	6			9	中津	留守居会
玉川一学	6	6			13	松代	留守居会
榊原耿之介	6	6			18	紀州	新聞会、赤坂

次に、表中＊印をつけた人々についてだが、久留米藩の佐々治と武藤里次郎は藩邸も近所で、藩同士の交際が深く、政治的関心も共通であり、赤坂周旋社と新聞会を相互に紹介し合う仲である。日頃も兄同様に交わる親戚藩（佐野藩）留守居役の西村鼎は共に慶喜助命嘆願の使者を務めた人物である。尼崎藩の神山衛士は依田の藩校時代の友人で、（佐倉藩士立見氏子弟。尼崎藩家中の養子）留守居役に就任したばかりの依田が、上司である江戸家老平野知秋から新聞会参加と並んで、深く交流して情報源とするよう指示を受けていた佐倉藩の情報活動の支えである。[16] 慶応四年の京都では、

旧友としての交際を続けている。以上の四名は、依田の政治的活動においても重要な人物である。

第三節　詩画の会および藤森天山塾同門生のネットワーク

一　交流の諸相

幕末の政治的危機における公務に多忙を極めるなかであっても、依田七郎が最も大切にしていたのは、青年時代から研鑽をともにした藤森天山塾の同門生との交流、および趣味の詩画の会であった。

まず、詩画の会は一月二十日以降八月二十二日まで十一回催されている。そこでの同好の人々との交流だが、全員が号で登場するため所属などが特定できない。定例会はなさそうであり、「江都紀勝の刻始るよしを告ぐ」（五月十八日条）など情報も趣味の範囲に限られている。他のネットワーク中の人物である「留守居会」の北沢冠岳、同門の川田毅、小永井五八郎は、この会の出席者でもある。

次に、慶応三、四年の日記で確認できる藤森天山塾同門は以下の人々であるが、日記全体からはさらに数名以上が確認できる。

鈴木才蔵、四屋義三郎、＊土肥謙蔵（以上延岡藩）、坂田莠（高鍋藩）、大野又七郎（唐津藩）、小永井五八郎（小倉藩）、小橋恒蔵（肥後藩）、＊正木氏（土佐藩）、川田毅、吉田謙蔵（備中松山藩）、＊丸川茂義（備中新見藩）、小出作平（出石藩）、伊奈平八（姫路藩）、片岡美仲（丹南藩）、小崎公平（伊勢亀山藩）、大野倹次郎（新発田藩）、岩谷瀧之助（越前藩）、松下誠庵（尾張藩）、三坂新太郎（浜松藩）、渥美恵吉（宇都宮藩）、保岡正太（前橋藩）、城崎誠輔（玉川在）、＊小林但見（上毛）、増田円三（不明）、藤森周蔵（恩師子息）、駒井甲斐守（幕臣陸軍奉行）、古川朔之助（幕臣）、窪田豊之進（駒井家）、泉新九郎（新撰組）、（＊は消息のみ）

依田の日記に現れる塾の同門諸士は、幕臣から全国諸藩にわたり、藩重臣層も含む範囲の広さが特徴的である。藩留守居役を務める者も多い。接触頻度も高く、相互に消息を確認しあう強いつながりを保つ。対面交流の一部を日記から拾い出して観察しておくことにする。

久しぶりに江戸詰となった依田は二月から三月にかけ頻繁に旧友宅へ足を運び、旧友たちも、他の仲間を誘って依田宅を訪れる。一人が訪ねてくれれば、他の者にも声をかけ（「四月廿一日。午後川田毅卿をとふ。けふは折よしとて、小永井氏をともなひて春好亭にのむ」）、詩を交換しあい、本を貸し借りし、朝まで遊ぶことも希ではない。外回りの公務の途中、以前下宿したことがあり、今や陸軍奉行となっている駒井甲斐守家で休憩を取ったりもする（三月廿五日条）。仲間同士の消息を聞くことも多い（「五月九日。高鍋の坂田莠来ル。莠、近来坂都の留守居をかふむるよし也。旧友小崎公平も近き頃石川家に用らるゝよしをきく」）。座談中に留守居役としての情報収集に寄与する話題が出ると、その裏をとるため他の同門生を訪ねることもある。例えば、六月四日には、幕臣の古川が来訪し、土佐、宇和島、薩摩と将軍家の情報を得、同六日には延岡の鈴木才蔵に幕閣人事を聞いている。七月十二日に鈴木から、長・防のことを詳しく聞いた翌日は越前の岩谷を訪問し、関連情報を求めている。留守居会の北沢を加えて、川田と日暮れまで文学談義をし（八月廿六日条）、岩谷と観劇後、岩谷宅でフランス行の日記を見て過ごす（九月五日条）など文化的な時間も濃密である。亡き師に対する恩も忘れず、祥月命日には、夫人を自宅に招き数日間妻子ともども歓待している。

以上から、同門ネットワークが、依田にとって、共に愉しむだけでなく、信頼に結ばれた時勢に敏感なエリート達と確実な情報を自然に交換できる場であり、全国にわたる政治情勢を把握するために欠かせぬ場でもあることが窺える。留守居役に就任した依田が、ある程度意識的にか、九州諸藩邸の友を訪ね、情報を求める様子も見られるのである。新たに交わりをもった、依田の異なるネットワーク中の人物同士が、次第に結びつく様子も観察できる。例えば五月十九日、上京する坂田の送別会には留守居会の北沢冠岳も参加し、同じ北沢が川田と、詩画の同好として交流している。

ここまでは、主として慶応三年、国勢挽回運動が紀州藩重役に支持を得て始動する以前をみたものである。次に、遡って安政六年の日記からも、同門生の間の交流の様子を拾い、時期による変化があるかどうかを比較してみよう。

安政六年七月六日には、「北史載記《ママ》」の注釈についての松本誠庵（尾張）の私見、小崎公平の梅田氏の詩作能力批判、恩師が髪結床で仕入れた話等を記す。その後も頻繁に川本と飲み、二十九日には再度、恩師を訪ねている。八月十五日、同十六日、恩師藤森天山を見舞う。七月七日には川本三省とともに松本を訪問し小酌後、赤羽で「徘徊」する。小崎ら三人が来訪する。同十七日には、川田剛（毅）が来訪。川田とはその後何度か共に過ごし、佐久間象山の噂を聞いたり、本を借りたりしている。安政大獄に入牢となった師天山の裁きの行方を尋ねて伝馬町へ通い、中追放決定後行徳まで恩師を送っていくのも門下生である。(17)

交流は慶応三年の例と同質であり、ネットワークのあり方が、この間の社会的な情勢変化に連動して変質したようには思われない。彼らは、引き続き相互に自由に往来し、恩師とその家族への配慮も変わらない。

二　同門ネットワークの機能と性格

慶応三年後半の依田の生活の中心的活動は国勢挽回・上京拒否運動であった。このネットワークに属している人々が全国に広がり、諸層に跨っていたことには、それなりの政治的意味があったのであろうか。

慶応三年の日記の範囲で、依田が獲得した情報のソースを一覧すると、表9のようになる。

内容まで書き記された情報（藩内政関係は除く）は八十五件あり、情報源は機関名七、個人名四十五が確認できる。情報の内容は、全国的政治情勢に関するもの三十四件（うち対外三）、他藩の内情十五件、人物論・人の異動十九件、社会十件その他に大別できる。社会に関してはほとんどが新聞会で得た情報である。他藩の内情や人物論・人の異動

表9　依田の日記における情報件数および情報源（慶応3年）

情報源	件数	内訳
幕府	9	藩主登城、監察回章などによる公報
佐倉藩	6	家老3、留守局他士2、親類1
紀州邸	1	
営中坊主	1	須郷
赤坂周旋社	1	
同門諸士	17	10（鈴木才、小出、川田、小橋、渥美、古川、坂田、保岡、岩谷、小崎）
留守居会	14	7（成田、北沢、吉田良、宇佐美、星野、松下、日治）
新聞会	17	7（武内、榊原：紀州、下田：明石、上、湯野川：米澤、佐々、武藤：久留米）
神山衛士	5	
他藩	11	9（首藤、沢村：肥後、山田：忍、吉田謙：松山、仁科：上山、内山：島原、鈴木房：宇都宮、建部家家臣某）
門弟	1	熊谷
同好	1	春南溟
商人	1	秋錦
合　計	85	

に関しては同門の人々を情報源とし、個人名では四十五名中十一名、約二十四％を占める。依田にとって、同門ネットワーク内の交流は、少なくとも留守居役としての情報収集活動に、ある程度まで寄与していたと考えてよいだろう。

では、「国勢挽回」・上京拒否運動においても、機能したのだろうか。同門の人々との対面交流頻度を時期ごとに比較してみると、表10のようになる（ただし、一月の日記には交流の記録がない）。

まず、四月までは、江戸での旧交を温める時期でもあり、交流が多い。五〜七月は、新任の挨拶回りを終え、ごく通常の公務が中心の時期である。一か月に七回の割合で対面している。政治運動形成期の八月〜十月二十二日でも、対象日数は数日少ないがほぼ同様である。その内容については前節で観察したとおりである。次に、譜代藩の連帯が幕閣の後ろ盾を獲得した十月二十三日以降、運動の進行と挫折に重なる年末までを観察すると、同門間の対面交流はかなり減少している。しかし、この期間に十五回中九回、川田毅と会っていることは特筆すべきである。遊び仲間の川田だが、運動拡大の時期にあたる十月末には松山藩板倉家の留守居役として、他の留守居会に属する上山藩と佐倉藩を結んで帝鑑席内の留守居会の枠を広げるための周旋役を担うなどの重要な活動をしている。運動最盛期の十一月では、同門の人物で依田と会ったのは川田一人だけである。全国に広がった同門の友人達は、それぞれの藩によって政治的立場が異なっていると思われるが、依田が奔走した場は譜代藩の連帯による幕府支持の運動であり、外様藩を含む全国諸藩出身者により形成される同門ネットワークは、もともとその共通基盤と成り得ないのである。

その他の例としては、慶応四年二月から三月の徳川慶喜助命嘆願運動の際上洛し、その後半年同地に滞在していた依田が、京都で地盤をもたない佐倉藩の公務人として働く助けとなったのが、たまたま元高鍋藩主秋月右京之介の下で新政府の議事院議長を務めていた坂田莠であったことが挙げられる(18)。また、戊辰戦争の混乱のなか松山藩主板倉勝静父子の行方を求め決死の探索を行う川田毅の窮地を、依田は、商人大文字屋得（徳）二郎のつてを利用して密かに助けている(19)。何れの場合も同門としての縁が、政治的情況の打開に寄与した例であるとしてよいと思われる。維新の混乱期には、日記の各所に彼らがその所属を超えて相互に旧友の消息を確認しあう様子が見られるが、それが、同門ネットワークの本質を現すものと考えられる。

藤森天山塾の同門は、地域的にも階層的にも広がりをもつ。彼らの多くは新規に諸藩に留守居役として登用されており、政治能力の高さには一定の評価があったと見ることができよう。しかし、このネットワークには、共通の政治目的により諸藩を横につなぐという、政治的機能は見出せなかった。時代的な情勢変化による本質的な動揺を受けることな

表10　同門の人々との交流頻度

期間	延回数	延人数	実人数
2～4月末	24	22	12
5～7月末	21	14	9
8月～10/22	22	16	11
10/23～12月末	15	10	5

く継続するここにおける交流は、趣味の会と同様の範疇に入れてよいだろう。

第四節　ネットワークの可能性

一　米澤藩士宮嶋誠一郎のネットワークとの接点

佐倉藩の依田についてだけを固定的に見ていては、留守居役間のネットワークがどのように広がっていたのか、拡大の可能性をもっていたのかという動的部分は分からない。そこで、最後に、他藩留守居役の人的交流網にも目を向けてみることにする。

慶應二年の米沢藩上杉家留守居役宮島誠一郎の「丙寅日記」[20]五号の末尾には、江戸における他藩との交流人名が挙げられている[21]。それによれば、慶應二～四年の三年間の異なり数で七十九名となる。これに対し、依田の他家との交流人数は三、四年二年分で、留守類役だけをとっても二一八名を数える。この人数の差がよってくるところは四点あると思われる。

第一に依田は年少のうちから江戸で人のつながりをもっていたこと。第二には慶應三年秋から四年二月における譜代藩による政治運動の拡大という特殊性。第三に、本章冒頭で引いた大庭邦彦の研究によれば、慶應三、四年の米沢藩は、はじめから明確な政治的意図をもって江戸における情報蒐集周旋活動に入っていたため、約四割の三十一名が会津藩士であるなど、主体的に接触範囲を限っていたのではないかと考えられることである[22]。そして、第四に、両者の日記の性格の差が最も重要な差であろう。大庭が指摘しているように、宮島の日記が戊辰戦争期の記録を後の時代に詳細に綴った編纂物であるのに対して、依田の日記は、リアルタイムで書き連ねた個人的な記録としての性格が強く、記述の内容は生活のあらゆるレベルに及ぶからである。したがって、検討すべきは人数や接触先ではなく、人物になる。

両者がともに接触していることの明らかな人物は次の通りである。傍線は、依田の人的交流では留守居就任以前からの個人的なもの、傍線のないものは政務で関わるようになった人物である。依田が心を許した友人たちと同じ交流網（一部表6）に連なる宮島誠一郎と米沢藩留守局の存在は、時期的に興味深いところである。

会津：石沢民衛、栢崎才一、林三郎（又三郎）。肥後細川家：沢村脩蔵、小橋恒蔵。土佐：谷口伝八。久留米：佐々治。仙台：大童信大夫。備中松山：吉田謙蔵。唐津：大野又七郎。出石：小出作兵衛。片桐家：杉木心平。明石：下田又三郎。紀州：武内孫助。尼崎：神山衛士。

安政年間佐倉藩の江戸藩校師範として昌平坂に仮居していた依田は、昌平校生林又三郎とは当時からの友人である。澤村、佐々、杉木、下田、武内は新聞会員（新聞会に出ていた米澤藩内上与三郎経由か）。小橋、吉田、大野、小出は依田の同門である。

四年三月一日徳川慶喜助命歎願使節として京都入りした依田は、その当日、早速同門の友人肥後の小橋恒蔵を訪れ、続いて秋以降京都にいた神山衛士を訪問したが、神山宅で偶然来合わせていた宮島と顔を合わせている。

此日、小橋恒蔵を肥邸に、神山衛士を尼崎邸にとふ。米澤宮島氏あり。ともに酒楼に小酌す[23]。

依田の日記では、宮島はこの時が初出である。宮島の方では、この時のことを次のように記している。情報探索方という使命で入京した彼らしい内容である。

○山吉同道肥後へ参候処、小橋ヨリ唯今書面を断り候段申聞ク。（中略）帰途紬山《ママ》衛士[24]エ参候処、豈料ヤ先年江戸ニテ往来致候佐倉藩留守居依田七郎ニ出会致シ、紬山案内ニテ□町辺ノ料理屋エ上リ一酌。依田七郎話。
○今度小田原、佐倉両藩申合セ家老留守居同道上京。右ハ関東歎願ノ為ナリ
○橋本、柳原両卿ニ天竜川ニテ出逢候由。

○有栖川総督ハ吉田駅ニ四日止宿被致候由。右ハ関東ハ不足畏却テ親征ニ付テ京城ニ如何ナル変動相生ジ候哉難量、此辺被為憂候御模様ニ相見候由。右ハ即遷都ノ憂ヲ被畏候ヨシ。

○肥後辺抔ハ親征ニ付テハ配慮致居候様子。[25]

ここでは、依田七郎がもたらした関東情報が記されている。依田のネットワークが、同門や新聞会における交流の先において宮島と結合していたことが確認できた。宮島の記すように両者には実はすでに直接の接点があり、それは二人がそれぞれ国元から出府した慶應二年末に遡る。[26]

予め設定された制度上異なる固定的ネットワーク（留守居会）に属する米沢と佐倉の、藩同士の交際以外のところでできあがっていた人的交流の重なりは、さらに広く異なった方面へも伸びてゆく留守居役間のネットワーク同士の結びつきを予測させるものであり、それをつないでいるのが、「新聞会」および個人的交流の範囲にある人物であることは注目してよい。さらに、依田とつながる宮島のネットワークは、慶応期米沢藩の政治的立場を浮き彫りにするものでもあるといえよう。

さらに、両者のネットワーク中の共通人物のうち、依田の同門の友人唐津藩士大野又七郎と会津藩士林又三郎（三郎）の二名は肥後藩京都留守居役上田久兵衛の日記にも登場する。[27]ただし、上田の日記は慶応元年中、会津藩の東下を巡る接触などの際のものであり、政局から考えても、上田と依田が同じ人的交流網の先に連なると考えることは難しい。しかし、唐津小笠原家と肥後細川家、言い換えれば、幕閣内と肥後との関係は、上に引用した依田発の江戸情報を記した宮島の日記の一条にもあるように、慶応四年春の親征をめぐる政情にまでも何らかの影響を残したことが考えられる。[28]

依田七郎が対面交流を結んだ人的関係において、幕府によって制度化されていた「留守居会」、および学問の同窓・

趣味の会に見られるネットワーク形成は、幕末社会に限らず、見ることができるものである。これに対して、「新聞会」・「赤坂周旋社」は、幕末の慶応三年という時期に限って現れており、依田の政治行動をとおして時代を読み解くための鍵を握る、いわば第三のネットワークとも呼べる存在であったと言えるのではないだろうか。

従来の幕末政治史研究において、慶応三年という時期は、大政奉還と王政復古をめぐる政治過程への関心が中心であった。したがって、研究は京都での政治過程の解明を主とし、その間将軍不在の江戸で何があったのかについては、ほとんど関心が払われてこなかった。しかし、本書は、依田にとって留守居役という役目に由来して形成されたネットワークである「留守居会」および「新聞会」・「赤坂周旋社」について、その構成、活動の実際をみるなかで、徳川政権の最後の立て直しを図ろうとする人々の政治的な動きと、その動きに参加した人々の存在とを確認した。

留守居会は幕藩体制の制度内で藩の立場を維持していく上で必須のネットワークであるが、体制の危機に対応する政治力を発揮し得ない点で、限界があった。佐倉藩はその時代的欠陥を補うため、依田に新聞会参加を指示しており、「新聞会」のネットワークは、危機を強く意識する依田にとって、政治活動の最大の拠り所となる。また、慶応三年の政治情勢は、これに対応しようとする幕府支持の有志諸藩留守居役の間に「赤坂周旋社の会」を生み出していた。

政権危機を明確に意識するこの両者、すなわち依田七郎の第三のネットワークこそは、彼の関わった政治運動解明への手掛かりとなる。いっぽうで、その幕末社会への広がりと機能に注目すべきではあるが、同じネットワークが、次の時代の政治活動にはつながっていない点で、その機能は一時的なものに留まり、時代的限界を示している。第三のネットワークは、幕末的な政治ネットワークであったとしてよいだろう。

注

（1）　本稿で用いるネットワークという用語は、パーソナルネットワークすなわち、個人のもつエゴセントリックネットワークを意味する。エゴセントリックネットワークとは、任意の行為者がその周りに取り結んでいるネットワーク（安田雪『実践ネットワーク分析』新曜社、二〇〇二、「ネットワーク分析の基礎用語」による）である。

(2) 学海日録研究会編『学海日録』（岩波書店、一九九一）。安政三年、二十七歳より明治三十四年、六十八歳までの個人的な日記である。

(3) 宮地正人『幕末京都の政局と朝廷』（名著刊行会、二〇〇二）。

(4) 大庭邦彦「慶応期米沢藩の諸藩周旋活動—宮島誠一郎・慶応二年日記の検討を中心に」（由比正臣編『幕末維新期の情報活動と政治構想—宮島誠一郎研究』梓出版、二〇〇四）所収。宮島誠一郎は、一定の時期に交際のあった人物名を列挙する作業を繰り返しているが、そのうち幕末期慶応二・三年の日記に記されたものを中心に分析したのが大庭論文である。

(5) 笠谷和比古『近世武家社会の政治構造』（吉川弘文館、一九九三）。

(6) 慶応三年五月七日条。『学海日録』第二巻一一三頁。

(7) 同四月十四日条。一一九頁。

(8) 現在の文京区関口。

(9) 『学海日録』第二巻四月十九日条。一二〇頁。

(10) 同十一月六、七日条。一六五頁。

(11) 依田が対面した八藩の留守居役は、以下の人々である。
松下良左衛門、郡権之助、日治孝太郎、畔柳、堀江覚左衛門（小田原）吉田良之進、服部、久城準輔、茂木良左衛門、野口左織（大和郡山）二木頼母、宇佐美新、勝野兵馬（小倉）成田作右衛門、三井二郎左衛門、糟谷寸斗平（小浜）荒尾、星野平八、磯貝瑞枝、森源蔵（中津）鳥居伝、桑山豊三郎、相羽辰之進、喜多村寛司（大垣）渡邊三平太、伊木市左衛門（福山）玉川一学、北沢幟之介（松代）。

(12) 上海新聞も回覧されている。

(13) 十一月廿一日条。一七〇頁。

(14) 新聞会員であると確認できる人物は以下の通りである。武内孫助、榊原耿之介、斎藤政右衛門、渡邊氏（紀州）、飯田鞭児（新宮）、杉本心平（片桐家）、下田又三郎（明石）、上与三郎、湯野川義次郎（米澤）、首藤敬輔、澤村修蔵（肥後）、佐々治、武藤里次郎（久留米）、内山四郎兵衛、名島四郎兵衛（島原）、和田右文（二本松）、東条某（鳥取）、鈴木房太郎（宇都宮）、福田雄八郎（膳所）、鈴木才蔵（延岡）。

(15) 赤坂周旋社の参加者であると確認できるのは次の人々である。佐々治、武藤里次郎、吉田半（久留米）、榊原耿之介（紀州）、赤坂某（清水家）、水野氏（尾張）石沢民衛、栢崎才一（会津）、久松矢一郎（前橋）、三浦五介（?）、中島嘉左衛門（肥後）、下坂金次郎（筑後）、十河鑑二郎（備中松山）、名島四郎兵衛、内山四郎兵衛（島原）、川村惣十郎（幕臣もと一橋家）。

(16) 慶応三年一月二日および六日条。『学海日録』一〇一、一〇二頁。

(17) 安政六年十月廿二日に刑が決定、廿八日、大野又七郎と小橋橘園が送っていっている（四九・五〇および五二頁）。

(18) 慶応四年三月三日に坂田と再会。その後、頻繁に往来している。

(19) 四年五月四日条以下九月まで十八か所にわたり関連記事がある。川田の追悼文（『太陽』六号、明治九年）には詳細が綴られている。

(20) 早稲田大学図書館蔵。この他、国立国会図書館憲政資料室の宮島文庫にも維新前後の交流一覧がある。

(21) 同様の分析を試みた研究として、『宮島誠一郎研究』（梓出版、二〇〇四）所収の大庭邦彦論文（四三頁以下）がある。

(22) 笠谷和比古「大名留守居組合論」（『近世武家社会の政治構造』吉川弘文館、一九九三）では、米澤藩はもともと寄合には出ない藩とされている。

(23) 『学海日録』慶応四年三月一日条、第二巻、二〇五頁。

(24) 尼崎藩の諸史料では、神山とするものと袖山とするものとが確認でき、今の時点では確定ができない。

(25) 『戊辰日記』三月朔日。

(26) 慶応二年十二月五日水天宮末祭へ有馬家留守居役武藤からの招待に応じ、そこで「余田《ママ》七郎」と同席、漢詩を交換しているのが初対面。十六日、新聞会関係者たちと同席（『丙寅日記』）。

(27) 宮地正人『幕末京都の政局と朝廷』（名著刊行会、二〇〇二）。

(28) 『改訂肥後藩国事史料・七』澤村修蔵慶応丁卯一新録自筆状の報告書及び『覚王院義観戊辰日記』（『維新日乗纂輯・五』日本史籍協会叢書）。

第二部　関東譜代藩の幕末

第三章　第一次長州戦争期における館林藩

慶応四年の慶喜恭順以降、譜代藩が最終的に選択した意思決定はひとつの型にはめることはできず、それぞれのおかれた状況によって、異なっていると考えられる。すでに序章において述べたとおり、本書第二部では、その一例を明らかに描き出すために、館林藩秋元家を対象に取り上げ、当時奏者番として幕政の一角に携わり、譜代藩の連帯運動にも積極的であった藩が、譜代藩としての基本的な立場から、「曖昧」行動を経て、最終的に新政府に従う意思決定を行うまでを追ってみる。

第二部において、政変期に先立つ文久期からの藩の行動を取り上げたのは、第一の連帯運動への積極的な参加と、第二の連帯の牽引役となった藩の基礎となった立場が、藩の遭遇した危機を克服した第一次長州戦争期の政治事件に由来しているためである。

対長州問題が浮上した当時の館林藩主秋元にとって、徳山藩毛利家は実家にあたる。秋元家では初めての、西国大名との養子縁組みであった。志朝は、天保二年（一八三一）に襲封し、三代の宿願であった関東再移封を実現し、安政期の藩政改革を推進した。しかし、元治元年（一八六四）第一次長州戦争をめぐって、徳山藩および毛利宗家（長州藩）に対する親戚としての義理と、幕府譜代藩としての自藩の存続との間で、藩の政治的立場は微妙な時期を迎えることとなる。

『秋元家の歴史と文化』(1)には、この間のことについて「この年（元治元年）幕府による長州征伐が進められようとしたことから、長州藩と親戚関係にある志朝は朝廷・幕府・長州の調停斡旋に奔走した。しかし、これが成功せず、逆に禁門の変が勃発したため長州との通謀の疑いをかけられ、志朝は隠居し家督を礼朝に譲った」とまとめられている。しかし、詳細はこれ以上明らかになっていない。

本章は、この間の事情を明らかにし、藩が幕府の信頼を回復する過程をとおして、第一次長州戦争期ゆえに問題化することとなった、中堅譜代藩と幕府権力との関係に切り込んでみたい。

さらに、ここで明らかにする事実は、慶応年間における政権の変化と、それにともなう状況に対応していく、藩の行動に関する諸問題を考える出発点ともなるものである。

第一節　長州処置問題の浮上と館林藩

一　文久期までの藩の状況

まず、全国的に、開国論議をめぐって幕藩体制の動揺が広がっていく時期における、館林藩の藩政の状況を把握しておきたい。

徳川政権成立時点で一万石余の小藩であった秋元家は(2)、藩初から譜代藩としての実績を築くことに熱心であった。二代泰朝はいわゆる大御所出頭人の一人であり、治水や日光造営など徳川体制確立期の重要な普請工事を担当するいっぽう、譜代の名家との縁戚関係を作るなどして(3)、懸命に家格の上昇を図る。四代喬朝の元禄期には関東の要衝川越藩主となり、初めて老中を務めるようになった。その後も、奏者番から寺社奉行、若年寄というルートを幕府内の定位置としており、老中、西の丸老中を務めて幕府政治の中枢に関わる藩主もあった。川越から山形に移封となっても、藩主は七十年間、山形の知行地に戻らず、幕府の要職を志願し、江戸定府を続けながら、関東へ戻る請願を繰り返していた。

この念願は七十年後、水野忠邦の失脚にともない成就することになり、弘化二年（一八四五）、上州館林に所替となって関東に戻る。(4) しかし、このとき入れ違いに水野家が移封された山形藩領には、商品作物で藩を潤していた約四万石の漆山・高櫤《だかたま》陣屋領があり、これは秋元家にとって重要な財源であった。秋元家は関東に戻る際、関東移封と同時に、飛領漆山を継続して持ち続けることにも成功している。この弘化二年の時点で、河内の飛領を加え表高六万石、込高五万石を得、実質十一万石となっていた。以上から、秋元家は、中堅的関東譜代藩の典型的なあり方を示す存在と考えてよい。

また、幕末館林藩は、安政期に軍制改革を含めた藩政改革に成功していたことも特筆されよう。安政年間、対外危機を迎えて、藩内では全国に先駆けて藩政改革が実行された。その中心となったのは中老岡谷磋磨之介であった。(5) 岡谷は藩内の改革派の信頼を一身に集めており、その改革は軍制を筆頭に、藩政全般に及ぶものであった。以下、田山実弥登『埋もれ木』によって、岡谷の改革と当時の藩状について見ていくことにする。

改革の中核は危機に対処するための軍制を支えるための財源安定であった。従来、藩の出費中最大のものは、藩主の定府に関わるものであった。岡谷は出羽、河内の飛領からの収納も本領内の収納と統合し、財源を一本化して藩支出の管理を行うこととした。この七十年間の藩主定府の経費を、藩は山形時代から継続して持っていた飛領漆山・高《だか》櫤《たま》両陣屋配下の土地に求めていた。飛領は、紅花と漆という商品作物の栽培で潤っており、(6) 約四万石の収入はすべて江戸邸を支えていたとされているのである。先ず、江戸邸の財政縮小が断行されねばならなかったが、それとともに石高の上限を抑える形で秩禄の平準化が図られた。(7) 定府の藩閥重臣家族の間には奢侈の風が根強く、これを除くことも狙いのひとつであったとされる。五カ年を限る形で、諸藩士の借用分を免じるとともに給与の六分引きを実施し、七百石を超える重臣も石高三百石余を上限とされたのである。(8)

これにともない、江戸の生活に何代も慣れ親しんだ藩士たちや家族、それに江戸詰として残る諸士の家族も館林へ引き移ることになった。

このほか、桑や茶の栽培なども奨励され、藩士たちも自給自足を心がけて消費を極力切り詰めることになった。(9)また藩は、藩校造士院を充実させて身分家格に拘わらぬ人材登用を行い、重臣層の師弟らに対する長崎、佐倉、水戸への留学も奨励した。(10)岡谷は洋学への造詣も深かったとされる。藩医は西洋医学を修めて、後に飛領漆山に於いて種痘も実施している。(11)新軍備には洋式諸兵器を導入し、藩士の分限帳等を総合的に判断すると、後には軍艦も所有していた。(12)

安政六年（一八五九）の「分限帳(13)」によれば、藩主を囲む江戸藩邸詰めは二百石取の中老関口氏を筆頭に、従来の上士クラスの比較的若い藩士で占められている。大広間詰首席は、百五十石の勝沼精之允である。家禄は出仕当時と変わらないが、安政改革の秩禄改正は、藩内での彼らの地位を相対的に上昇させたと思われる。改革は、藩門閥層の既得権に切り込むことを大きな目的の一つとしており、改革派は、門閥層から遠い立場にあった藩士たちを掌握し、長期的に、新たに藩政を担う世代の養成に、力を入れてきたと考えられる。

しかし、三百石を上限とする厳しい石高平準化の実施は、藩内重臣層に不満分子を生むことにもなり、改革は一時後退した。また、対外危機を背景として多くの政治的立場の違いが生まれていた当時の全国的状況は、藩内にも強く反映していた。そうしたなか、一時退いていた中老岡谷瑳磨介は、藩内政治の安定と安政改革の徹底を図るため、望まれて再び文久年間に政権復帰した。ところが、その動きに対し、藩内極左過激派である六名の若手藩士からなる水戸学信奉者グループ（舘林断髪党）が、瑳磨介を監禁し、藩校生の規則や待遇などに関する五箇条の要求を強訴する事件を起こしたのである。事件後、岡谷は隠居し、断髪党一党は、藩外追放となった。文久二年（一八六二）冬のこの事件は、藩内の遺恨となったばかりでなく、全国的な政治状況からみれば、尊王攘夷過激派を藩外に放つことにもなったのであって、彼らの京都での暗躍や、数年後、幕府を動揺させることとなった水戸天狗党事件とも、決して無縁とは言えないのである。

二　対長州周旋

文久三年（一八六三）八月十八日の政変は、御所内の尊攘激派と長州藩を京都から追放するクーデターであった。(14)この政変による尊王攘夷派の政治的敗北後、翌元治元年（一八六四）一月、一橋、会津、越前、土佐、宇和島、薩摩による参与会議が置かれた。形の上では、政権内部の最左翼勢力を追放した一時的安定期であるとみることができるだろう。(15)しかし、実際には参与会議内部における一橋慶喜と島津久光の間の開港をめぐる政策的対立は深く、孝明天皇の強い開国反対の表明もあいまって、会議は二か月ほどで消滅したとされ、三月以後、元治元年はいわゆる「一会桑」（一橋慶喜禁裏守衛総督、松平容保京都守護職、松平定敬京都所司代）政権の時期へと移行していく。(16)参与会議の解体後、江戸の幕閣は参勤交代復活などの政策をとったが、本質的でなく、国内体制を引き締め、一致を促進するための諸政策の一端であったと思われる。中核となったのが、特に反幕府的であった長州藩を押さえ込むことであった。しかし、すぐに武力行使を選択するより、まずは長州藩との間を周旋すべく動いたのが真相である。

元治元年正月十五日、将軍家茂は上洛し、五月十六日に大坂を出航するまで、京都に滞在していた。朝幕政府にとって、最大の政局は長州処置または長州御取扱、つまり長州藩への対処であった。二月八日、参与および閣老、一橋、会津、桑名藩主の出席した会議で、対長州の基本方針が議決された。

一同月（二月）八日二条様江参与閣老方御会議ニ而長州御取扱

御談判関東　使者被差立御糺明之上承伏於不致者此方様（筆者注、肥後藩主）初九列侯江討手被仰付ニ御評決之由(17)

右は『改訂肥後藩国事史料』所収の記録であるが、幕府から使者を送り、罪状を糾明の上で、長州側がなおも反抗的である場合には、肥後藩等九藩に対して、武力討伐を命じることが決定したという内容である。この会議は関白家において行われており、将軍が出席したかどうかについては不明である。しかし、二月段階で、朝幕政府が長州に対して、使者による周旋と、武力行使の二段構えで臨んだことが分かる。

約十日後、上洛した在府老中を加えて行われた長州対策の幕府閣議には、対長州周旋について議案があがっている。続く史料は、そのうち長州周旋について評議された内容で、会津藩公用方から竹崎郷助を通じて、江戸藩邸と国許へ渡された書面の写しである。毛利親戚藩および吉川家を京都へ呼び寄せ、本家を説得させようとの議論があり、ここでは、その実現のため、筑前、肥後、館林三藩と興正寺（興元寺か）(18)の四者が周旋役に推されている。

子二月十七日。有馬遠江守様稲葉兵部少輔様御出

御座之間ニおゐて

此方様御一同御評議之上御取調ニ相成候御書付案三通公用人差出候ニ付(19)

右写江戸会津へ申遣之但　竹崎郷助へ相渡遣ス

（中略）

一京坂御固御厳重被成度事

一末家之内并吉川監物華城江被召呼度候事

　但右両人共ニ被召呼と此方より被相越候とは説得者之勘考たるへし

一御説得之事

筑前　熊本　館林　興正寺之類ニ而は如何
朝命を奉し
幕府ニ於而右之諸家江被
仰付候様
但興正寺ハ自願ニ而御越候様
（後略）[20]

興正寺については、わざわざ、自薦であるとの但し書きがあることから、三藩は幕府側の選考によると考えてよいだろう。興正寺については追跡ができないが、三藩については、これを受けたものと思われる動きが見られる。まず肥後藩に対しては、二月十一日に国元への密書が下され、二十二日、藩主名代で上京していた長岡護美に対し、[21]一橋慶喜より長州周旋の内示があったとされている。[22]二十二日の内示は、熊本よりの返書も受けて出されたと思われるタイミングであり、幕府は予め藩に打診したうえで、評議にかけ決定したと考えられる。次に、筑前藩では、在京中の世嗣黒田慶賛が行っていることが肥後藩の史料に窺える。館林についてもまた、両藩と同時期に幕命があったと考えてよいだろう。周旋役は、肥後が藩主名代として在京中の長岡護美、筑前が世嗣黒田慶賛であることからみて、館林でも、将軍上洛に従って在京していた藩主志朝がこの役にあたった可能性が高い。[23]この筑前、肥後、館林三者に共通した選出の理由が何か、今までのところ明確にできないが、[24]館林藩推挙の理由は、当主志朝が徳山毛利家当主の同母弟にあたり、毛利本家とも兄弟関係にあったことに他なるまい（図1参照）。

前掲史料に、「右両人（末家之内并吉川監物）共ニ被召呼と此方より被相越候とは説得者之勘考たるへし」とあるように、周旋役三者には、交渉の次第により、毛利家親戚を京都へ呼び出すか、先方へ赴くか、で自由な選択肢も与えられたようである（傍線、筆者）。

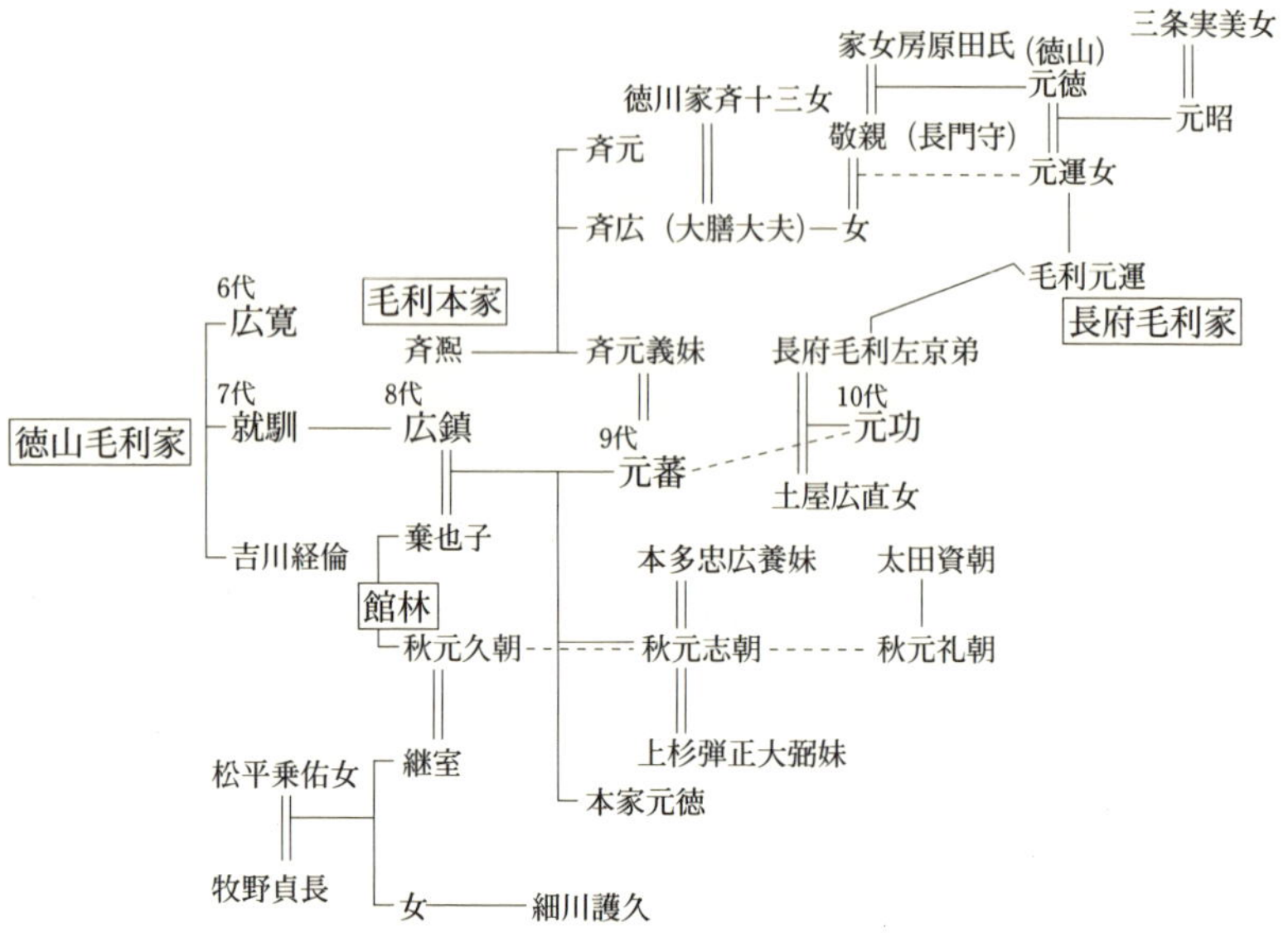

図１　毛利家と秋元家（毛利家および秋元家系図による）

次に三藩による周旋実施の時期であるが、肥後藩の場合をみると、この周旋に対する幕府の慰労は三月二十四日付である[25]。筑前ではどうかというと、『改訂肥後藩国事史料』四月二十日条に、筑前の世嗣による長州周旋が不成功に終わったとの記事が見える[26]。館林藩の場合は、関東に於いて勃発した天狗党の擾乱により、藩主が四月八日には日光へ出陣しているので[27]、これらを総合すると、三藩による周旋の時期は、幕命後一か月の間、つまり三月から四月にかけての間かと思われ、結果的に幕府の謝罪説得はすべて失敗に終わっている[28]。

続く四月以降の政治状況をたどってみよう。前年の政変（八・一八）以後、長州藩内では尊王攘夷論者で藩再建派である「正義派」周防政之助らが政権を握っていたが、そのうちの激派は他藩士も加え、上京して突出した動きを繰り返すようになる[29]。これに幕府が機先を制したのが池田屋事件であった。反発した長州藩激派は元治元年七月十九日、御所に進攻し、蛤御門を警護する会津・薩摩両軍と交戦、敗走した。これが、いわゆる「禁門の変」である。これは七月のことである。前述のように

『秋元家の歴史と文化』は、館林藩による周旋の不成功が「禁門の変」勃発の直接原因と考えていた。しかし、政治的変化の激しいこの時期にあって、それら二つの出来事は、時間的に三か月以上を隔てている。しかも、前述のように、周旋の失敗は館林のみに限ったものでなく、他の二藩も同じ結果に終わっているのである。四月二十日、筑前の世嗣による長州周旋は不成功に終わったが、そのために黒田家に対する咎めがあった事実は、管見の限り見いだせない。したがって、幕府の周旋結果と「禁門の変」勃発の関連について、『秋元家の歴史と文化』の理解のように、直接に結びつけて考えることは難しいのではないだろうか。

藩の尊王攘夷過激派の中心的存在であった岡谷繁実は、『長行始末』[30]という書を残して、自分が藩命で長州周旋のため徳山に出かけたこと、それに対して、一橋慶喜が横やりを入れたことを述べている。徳山到着後の行動の部分は空白になっており、事実は不明であるが、少なくとも、彼ほどの信念をもった活動家が、水戸天狗党事件を背景にしたこの時期に、尊攘過激派である自分自身の、純粋な信念以外のところでの、(例えば幕命によって、藩の利益に立っての)政治行動をとるとは思われないのである。この書の記述には疑問が多いのだが、岡谷が藩主の命によって徳山周旋に行き、それを幕府(一橋慶喜)が不快としたとの話は、参考として留めておきたい。

第二節　藩士の徳山出張

一　幕命

藩主の隠居に関して、明治期の編纂である『秋元事蹟』[31]には、以下のように記されている。

防長追討ノ事已ニ迫ル。幕府弊藩ヲ疑フ深シ。故ニ十月二十七日従四位病ト称シテ致仕シ刑部大輔ト号ス。封邑ニ皈ラス濱町ノ邸ニ老ス。幕府ノ疑ヲ解ント欲スル也。世子禮朝襲封后チ叙従五位下但馬守ト号ス。是ヨリ先九月徳山侯宗家ニ連座シテ、官位ヲ削ラレ江戸ノ邸宅ヲ奪ハル。在府ノ臣下ヲ分テ弊藩安中新見三藩ニ幽囚セラル。且此旨ヲ徳山へ可達ノ幕命アリ。毛利氏姻戚ナルヲ以也於是弊藩使節二名、勝沼精之允信紀、普賢寺武平ヲ周防徳山ニ遣ル二藩ノ使命ヲ兼〆。十一月徳山ニ至ル。毛利淡路謹ミテ命ヲ受ルニ調印ノ請書ヲ以テス。旬日両使復命ス。后チ丙寅五月ニ至リ、幕幽囚ノ輩ヲ防エ放タル。因テ船路芸州エ送ルヘキノ旨也。弊藩ニテハ安館精相通称門造及卒三名ヲ以テ廣嶋エ護送シ、在芸ノ幕吏ニ達シテ皈ル。時ニ老中松平伯州格計指揮使トシテ廣嶋ニアリ。

防長追討が迫っていた。藩に対する幕府の疑いが深かったため、藩主志朝は元治元年十月二十七日隠居した。しかし、国に帰らず浜町の屋敷に留まっていた。嫌疑を晴らそうとしていたのである。のちに、世子礼朝が、従前通りに襲封したとある。記述は遡り、同年九月、徳山藩が長州に連座して官位を削られ、江戸藩邸を没収されたことを記している。同藩江戸詰の藩士が館林・安中・新見三藩にお預けとなったが、毛利家の親戚であるとの理由で、館林藩からその旨を徳山まで伝達するよう幕命があり、勝沼精之允信紀（筆者注・江戸留守居役）、普賢寺武平（側役）の二藩士が十一月に周防と徳山へ出張したというのである。「旬日両使復命ス」とあり、往復十日間を費やす任務であったことになる。これが第一の任務である。

次に、第二の任務は、慶応二年（一八六六）五月、お預けとなっていた徳山藩士がお解き放ちとなり、軍艦で広島まで護送し、広島の最前線にいた老中松平伯耆守に渡したというものである。「弊藩ニテハ」、となっているので、前述の三藩がこの任務にあたったものと考えられ、館林藩の使者は安館精相（海軍方）である。

記述は、前後関係が不明瞭であるため、記されている事実を整理する必要がある。時系列に沿って並べ替えてみると、

①元治元年（一八六四）九月、徳山藩主が宗家長州に連座して罰せられ、江戸邸を没収されて藩士が三藩にお預けとなった。

②十月廿七日、館林藩主志朝が病と称して隠居した。「防長ノ事」に関して館林藩が幕府から受けた深刻な嫌疑がその理由であった。しかし、嫌疑に納得せず、これを雪ごうと、浜町の邸に留まっていた。

③十一月、徳山藩江戸邸没収と藩士の三藩お預けという幕府の処置を、親戚藩である故に三藩を代表して徳山表まで下達せよとの幕命を受け、勝沼・普賢寺の二藩士が徳山へ使者に発ち、約十日後に復命した。

④拘束されていた徳山藩士は、慶應二年五月帰国を許され、館林藩が海路広島まで送り届けた、ということになる。

なお、礼朝の襲封の時期は「のち」としか記されていない。記述通り、前藩主が疑義の晴れるのを待っていたとすれば、それが達せられた時と理解して良いだろう。しかし、それはいつであったのか、日付までは不明である。以上、①から③は第一次長州戦争に関わり、④については第二次長州戦争期のこととなる。

維新後の藩による記録が、かくまで時系列を外れた不明瞭な記述を行ったのには、理由がないとは思われない。その間の事情をありのままに記録することに何らかの不都合な理由があって、意図的に行われたとも疑われるのである。したがって、本論では、記述の内容を、批判的に裏付けていく必要があると考える。検討すべき点を挙げてみよう。

第一に、並列して述べられている徳山藩邸没収と館林藩主隠居との二件の間の関連の有無が明らかではない。果たして関連があるのだろうか。

第二に、『秋元家の歴史と文化』が、「通牒嫌疑」であると記す根拠となっていると思われる「幕府弊藩ヲ疑フ深シ」、すなわち、藩が幕府から受けた深い嫌疑について、この史料からでは、内容が「通牒」であったとはっきりとは読み取れず、原因も「防長ノ事」としか分からない。「防長ノ事」とは、具体的に何を指すのだろうか。

第三に、十一月に二名の藩士が徳山へ赴いたとするが、復命までに十日ほどしかなく、その間に江戸と徳山を往復するには無理がある。幕府への復命は、どこでなされたのだろうか。さらに、使者は徳山から「調印ノ請書」を持ち帰ったというが、これは何を意味するのだろうか。

残念ながら、幕末の藩政史料を処分している館林藩には、当時を知ることのできる史料がない。しかし、館林藩士の徳山出張が幕命によるものであれば、同時期の他藩または幕府関係の史料に、この件についての手掛かりが残っているのではないだろうか。

二　肥後藩江戸留守居役の報告

以下に引用する史料は、元治元年（一八六四）十月、肥後藩江戸留守居役澤村修蔵[32]が国元にあてて発信した、『改訂肥後藩国事史料』所収の報告書[33]である。

去ル十九日、秋元但馬守様類役勝沼精之允、御側役普賢寺武平、此節毛利淡路守様官位家屋敷被召上候付、其段申達候様公辺より被仰付有之候付、同人御使者相勤出立いたし候間、離杯可致旨にて料理茶屋江相招候間、森井惣四郎同道ニ而罷越候處、但馬守様御家老岡村宗左衛門齊田源蔵罷在、其外土州藩山田吉次、會津藩野村左兵衛、石澤民衛、柏崎才一、桑名藩高野一良左衛門、秋山半之允抔會集仕候。一應挨拶相済候上ニ而右御家老両人極内々と申儀ニ而、毛利淡路守様より但馬守様當之御直書二通持出相見せ申候。右書面之大意、先年来於長州家公辺江被為対段々如何之所置有之候得共、於宰相父子は箇様之心中ニ而ハ無之、全権臣之所為出候由、御自身江は勿論被為対公辺彼是之御異議聊茂無之候得共、姦臣共宗藩之姦臣と心を通、何事も宗藩之命と申出、御意通一切行れ不申国議箇様ニ相成候段如何ニも御推察被下候様との趣。左候得ハ此末毛利家之存亡ニ相係リ候埒ニも相成候ハヽ、第一御隠居兵庫頭様最早極老八十八ニも御成被成候處、如何之御難儀ニ御逢被成候も難計、御案労被成候間、御周旋之儀能御含被下候様との趣、御真情紙表ニ顕れ誠ニ一字一涙を催候御書面ニ御座候。右一通四月九日、一通四月中旬之日付ニ而御座候。右御家老申候ニハ、淡路守様御事是迄之處は箇様之御心底ニ御座候得共、今此は如何ニ御座候哉、此節尚以篤斗相伺愈之處見届候上其御心底之所　天朝幕府江御嘆願可申上筈ニ御座候

間、其節ハ各藩合力いたし呉候様との趣頼談ニ御座候間、一應之返答ニ及置申候。右御心底貫通いたし候證墟ハ、八月十二日徳山騒動之一件其席ニ而勝沼共より咄之趣逐一森井惣四郎聞取書きいたし候間、私儀は別段書取不仕別帋相添差出申候

十月廿二日　　　　　　　　　澤村　修蔵

當八月十二日、於徳山激徒巨魁廿七人不軌を謀り、徳山侯を山口江呼寄途中ニ而殺害いたし候企相顕を、徳山侯同志家老本田眞之居屋敷江火を懸、其後同家老富山源次郎暗殺致さんと押入候處、富山之徒豫メ用意整賊徒貳人討取四人召取富山茂頭ニ手負候由。即夜右党類廿壹人召取候由。其他六人は當春京師　勅諚ニ長門宰相暴臣之如と有之候を、列藩江決してケ様ニ而ハ無之段申開之為ニ、林麓を魁として御當地へ罷出居候處、先日御屋敷被召上候節、右六人は林と共に被召取候由、右家老両人より内話仕候

右は森井惣四郎書上之内　抜書差出申候

右の史料によれば、十月十九日、肥後藩江戸留守居役澤村修蔵は、館林藩類役の勝沼精之允と側役普賢寺武平から、料理茶屋に招かれた。このたび徳山藩に対し、「毛利淡路守様官位家屋敷被召上候付其段申達候様」と、藩主の官位と江戸邸を召し上げる旨の決定がなされ、幕命により、その伝達の使者を勤めることとなったので、別れの杯を交わしたいということであった。国元や任地に赴く際、送別の宴をするのは日常親しい留守居役同士の間ではごく普通のことで、勝沼と澤村は、恐らく普段からそのような交わりをしていた仲であると思われる。澤村は相役森井惣四郎を同道して出かけていった。

ところが、茶屋には秋元家の家老二人がおり、澤村らのほかにも土佐・会津・桑名藩の類役たちが集まっていて、単なる送別会とは明らかに様相が異なっていたようである。挨拶が終わると、秋元家の家老から内密に二通の書状を見せられた。いずれも、徳山藩主から実兄である館林藩主への私信であった。書状の大意は、「前年より長州処分が問

題となっているが、長州宗家父子には謀反の意思はなく、すべて重臣層の所為である。また、徳山藩主自身、幕府に対して異議はないのだが、藩内の奸臣が宗家の奸臣と結んで、何に付けても宗家の意思であると主張するので、自分の意思が通らない状況がある。確かに、徳山は長州藩の親戚であるが、自分に謀反の気持ちは毛頭ない」と訴えるものである。また、「今のままでは、宗家に連座して、当家にも処分が下されると思うが、徳山隠居毛利兵庫頭（徳山藩主と館林藩主の実父に当たる）は何分八十八歳の高齢であり、処罰を受けるには忍びない」との旨で親子の真情が紙面にあふれる内容であったという。

その上で、改めて秋元家の家老達から出された依頼の本題は、第一に、この書状から半年を経て征長の迫った現時点でも、徳山藩主の真意は変化していないかどうかを直接確認したうえで、朝廷と幕府とに処分の軽減を嘆願したいと考えていること。第二に、徳山藩主の潔白を証明できた暁には、その寛典について、同席の諸藩に口添えを願いたいこと、の二点であった。

続いて澤村は、今回の、幕府による徳山藩処分の直接的原因となった「徳山騒動」と呼ばれる事件の詳細な真相を知る。秋元家では、この事件の真相からみて、徳山藩主が四月段階同様、潔白（つまり、反幕府行動をしていないということ）であることは間違いないと信じているというのであった。

ここまで、肥後藩江戸留守居役澤村修蔵の報告書を、維新後の『秋元事蹟』の記述と比べてみると、事実であることが証明されるのは、以下の二点である。

①元治元年十月末、館林藩留守居役らが、徳山出張の幕命を受けたこと。また、この時使者となった二名の藩士についても姓名が一致している。

②肥後藩江戸留守居役が、招きに応じて茶屋での送別会に出かけていったことから、徳山藩士お預けに関しての幕命下達は、館林藩江戸留守居役らの表向きの任務であったことが分かる。

さらに、この史料で初めて明らかになったことは、

①館林藩では、この「徳山騒動」について、自藩藩主の兄弟である徳山藩主には責任がないとして、寛典を嘆願しようとしていた。

②藩は、それに際し、有力藩（肥後・土佐・会津・桑名藩）留守居役を茶屋に招いて、内々に助力を依頼した。

③そもそも「徳山騒動」とは、いかなる事件であったのか。

以上三点である。

徳山出張の目的が幕府の処分を徳山本藩へ伝達することであったことは、宴席への招きに応じた澤村にも、事前に分かっていたものとしてよいであろう。ただし、その処分の原因となった「徳山騒動」については、席上初めてその詳細を知ったようである。それは、江戸留守居役が、肥後の国許に報告するに値する情報であった。

澤村は、前掲史料中に「其席ニ而勝沼共より咄之趣逐一森井惣四郎聞取書きいたし候間、私儀は別段書取不仕別帋相添差出申候」として、報告の最後に類役森井のメモを添付している。森井のメモに従えば、「徳山騒動」とは、以下のような事件であった。七月十九日の「禁門の変」後の八月十二日、長州藩過激派と通じた徳山藩士二十七名が、徳山藩主を山口に呼び寄せて、藩主側近の二名の家老とともに討とうとしたが、これは未然に阻止された。この騒動によって、幕府が江戸屋敷召し上げと、江戸詰藩士の幽居という処分を下したようである。当時、徳山藩内には、林麓という男が引率した六人の藩士が滞在していた。彼らは「禁門の変」後、追討の対象となっていたのだが、身の潔白を他藩に対しても申し開きに出ようとしていたという。しかし、藩は騒動勃発と同時に彼ら六人を逮捕した旨、難にあった当人である二名の家老が内々語ったというのである。

ちなみに、『徳山市史』(34)は、「徳山騒動」とは、追討令が出ていた七人の尊王派藩士のうち、六人が他藩に逃げ込み、逮捕処刑された事件であるとしている。

右のように、肥後藩の史料からは、幕府が処分を実行し、その旨を本藩まで通達しようとしていた「徳山騒動」とは、「禁門の変」後の長州関係者追討と深い関わりのある事件だったことが、判明した。

さて、肥後藩が受けた依頼は、徳山藩主の寛典嘆願への口添えであったが、澤村はいかなる対処をしたのだろうか。会席では、徳山藩主に反意のないことを述べる、実兄秋元志朝に宛てた私信が提示されていた。日付は四月九日と四月中旬であったと記されているが、時期的に見て、前述の三、四月中の幕命による周旋を受けて、徳山藩主から寄せられたものである可能性がある。依頼を受けた当時、肥後藩主は在邑であり、澤村は、席上回覧された私信の内容の一項目に関しては、公儀の決定に関わる政治的内容であるため、判断を国元に委ねた。

しかし、二項目の高齢の父親に対する寛典の訴えには、澤村らも心に響くものがあったようである。すなわち、『改訂肥後藩国事史料』に、「十月某日本藩江戸留守居は征長の事に関し秋元志朝の使者を以て依頼せし主旨を諒し歎願書を閣老に提出す」とあるように、自らの名で、歎願書を認めている。[35]（）内は、筆者注である。

当（元治元年）七月、於　闕下毛利大膳家来共不容易及暴動候付而、此度被遊　御征伐候付、右討手諸藩江被仰出、既御総督尾張前大納言様ニハ藝州迄御発向ニも相成候由之処、元来此節之逆挙は大膳父子之素意ニ無御座、全家来共粗暴之由、併大膳父子抑揚届兼候処より右之通之次第ニ付、深奉恐入山口を披萩へ罷越退城仕寺院へ蟄居罷在候伏罪之姿も相見候由。乍去、此節之一條ハ尤不軽罪科ニ而、毛利家一族支裔ニ至迄、乍恐急度　天朝幕府より御厳譴筋も可被為在御儀歟と奉存候。然処、秋元五十橘様（秋元家世嗣）ご隠居刑部大輔様（前藩主志朝）は、大膳末家毛利淡路弟ニ而、淡路父隠居兵庫頭は刑部大輔様御実父被為當、既隠棲之身殊八十有餘之高年平素老楽之外家政向等何之携も無之候処、如斯之始末承知之上只管悲哀彌増及衰老候計之由。右付而者刑部大輔様ニハ骨肉天倫之御恩情難被忍、山海隔朝暮御案労不被堪御愁苦之至ニ而、何卒兵庫之頭ニは最早餘命茂無之儀ニ付、可相成は此節出格之　御仁恕を以一等御寛典之蒙　御沙汰度、夫而已竊ニ被成御悲願候由。尤刑部大輔様之御養母様は、越中守（肥後藩主）母と姉妹之間柄ニ御座候ヘハ、兼而双方格別之入魂ニ而、此度刑部大輔様御愁苦之御心中彼是重役初日夜不忍窺、就而者於越中守茂深汲取何分可然様周旋致呉候様、右重役共初追々頻ニ歎願仕候。依之、右之趣此節国許越中守江申遣置候付、承知仕候上はいつれにも奉願候筋も可有御座哉と奉存候間、宜御含置被下候様仕度此段申上置候事

細川越中守内
澤村　修蔵
青地源右衛門

長州に対する幕府の姿勢について、肥後藩としての立場を明確に示しつつ、この書が、はっきりと私的な歎願であるとする政治的配慮が窺われる。志朝の隠居については触れていないが、文書からは、この時点で、秋元家の家督相続が未だ行われていないことが分かる。ここでは、また、徳山藩現藩主毛利淡路守にもいっさい触れておらず、この歎願は、秋元家隠居（志朝）の高齢の実父、徳山隠居毛利兵庫頭に処分が及ばぬようにしてほしいと、秋元家重役から周旋を依頼されての歎願であること、依頼を受けたのは、肥後藩主の母と秋元志朝の養母とが姉妹であるためであり、親戚としての内々の歎願であることを述べている[36]。国許の藩主も諒解のうえとして、幕閣への嘆願書を認めることによって、澤村は宴席での依頼に対処したのである。館林藩による徳山出張の成功後、正式な徳山藩主寛典が願い出される以前に、側面支援ともなる行為であったとみることができる。

なお、なぜ、澤村らが、勝沼・普賢寺の送別会に招かれたことを自然に受け取ったのかについては、当時の肥後藩と館林藩とが、親戚の関係にあり、江戸留守居役を通じて深い交際を行っていたためであったことが、右の史料によって初めて分かる。

以上、肥後藩の視点からは、館林藩の使者が幕命で徳山に赴くこと、徳山藩への公儀の処分は、「徳山騒動」と称される藩内の内紛によるものであったこと、徳山藩と館林藩とは親戚であるため、徳山騒動によって謀反の罪を得た徳山藩主の潔白を証明したいと考えていることが、明らかになった。館林藩主が隠居しており、史料中に世嗣の名が見えるものの、新藩主としての名は示されておらず、家督相続は未だ行われていないらしいことも窺われた。

三　徳山出張の真相

館林藩の使者勝沼らが幕命伝達のため入境しようとしていた、当時の徳山について、考えてみることにしよう。吉川家・徳山毛利家など長州親戚藩は幕府の召還に応じる気配を見せず、幕府側は降伏の条件として突きつけた三点についての確実な回答を得ねばならなかった。しかも当時、徳山領内には長州藩三家老らがお預けとなっていた。(37) したがって、開戦直前、その徳山領内に入るためには、相当な理由が必要なはずである。親戚である故の幕命伝達役は、無論、理由として十分であるが、徳山領内の奥深くに入らずとも（例えば、港への藩責任者の呼出という形でも）可能な任務である。藩にとって、是非入境せねばならぬ理由とは、何であったのか。

次に掲げる史料は、元治元年当時、江戸留守居役を務めており、幕命を受けて徳山へ向かったという勝沼精之允の自筆文書である。この文書は、のちに館林藩羽州領において、羽州領保全を願うため、慶応四年八月、奥羽同盟軍最上総督（米澤藩主）宛に差出した嘆願書の冒頭部分にあたる。(38)

奉嘆願口上覚

私主人家筋之儀者、先祖恭朝於徳川家初而采地五百石ヲ賜リ、尋蒙御加恩、遂一万八千石并四万石之御判物頂戴罷在、三代目喬朝莫太之以御厚眷、先祖之封地ヱ四万二千石ヲ賜リ、爾来、六万石之侯班ニ列候段、其鴻恩不俟記載所可知御座候、然ル處、過歳、長州人自入京被禁候砌、弊藩之内右等之一儀ニ関係之者不少、遂ニ、従徳川家政府蒙御嫌疑、主人迷惑之場合ニ陥リ、全ク右等之所為ニ出候事故、夫ニ取締貶黙ホ被申付、會津侯御家臣之衆エ意中盡陳述シ、厚依頼仕候處、深ク御掌領被下置、徳川家政府向蒙御修補、且私防州徳山表迄罷越、事情見聞之儘徳川家大監察エ拝謁、委詳言上、乃書取ニ仕、閣老方迄進達仕候處、追々主人之雲霧相散、長州一儀ニ関係仕候處置粲然仕終、御嫌疑義氷解候段、究竟會津藩御周旋之儀与深ク難有安堵仕、品々懇願之上御両敬之親睦相結ヒ厚御交際仕候、

（後略）

徳川家と秋元家との譜代としての深い関係が前置きに述べられているが、この部分は江戸留守居役の口上として、恒例の部分である。しかし、この文書の場合、この書き出し部分はとくに重要である。つまり、それに続けた部分で、こうした深い幕府との関係が脅かされたことを証す効果も、持っているからである。

「長州人自入京被禁候砌」とは、「禁門の変」によって京都を追われた長州藩士たちが、朝廷から追討を受けたときのことを指しているとしてよいだろう。「過歳」となっているのは、当歎願書の書かれた時期が慶応四年八月のことであったためである。

続く一文は、このとき、館林藩内にも、この事件に関係した者があったとする。しかも、「不少」とあるので、関係者は数人に留まらなかったと考えられる。「変」に関係したとは、皇居を攻撃した長州藩勢に直接あるいは間接に加わったということであろう。本章第一節に述べたように、先に、文久の「館林断髪党」事件を起こして追放された旧藩士たちは、当時、全国的に尊王攘夷運動家として活動していたことを考えると、彼らが京都周辺に集まって長州藩士と交わっていた可能性は高く、その旧藩士達の同志が館林藩内にもおり、呼応して蜂起に加わったことは推察に難くない。

藩はついに「御嫌疑」を蒙り、「主人迷惑之場合ニ陥」ることとなったのだという。藩主が「迷惑の場合に陥った」

との記述からは、藩士達の行動によって、藩主がいわば巻き添えとして、幕府の嫌疑を受けることとなってしまったのだ、という勝沼の理解を読み取ることができる。ちなみに、ここで、勝沼が「徳川家政府」と記しているのは、彼が、文書の認められた慶応四年八月時点では、すでに新たな政権が成立していることを、十分認識していた故であると思われる。

藩主の受けた迷惑は、全面的に「変」に加わった藩士達のせいであった。そのため、藩は、幕府から、彼らを二度と同様の行動に出られぬように、「夫に」すなわち徹底的に、取り締ることを申し渡された。この件について、当藩の立場を会津侯の御家中へ意を尽くして陳述し、厚く周旋を依頼したところ、深く理解をいただき、幕府に対して取りなしてくださった、と述べている。この記述からは、勝沼が、江戸留守居役として、幕府との間の周旋を願って、会津藩邸へ足繁く通った様子が読み取れる。

しかし、勝沼がこの件に関して行ったことは、こればかりではなかった。すなわち、勝沼自ら防州徳山藩の国許まで行き、その地の「事情見聞の儘」、その委細を幕府大監察に拝謁して報告したのである。さらに、これを書面によって、閣老方まで進達した。その結果、藩主にかかっていた疑いが、雲霧が散じるように、消えていったというのである。そして、ついに、この「長州一儀ニ関係仕候處置粲然仕終、御嫌疑義氷解候」という結果を生んだ。つまり、長州藩の一件に関係する処置は粲然とし、藩主の疑いは氷解した、というのである。このことは、畢竟ひとえに会津藩の周旋によるものであると深く感謝し、家中は心から安堵し、これ以後、藩は会津藩と両敬の交わりを結んで、厚い交際をするようになった。

以上が史料の内容である。この史料は、前節で分析した肥後藩留守居役による報告書にあった徳山出張の事実を、使者本人の立場から裏付けるものであるが、藩外からは見えてこなかった、出張に関する深い事情が語られている。

第一に、ここには、元治当時、藩内には「禁門の変」に関係した過激派が存在したこと、彼らの動きによって、藩が幕府の嫌疑を受けることとなり、藩主が「迷惑之場合ニ陥」ったことが記されている。おそらく、残党追討に当たった京都守護職が、館林藩士の事件への関与をつかんだことによるのであろう。幕府がこの事実を知り、朝敵となった長州藩に通じた藩士が少なからずいたということは、この件に藩の関与があったのではないか、と疑ったのであろう。その根拠は、藩主が長州毛利家と極めて近い親戚関係にあったことによると思われる。ここから判断すると、その疑いの内容は、従来言われているように、「通牒」と呼べる性質のものであったことは間違いなさそうである。

それは、尋常な嫌疑ではなかった。そこで、幕府の疑いを解くために、藩は、対内的には、関係した藩内の過激派を取り締まった。同時に、幕府との関係修復に関しては、会津藩に頼り、会津藩の周旋が動いたことが分かる。当時の会津藩江戸邸には、公用方に周旋を求める多くの藩が請願に訪れる状況があったと言われ、[39] 追いつめられた館林藩も、会津を頼ったのであろう。このことを機会に、これ以後、秋元家が会津藩と贈答品と挨拶を交わす「御両敬」の関係となったことが、同史料から窺えるので、両藩には、以前からの公式な交際があったわけではないようである。したがって、館林藩を会津藩公用方に紹介する強い仲介者があったことが確かであるが、残念ながら、取り次いだ人脈については不明である。

第二に、この史料には、見落としてはならない重要な箇所がある。[40] すなわち、館林藩では、会津藩に頼るいっぽうで、江戸留守居役が徳山まで行き、「事情見聞之儘」を「徳川家大監察に」言上し、それが閣老にも進達された結果、藩主にかけられた疑いが氷解したというのである。出張報告を閣老に進達した結果、「長州一儀ニ関係仕候處置粲然仕終」、すなわち、長州藩の一件に関係する処置は、はっきり決着した。そのことによって、藩主への疑いは氷解したのである。

使者である勝沼らにとっては、あくまで、藩の立場を守る目的の任務であったことが分かる。しかし、同時に、この任務は幕府にとっては別の政治的意図を持つものであったことが読み取れる。つまり、最大の政局であった、いわゆる「長州処置」が、館林藩の行った徳山出張とその報告によって、決着することになったのである。勝沼の記述の内容が事実を述べているとすれば、一譜代藩留守居役として、幕命を受けて勝沼が行った周旋行動は、通常の留守居役としての任務の範囲をはるかに超える深刻なものであったことになる。この史料は事実を語ったもの、と考えてもよいのであろうか。

この勝沼の自筆嘆願書は、恐らく旧上山藩か旧米澤藩に残されていたものが、慶応四年十月の勝沼の死後、かなり経過してから密かに家族に返され、その後秘されてきたものと思われるため、旧館林藩が『秋元事蹟』を編纂したとき、その存在が知られていたとは考えられない。よって、二つの史料の成り立ちには接点がなく、相互に無関係に残された史料と考えてよい。

両史料の内容を比べてみると、以下のように整理できる。

一致点：①公の嫌疑による藩主隠居。
②幕命による勝沼精之允らの徳山出張と、復命。

相違点：①藩主隠居にいたる幕府の嫌疑の原因を、『事蹟』は「防長ノ事」としかしていないが、勝沼は、「禁門の変」関係者が秋元家内にいたことであると述べている。
②『事蹟』は、任務が幕命伝達であったことを記すのみだが、勝沼のほうは明確に、任務は、藩主の嫌疑を解くことに関わっていたことを明らかにしている。

慶応四年八月と維新後に残された両史料には、時期的に、それぞれ異なった政治的配慮が働いていると考えなくてはならない。勝沼の歎願書が、慶應四年八月の羽州領内において時期的に、また場所的にも、会津藩との固いつながりを強調する必要に迫られる状況下で、政治的意図をもって作成されていることは、考慮されなければならない。しかし、それだけに却って、会津藩との関係を偽ることはありえず、その事実を利用することは、藩にとって、羽州領の政治的保障を獲得する切り札となるものでもあったと思われる。

肥後藩の澤村修蔵に従えば、勝沼は、幕命下達と徳山藩主の意志確認とを目的として、徳山に入境したはずである。自ら使者を務めた勝沼によれば、自藩の藩主の嫌疑を解くことこそ、徳山出張の第一義的な目的であり、徳山藩主の寛典をかちとることについては触れていない。あるいは、藩士が関係したのは「徳山騒動」であって、自藩藩主の雪冤と徳山藩主の寛典とは表裏一体であったのかも知れない。

第三節　幕政への復帰

一　復命

『会津藩庁記録』[41]六巻に、表紙に（元治元年）「子十一月廿二日公用方より出ス　秋元藩徳山表より罷帰差出候書付」という標題の記された一連の史料が収められている。それは、「吉川家より嘆願書（十月廿一日付）、吉川家より差出候御猶豫願（十一月二日付）、徳山暴臣ノ罪科覚、覚、本家暴臣、當時正義之役々」の五通の文書からなるものである。

①「吉川家より嘆願書」は、延引している本家三家老らの処分を行うよう説得するため、謹慎を破って長州へ越境したことに対する寛大な処置を願い出た岩国藩主吉川監物の嘆願書で十月廿一日付。

②「吉川家より差出候御猶豫願」は、同じく吉川家より、本家説得に時間がかかっているが、征討をなお猶予願いたいと申し出た十一月二日付の願書である。

③「徳山暴臣ノ罪科覚」は、徳山騒動に関係した徳山藩士の罪状を述べている。[42]

④第四の「覚」には、吉川監物と徳山藩主毛利淡路守による、九月以降の周旋の動向が記された報告が続く。そこ

では、長州藩主父子が確かに山口から萩へ引き移ったこと、それを確認した岩国、徳山両藩主がそれぞれ十月中に国元へ戻ったことが記されている。[43]

⑤第五の文書「本家暴臣、當時正義之役々」は、徳山預けとなっている長州藩三家老らの現状、毛利本家暴臣および当時正義の家臣名が役名とともに記された覚えである。

以上、一連の文書は会津藩公用方が、徳山に赴いた秋元家使者より受けた報告書を幕府へ提出した写しと思われるが、使者の名はない。[44]

『会津藩庁記録』は編輯が非常に分かりにくく、一連の史料が、どの文書に始まって、どこで終わるのか判然としないことがある。ここに引いた文書群のように、標題が一頁に記され、次頁からその標題に収まる史料が掲載される場合にも同様であり、標題のみが一枚残存して収められたのか否か、判断しがたい。そこで、これらの文書が、一頁を占めた表紙の標題の内容に合致した文書であるかどうか考証しておく必要があると考える。

まず、前掲の五通のうち第三の文書は、旧尾張藩の『督府征長紀事・四』、十二月二十日条にも「毛利淡路（筆者註、徳山藩主）ヨリ粗暴之輩厳科ニ申付候旨」として、同じ文書の写しが載っている（注46参照）。同文は「右秋元但馬守様ヨリ御届相成候由　以上」と結ばれているのである。また、十二月十四日付、在京の肥後藩重臣小笠原一学から江戸邸への書状[45]では、

長州一件ニ付徳山侯御官位被召放候処、同侯ハ激徒には御同意無之候間、秋元侯より此方様並会桑土之三藩江御依頼。長州御父子重畳御悔悟、當時ハ寺院江御寓居ニ相成居、三巨魁之首級を差出吉川監物より寛太之御処置を奉嘆願候趣等、彼方御留守居より委細申述候由

と述べられ、「彼方御留守居役」の報告内容についての記述が、前掲の五通の史料にある秋元家使者が行った報告内容と一致している。以上から、『会津藩庁記録』の「子十一月廿二日公用方より出ス　秋元藩徳山表より罷帰差出候書

付」は、続く五文書の表紙として、信頼できるとしてよいであろう。

なお、『会津藩庁記録』六巻では、右の文書群に続けて、十月廿五日に大坂を発った薩摩と筑前の藩士が、十一月朔日岩国に入り、吉川家の留守居役（用人）二名から、岩国藩主と長州周旋の実態を聞き取った報告の書状があるが、書状の発信者は薩摩の高崎猪一郎である。長州藩内の現情について、詳細な会談を重ねるうち、吉川家の幕府への忠誠を確認し、吉川監物に直接面会することを申し入れ、吉川家の留守居役の一方が早速山口へ向かったことが記されている。書状の最後は破れによって判読できないが、「山口は遠いので貴殿も早く下るように」と言っているところからみると、発信者高崎が広島の飛脚を経て送信した相手は西郷であるように思われる。それが、会津藩の手に入った経緯は不明であるが、家近良樹によれば、当時の高崎には、会津藩との政治的接点があったとされている。(46)

あるいは、館林藩が徳山藩に対して行った任務のみでなく、並行して同時期に筑前藩と薩摩藩もまた、朝幕政府の命によって岩国藩の真意を探り、長州藩主父子の動向を聴取する任務を負っていたのではないだろうか。原田久によれば、(47)筑前藩の喜多岡勇平は、これに先立ち九月にも、薩摩藩の立場を説くために密かに岩国に入っているらしい。原田は、十一月の岩国入りは幕命によるもので、喜多岡は、この折、西郷とともに行動したとしているが、根拠は不明である。この辺りの事情については、なお調査が必要であると考えている。

『秋元事蹟』には、使者が復命するにあたり、「調印ノ請書」を持ち帰ったと書かれていた。「調印ノ請書」にそのまま該当するものは、この一連の文書中には見あたらないが、ここには徳山騒動関係の文書も含まれており、「調印ノ請書」と称するのは、これらを指したものではないかと考えられる。『会津藩庁記録』の諸文書の内容を見る限り、館林使者の受け取った文書の範囲が「徳山騒動」関係の文書に留まらなかったことは、すでに見たとおりである。

認識していたであろう。事実、この任務によって、長州処置は決着したと、勝沼も述べている。何よりも、館林藩にとっては、藩主への疑いが解け、親戚徳山藩の寛典も、併せて獲得することができたのである。

勝沼ら使者の行動を、日付から確認しておこう。第二の文書で、吉川家から開戦猶予願いが出ているのが十一月二日、薩摩藩高崎らが岩国で聞き取りを行ったのは、前日の朔日である。勝沼・普賢寺が江戸を発ったのは十月廿日以後であり、徳山入りは十一月としか分からないが、海路、大坂で停泊したとしても、恐らくは高崎らの岩国入りとあまり隔たりのない時期かと思われるので、二日に願書を受け取ることは可能である。

徳山預けになっていた三家老らの処刑が広島で行われたのは十一月十一日だが、勝沼が大監察に報告したのは、史料の内容から見て十日以前になる。「旬日復命ス」との『秋元事蹟』の記述を考え合わせると、復命の日はもう少し引き揚げることができる。報告場所は幕府軍最前線の安芸であった可能性が高いように思われる。(48) 戦争を避けるための最後の手段として、十一日の責任者処刑が急ぎ行われたのには、館林藩ら幕府側の使者の圧力が有効であったことは、日程上からも十分裏付けられよう。この点は、今後の研究に委ねなければならないが、今までのところ、徳山に入ったのは館林だけであり、三家老はまさに徳山に預けられていた。秋元家が、第一次長州戦争に終止符を打つ最後の過程に、厳しい役割を負ったことは、間違いないとしてよいのではないだろうか。たとえ使者にとって、最大級の危険を伴うものであったとしても、それが藩主の反幕嫌疑を晴らし、家督相続を許してもらうという最大の目的がかかっていたとすれば、藩が任務を受け入れざるをえなかった情況に、納得がいくのである。

二　出張と全国的状況

ここで、最後にもう一度、使者の送別会と称された江戸での宴席を思い出しておかねばならない。江戸の宴席に集まった四藩、会津、桑名、土佐、肥後は、それぞれ、どのような立場で、この件に関わることとなったのだろうか。桑名藩以外は、参与会議のメンバーである。会津については、館林藩との親戚関係がないだけでなく、勝沼の嘆願状から、この事以前に両藩の間に関係がないことが分かっている。会津藩と桑名藩については、「一会桑」として、朝幕政府を代表する立場であったと考えることができよう。では、他の二藩はどうなのだろうか。すでに触れたように、肥後藩と館林藩には、肥後藩主の母と秋元久朝室（志朝継母）とが姉妹であるという関係があった。土佐藩については、どうであったのか。土佐山内家藩主豊範の正室は、長州藩主毛利斉広の弟、信順の娘であった。つまり、信順は志朝の従弟にあたる。さらに、志朝の正室（故人）は米澤藩主上杉斉憲の娘であるが、山内豊範の継室も、同じく上杉斉憲の娘であるという関係があり、両人は義理の兄弟にもなるのである。このような関係から、日常、江戸留守居役あるいは藩主側役を通じての深い交際が行われていたと考えてよい。とすれば、宴席に於いて、藩主の私信が回覧されたのも、ごく自然であったろう。

肥後藩が、どこまで館林藩の藩内反幕派の関係を知っていたかは不明である。しかし、当時、土佐藩では、安政大獄で処分を受けた前藩主豊信が前年許されて実権を掌握しており、藩内の尊王攘夷派を一掃するため弾圧を加え、藩論の一応の統一に成功したばかりであった。したがって、勝沼の歎願書にみたような藩内の事情について、出席した土佐藩の江戸留守居役山田吉次の理解は深かったのではないかと思われる。当時、土佐藩と肥後藩は、外様大名の中では、幕府が信頼し得る確実な朝幕政権支持の立場を取っていたのみならず、館林藩、徳山藩、長州藩とは、親戚関係にあって、その立場での支援が可能であったと思われる。こうした設計図は館林藩が単独で描いたものであろうか。

勝沼は、前掲自筆史料の続きの部分において、実は藩は、会津藩には非常な恩義を受けたのだと述べているため、そこからみても、徳山への出張任務が会津藩の策であったのみでなく、親戚の有力外様藩を味方に仰ぐ、出発前の宴席会談の設定もまた、会津藩の周旋によって実現したものと考えてよいのではないだろうか。すなわち、恐らくは、藩主の寃免をかけての出張の筋書きの全体は、会津藩公用方が描いたものであったと考えられるのである。徳山出張の報告書が会津藩に残ったのは、その役目に館林藩を起用したのが、会津藩であったためと考えられる。この時期の会津藩公用方の政権内部での実力が読み取れる。

本節一において、主家の存亡に関わる大事を記録しないわけにはいかないと考えた『秋元事蹟』の編者が、記録に多くの含みを持たせる努力をせざるをえなかった事情がありそうだ、と指摘しておいたが、ここまでの分析から、維新後朝敵とされた会津との、この関係こそが、維新後の藩にとっての不都合な事実であったのではないか。

出張は終了した。前月の江戸の宴席で、館林藩重臣から依頼を受けていた諸藩は、どのように受け止めたのだろうか。これについては、肥後藩の動きのみ知ることができる。

一長州一件ニ付徳山侯御官位被召放候処、同侯ハ激徒には御同意無之候間、秋元侯より此方様並会桑土之三藩江御依頼。長州御父子重畳御悔悟、當時ハ寺院江御寓居ニ相成居、三巨魁之首級を差出吉川監物より寛太之御処置を奉嘆願候趣等、彼方御留守居より委細申述候由。

右ニ付而之諸書付並森井聞取書をも被差越、右様自縛之趣相違無之候ハヽ、封爵を被削候歟御国替位之寛典ニ被就候儀、至当を得可申歟御勘考有之、秋元家より御依頼之譯も有之候付、此方様よりも御周旋可被為在哉之段、縷々御紙表之趣、具ニ致承知御奉行等へも申談候処、いつれも存寄之筋も無之候間、御国許江は其趣付紙を用、右早打ハ去ル十一日差通候事ニ御座候（後略）[49]

右は十二月十四日付、在京の肥後藩重臣小笠原一学から江戸邸への書状である。ここでの「彼方御留守居役」は、文脈から吉川家と取れないこともないが、秋元家留守居役であると考えたい。出発前に依頼されたとおり、江戸邸から報告を受けた肥後藩では、秋元家に免じてと、徳山藩への寛典を願い出、江戸の宴席での約束を果たしたことが確かめられる。

元治元年（一八六四）の長州処置をめぐる政局の一端に関わる一件をみてきたが、従来、この時期に関しては、諸藩がどのようなスタンスで望んでいたのかが、ほとんど明らかになっていない。しかし「禁門の変」後、藩内で尊王攘夷派が台頭し、権力抗争が顕在化した藩は少なくない。例えば、土佐藩が行ったような藩内の反朝幕体制勢力一掃は、藩による一つの自己防衛であったと思われる。文久三年（一八六三）、外様でありながら、長崎総奉行に任じられた大村藩でも、八・一八の政変を期に、藩内尊攘派を抑圧する策をとったが、「禁門の変」後、藩内の情勢は逆転して、藩主は長崎総奉行を辞任し、藩政は親長州派が掌握している。(50) しかし、本来、政権外部の外様である土佐藩や大村藩とは異なり、譜代藩でありながら、対長州戦開戦直前の時期において、敵方内通という重大な嫌疑を受けた館林藩にとっては、本章で見てきたような行動以外に、他の選択はあり得なかったと思われる。

任務を果たし、危地を脱した藩政中枢部は、長州藩とつながりを持つ反体制派を押さえ込んだうえで、改めて、その譜代意識を鮮明に打ち出す路線を築くことになる。しかし、他方、この出張任務が、藩内の親長州派との間の確執を深めると同時に、以後の館林藩と長州藩との間に感情的対立を生む原因となったであろうことも、また、否定できない。

館林藩は年内に家督相続を許された。隠居した志朝の嫡子は正室上杉氏女との間の一子夭折後、掛川藩太田家から入った秋元五十橘（礼朝）である。礼朝は、このとき十六歳で襲封し、慶応二年（一八六六）、藩が一時遠ざかっていた奏者番に復帰して、幕末政治に参加した。

幕政復帰を果たしたものの、全国の政情は、その後混迷を深める一方となるのである。前掲の歎願書の引用に続く部分で、勝沼精之允が述べている出張任務から数年後の情勢は、徳川政権が崩壊へ進むなかでの、藩の方向を推測させる内容である。

（会津藩と）厚御交際仕居候處、去卯ノ初秋以来藩儀何トナク相変シ、彼是心痛仕居候處、枢路之形情轉変仕、會

津家御交際之邉モ追々疎ニ至リ候様子、九月之初旬私引籠在所表エ退候後、承リ及候、折柄、當春正月以来之形勢、議論沸騰仕、最心配罷在候（後略）

「去卯ノ初秋」は、慶応三年秋であり、大政奉還間近の時期である。それは、第一章で議論した連帯運動の芽生えた時期に一致する。政変期、会津藩との関係も含めて、藩政の方針も変わり、勝沼自身も国許に戻ったようである。「當春正月」は、翌慶応四年正月である。将軍が江戸に帰った後の情勢をめぐって藩内外の議論が沸騰し、混乱している関東と館林藩の様子が語られている。勝沼は、危機の様相に対し、心を砕いていたようである。次章では、元留守居役が思い返して語った、慶応三、四年のこのような情勢を、当時の藩の行動に即して、観察し分析していきたい。

注

（1）館林市教育委員会『秋元家の歴史と文化』（一九九四）三〇頁〈秋元志朝（一八二〇～一八七六）〉

（2）幕末維新の記述の中で「小藩、小藩」と繰り返されていた秋元家が、実は文字通り小藩であったかどうかについても、見直されて然るべきであろう。家康出頭人出身であったことは、少なくとも中期までは、自他ともに認められる立場を示していた存在であったとしてよいだろう。幕藩体制の変化の中で幕閣候補の大名家にも新勢力が台頭するようになれば、それだけ、家康に近い関東譜代の家筋であることを意識し、主張するようになっていったことは自然だと考えられる。

（3）大河内、戸田、牧野、太田家など。

（4）天保改革による水野忠邦の失脚にともない、弘化二年十月、井上、秋元、水野三家の間の三方所替が行われた。この国替えについての研究としては、寺島錬二「秋元家のお国替、山形より舘林」（『舘林郷土叢書六輯』一九四一所収）がある。

（5）以下は田山実弥登編『埋もれ木―岡谷磋磨介事蹟』（南條新太郎）による。本書は、文久の断髪党事件後失脚し、復権を願った岡谷磋磨介が残した藩主への建言、日記、改革の内容などを遺族が集め、維新後に、藩から史料の編纂を任された一人であった旧藩士田山実弥登（田山花袋の実兄）がまとめておいたものを、岡谷の子孫南條氏が自費出版した書である（舘林市立図書館蔵)。

(6)『山形市史』中巻。

(7)『埋もれ木』。

(8)同。

(9)『埋もれ木』に収められた岡谷の筆記に残る彼自身の家族の生活ぶりと、家計の実際は、質素そのものである。

(10)水戸留学者には岡谷繁実が、長崎留学者には藩医長沢理玄がいる。『佐倉市史』上巻所収の「諸藩文武修行者姓名録」には佐倉藩留学者として、佐倉藩演武場を訪れた武術修行者に、木呂子善兵衛、根岸鉄次郎、星野右中ほか多数の名が見える。なお、万延元年(一八六〇)の訪米使節団に、岡谷磋磨介の子息である岡谷荘三郎(兵八郎)が従者として加わり渡米している(後藤子之吉『舘林郷土叢書第三』による)。

(11)嘉永六年、山形の漆山陣屋領内で、藩の蘭医長沢理玄により種痘が実施されている。

(12)「海軍方」との役名が見られる。

(13)館林市文化会館蔵。

(14)一八六三年八月十八日深夜。公武合体派の朝彦親王、近衛忠房と会津、薩摩らによって計画されたものとされる。それ以前、三條実美ら京都の政権を掌握していた公家勢力と長州藩は攘夷のため天皇親征を計画した。これに対して、公武合体派は諸藩兵によって九門を固め、密かに朝議を開き、この延期を決定し、攘夷派を京都から追放した。このとき、三條以下七名の公家(後に関東奥羽征討指揮を執った澤宣嘉も含む)が長州藩兵とともに長州へ落ちた。

(15)朝幕政府と「一会桑」の関係については家近良樹氏の「幕末政治と倒幕運動」(一九九六)をはじめとする研究がある。序章を参照。

(16)諸藩でも尊攘激派を抑える動きが出、改名脱藩し、討幕等政治運動に走るものが続出するようになる。この全国的な動向を代表するのが水戸藩「天狗党事件」の勃発と捉えることができよう。

(17)『改訂肥後藩国事史料』四巻、五四七頁。

(18) 徳山藩関係の寺に興元寺あり。万徳山興元（こうがん）寺で、徳山領のほぼ中央である徳山村に天正二年開基。天正十九年三月一日毛利中納言輝元より判物を賜った。正徳四年正月十八日、知行高五十石、山札を得る（『防長寺社由来・七』山口県文書館刊、一九八六）。
(19) 会津藩主松平容保。
(20) 『会津藩庁記録』四巻、五四七頁。
(21) 肥後細川家藩主の弟。京都で周旋活動の腕を発揮し、朝幕首脳から信頼を得、會津藩主には養子にと請われている。
(22) 『改訂肥後藩国事史料』四巻、五五〇—五五一頁、五八六—五八七頁。
(23) 黒田、長岡が自ら出向いているのに対して、志朝が自身出張に至った記録は見あたらず、出張した人物についても確定できない。
(24) 肥後では藩主の弟二人から長州関係の建白書が出されている。
(25) 『改訂肥後藩国事史料』四巻、六五一頁。
(26) 『改訂肥後藩国事史料』四巻、七四五頁。
(27) 『続徳川実紀』四巻、六三八頁、元治元年四月八日条。
(28) なお、筑前藩からは継続して十一月頃まで吉川家を媒介にして周旋が行われ、藩は最終的には朝幕政府の意思を入れ、防府から五卿を引き取ることになる。薩摩藩の西郷と高崎猪太郎の周旋も同時期である。
(29) 長州内の政争はその後も繰り返され、藩政権は二転三転する。
(30) 館林市立図書館蔵。
(31) 館林市役所資料館蔵。
(32) 第一章・第二章にも登場し、依田七郎とは交流の深い人物である。
(33) 「十月廿二日我藩江戸留守居澤村脩蔵は徳山藩主毛利氏救解の事につき上州館林藩老臣より依頼の件を報告す」（五巻、三八一頁）。

(34)『徳山市史・上』(一九八四)七〇五―七一八頁に、尊王行動をとった藩士達への弾圧という形で集結した幕末の内訌事件として記述されている。
(35)『改訂肥後藩国事史料』五巻、五六三―五六五頁。
(36)「十月某日本藩江戸留守居は征長の事に関し秋元志朝の使者を以て依頼せし趣旨を諒し嘆願書を閣老に提出す」(三九四頁)。
(37) それ故、明治の史料ではその辺りの歯切れが悪いのであろう。
(38) 米澤総督宛に羽州領の保護を嘆願したと思われる願書。第六章に詳述する。
(39) 家近良樹『孝明天皇と「一会桑」―幕末・維新の新視点』(文春新書、二〇〇二)一〇一頁以下参照。
(40) 大目付。
(41)『会津藩廰記録』一―六。日本史籍協会叢書。昭和四十四年復刻版。文久三年正月―元治元年末。会津藩主松平容保の京都守護職として京都在留期間の諸文書(主として秘事に関する記録である)を収める)。
(42) 名古屋藩の史料である「督府征長紀事・四」十二月二十日条に、「毛利淡路(徳山藩主)ヨリ粗暴之輩厳科ニ申付候旨」として、同じ文書と思われるものが載っており、「右秋元但馬守様ヨリ御届相成候由　以上」と結ばれている(『幕府征長記録』日本史籍協会叢書一六九)。
(43) 覚
九月六日、岩国御発足、徳山江御立寄御相談之上山口表へ御立越、種々御諫争、淡路殿、九月十日徳山御発足、山口表へ御越、是又同断、九月廿日、同所大膳様御父子始奥御家中一同引払、尤御家族之分ハ追々當時ハ不残萩江御立越ニ相成候由、山口へハ吉川家御留守居山縣権右衛門勤番罷在候、長藩匹夫之分少々残り居候由、徳山侯ハ、十二日程逗留ニ而引移ケル、岩国侯ハ、十月十九日帰国被致候由之事
(44) 禁門の変での長州藩の罪は天皇の御所を武力攻撃したことであった。禁門の変による朝幕政府からの追討、下関砲撃事件の敗戦処理を受け、長州藩としては藩政指導部への政治責任が問題となる。禁門の変指導者は謹慎処分となり、桂小五郎は出奔し、下関事件の高杉晋作は海外逃亡した。七年間公武合体と開国論から尊王攘夷転換の中心であった江戸家老周布政之助は自

刃した。代わって政権を握ったのは、「俗論派」と称される人々であり、藩内諸隊を解散し、藩論は開国へ転換する。諸藩からも、長州藩への同情が集まり戦意喪失へと向かったといわれている。長州征討と並行して、九月関東では天狗党事件が幕府にとっての懸案となっていた。京都では、最大の課題が毛利一族の謝罪であり、長州宗家、徳山等親戚藩の謝罪上京の要求は、拒否されつづけ、難航していた。禁門の変当時の国家老三名の首級を差出し、恭順を表明した長州藩政府への朝幕政権からの降伏条件は、①藩主自筆の待罪書②七卿を太宰府に預ける③山口城破却の三箇条であった。秋元家から提出された報告書には、この三点に関する報告がある。徳山出張探索の結果、この条件がともかくも満たされたと判明したとすると、出張は幕府が兵を解く過程に影響したのではないかと、一連の史料から推測できるのである。

(45)『肥後藩国事史料』五巻、五六三―五六四頁。

(46)家近良樹『幕末政治と倒幕運動』(吉川弘文館、一九九八)三三一頁。

(47)原田久『幕末維新と筑前福岡藩』(一九九九)。

(48)史料の「旬日復命ス」が江戸帰府を指すと考えることには、日程的に大いに無理があり、任務の帰路会津藩公用方に報告書を提出して帰府したと考えられる。その後、秋元家の報告書は、会津藩公用方の手により廿一日付で処理されたものだろうか。

(49)『肥後藩国事史料』五巻、五六三―五六四頁。

(50)藤野保「幕末・維新期における小藩の構造とその動向―討幕派第二グループの動向をめぐって―」(『史林』二〇一号、一九六三年九月)。

第四章　慶応三、四年の館林藩

前章でみたように、長州戦争期の試練を経て、館林藩が幕政に復帰する過程は、同時期の幕藩関係が、長州という外様の大藩による反乱によって、大きく揺らいでいたことのみでなく、体制の内側にあるべき譜代藩が孕む政治的立場の矛盾を、幕府が再統率しようとする過程を、具体的に例示したものと考えてよいであろう。それにあたって、幕府は、体制を脅かしかねない問題を抱えた譜代藩を、親戚藩を裁くための最終的圧力として利用するという方法を採った。いっぽう、藩政府の側から言えば、藩内の倒幕勢力に厳しく対処し、奏者番として幕政に復帰した館林藩は、藩初以来の強い忠誠意識を前面に出すこととなったと考えられる。

第一部において論じたとおり、慶応三年（一八六七）の江戸では、幕府支持の運動が起こっており、親藩譜代藩による運動は、十月、大政奉還が伝わった直後には、大政再委任願いと、朝廷の上京命令拒否運動として結実しようとしていた[1]。本章では、奏者番を務めていた館林藩が、その過程にどのように参加したのか、また、続く徳川慶喜追討令下、藩はどのような政治的立場を選択したのか、それに対して、新政府側は、どのような態度で臨んだのか、さらに、関東戦において、藩は如何なる立場をとったのか、最終的に新政府軍としての出兵に踏み切ったのは、どの時点であったのか、の諸点を考察していきたい。

福田啓作、川島維知、小島茂男らの先行諸研究[2]の、この時期の館林藩に対する関心は、いかに早期に勤王表明を行い、いかにして、藩内にあった「佐幕」的な動きを封じようとしていたか等にあり、新政府軍出兵や東山道総督への献金、銃器献上等を、藩内の勤王対佐幕の対立抗争を軸として論じ、館林藩は「終始勤王」であったとの理解を導いていた。確かに、藩が維新後に「忠勤藩」として恩賞を得ることとなったことは、『明治史要』付表によって明らかである。しかし、そこに至るまでの過程については、先行諸研究のように、藩内の勤王対佐幕の対立抗争に視点を置くのではなく、あくまで、関東全体を視野に入れて、見通すことが重要である。

徳川政権を支えた関東の幕閣譜代藩の一角としての、藩政当局の立場を中心に据えて、戊辰戦争の戦場と化す危機が現実となっていくなかにおける藩の行動を追跡していく、という視点を取ることにより、新政府軍の関東に対する戦略のため追い込まれていく困難な状況のなかで、関東譜代諸藩が行動を選択していく姿が、見えてくると思われるのである。それをとおして、序章において述べたような、譜代藩の行動が否定的にのみ捉えられていた従来の理解——曖昧または日和見とよばれる——が、譜代藩の立場に廻ってみたとき、彼らなりの能動的な行動選択であったと認識できるのではないか。それはまた、この時期における政治的対立を、鮮明に描き出すことにもなろう。

第一節　慶応四年三月末までの政治行動

一　二度の連帯への参加

慶応三年十一月二日、幕府は城外に加え、府内全域に厳戒態勢を発動した。すなわち、江戸城を囲む府内全域が要塞化されたと考えてよいだろう。館林藩が警護を命令されたのは、初め和田倉門外、後には浅草橋場の下屋敷に近い東橋周辺である。十一月四日、館林藩が所属する江戸城内殿席の雁間諸藩の代表は、菊間席諸藩とともに、御三家の呼びかけによって赤坂紀州藩邸衆議所に招集された。会合は、譜代藩が一致して幕臣であることを表明し、朝廷の上京命令を拒否しようとする主旨で行われた(3)。すでに前夜、上席である溜之間、帝鑑間両席諸藩が同じ主旨で集まっており、各藩は回答を求められていた。徳川体制の危機に際して、どう主家を支えるのか、譜代各藩は政治的態度の決定を迫られていたのである。

徳川体制支持の議論は唐突に出たものではなく、前述のように、この時点までに、江戸留守居役有志を中心として十分煮詰められてきたものである(4)。紀州藩邸の大集会後、譜代諸藩は、席ごとに連帯して行動することを取り決め、城内四席同時に二条城内の将軍に対して上書し、朝廷による上京命令を辞退する旨を表明することとなった。左の史料は、『復古記』より引いた雁席上書であり、連署は二四藩による(5)。雁席諸家は「数百年来奉蒙御恩澤」が「骨髄ニまで通徹しており、その進退存亡は徳川宗家に従う他はなく、直接に朝廷の命令を受けることは君臣の大義を失するものであるとして、あくまで幕臣であることを表明することで、上京命令を拒否する内容である。

今般、以御英断御復政被仰立候段、定シ深キ思召モ被為在候御儀ト奉存候得共、實ニ感慨之至奉存候、折柄従傳奏衆上京可仕旨、同席へ御直達有之、不肖之微臣共、蒙　朝徴御用之筋難計御座候得共、元来當席之儀者、格別之以御寵遇、数百年来奉蒙御恩澤候段、骨髄ニ通徹罷在、進退存亡随君命之外、更ニ他念無御座候、就而者、今日ニ相及不俟君命、直ニ奉　朝謚候儀者過等之至、誠ニ以奉恐入候、只々君臣之大義ヲ不失、報恩盡忠之旨趣相立候様仕度、一同奮発罷在候間、何卒微衷之赤心幾重ニモ御洞察、宜被仰立被下候様仕度、此段奉懇願候、以上

在府　雁　間　(以下諸大名連署)

連署には、館林藩主秋元但馬守も加わっている。しかし、この件に関する館林藩側の史料は、見出せない。この上書は、席取締老中の松平縫衣頭により京都へ届けられた(6)。しかしながら、譜代四席の意図に反し、十二月五日、京都の幕府は四席連帯しての上書を戒め、諸侯は即上京するようにとの命令が届いた。大政奉還以前に開始され、四席一

斉の上書というかたちで進められた譜代藩の連帯運動は、実質的に挫折した。その直後、王政復古を聞いた府内は動揺する。年末に起こった薩摩藩邸事件を頂点とする治安の悪化は、すでに戦闘状態にも近く、加えて関東一帯では、西上州世直し一揆の騒擾を始め、治安もきわめて不穏であった。この事態に対し、館林藩は、前橋藩松平家と共に関東取締役として治安維持にあたることとなった。(7)

翌慶応四年（一八六八）正月、鳥羽伏見戦での敗戦と将軍帰府により、江戸はさらに混乱に陥った。一月八日、将軍と側近の人々が大坂城を脱出、十二日、芝浜に帰着した。新政府側は、徳川慶喜以下の幕政担当者に対して徳川追討令を発した。当時の佐倉藩江戸留守居役依田七郎の日記に拠れば、「大君已を得給はず還御なりしよし、一紙の布告を出さる」(8)とあり、知らせを聞いた諸侯らは江戸城へ駆けつけ、城内の「紛雑、湧が如し」(9)という状態であった。以後、さまざまな議論が江戸の諸方面で噴出したが、それらが一本化することはなかった。(10)

諸方で対応策が論じられ、征東軍が迫り、危機が最大限に高まるなか、二月十日、館林藩海軍方大屋富三郎が、(11)依田七郎を訪ねている。依田が、前年の朝命拒否の連帯運動を組織したグループの一人であったためである。

館林ノ大屋富三郎来ル。京師、薩人の暴を厭ひて街内隙を生ぜり。此機を失はず内藩合従て、逆名除去之義哀訴すべし。同党の藩を集合せんとて議に及ばる(12)

京都に於いて、薩摩の暴挙が問題になっている今こそ、将軍の赦免を訴える好機であるとして、同じ考え方の内藩（譜代藩）が合従して、朝廷に哀訴しようではないか、と呼びかけるのが訪問の主意であった。館林藩独自の京都の情勢分析に基づく主張であり、藩の政治的立場が明確に表れている。このとき京都にいたのは、元治元年（一八六四）秋、徳山に出張した使者の一人、普賢寺武平であり、情報源は普賢寺かと思われる。

その翌日、二月十一日、諸侯に対し、将軍が恭順の意を表明して江戸城から退き、「上野東叡山の御廟に入らせ給ひ、罪を侍させ給ふこと」が布告された。(13)監察の入念な準備のもと、徳川慶喜は上野寛永寺に引き移った。(14)小田原藩、佐倉藩などでは慶喜の助命を嘆願しようと図るが、その時点では、将軍の意志を自らの意志とするという諸侯が多くなり、佐倉藩の属する帝鑑席全体では助命嘆願に消極的であって、連署による嘆願にまで進展させることが困難である様子が、依田の日記には記されている。しかし、哀訴は実行されることとなった。短時間で、小規模ながら、甲信越関東と東北の一部の有志大名の間に連署が実現したのである。(15)

一月以降、沸騰するがまとまらなかった議論を一気にまとめたのは、結局、慶喜の行動であった。それに呼応する形で、慶喜助命嘆願の諸侯上書運動が起こったわけだが、運動を起こすには、成就する可能性がなければならない。慶喜の助命嘆願を行った場合、それが聞き入れられる可能性があるという判断の根拠となったのは、依田にとっては次の三点であったと考えられる。

①九日、同門で越前藩士の岩谷瀧之助から慶喜自身が有力諸侯に対して、恭順の周旋を依頼していることを聞いたこと。(16)

②旧幕府内の加藤弘蔵から諸外国が慶喜助命を願い出ていることを聞き、譜代藩の行動を促されたこと。

③すでに館林藩の呼びかけを受けており、その根拠が、京都で薩摩への反感が存在するとの情勢分析であったこと。

今回の嘆願運動は、譜代をはじめとする四三諸藩単独の運動ではなく、静寛院宮周辺や、輪王寺宮自身による慶喜助命嘆願を頂点とする江戸の大きな動きの一環であったと考えられるのである。それは、哀訴状連署の諸藩重臣が、輪王寺宮の慶喜助命嘆願の行列に従ったという次の史料にも裏付けられる。

二月二十五日。達小田原。會王有微疾。留而護之。至此同行侯士皆到。榊原式部大輔、土屋采女正、秋元但馬守、松平大学頭、大岡主膳正、黒田伊勢守、大久保加賀守、皆以老臣代君。従士都三百余人。是預謀於左近者。而左近亦従焉。二十七日。秋元臣某報。薩、長、大村三侯兵進次沼津。（中略）是日。三侯斥候来。王旅館・・・勅使問。大王何故有行。余曰。為徳川氏。(17)

この中には、館林藩重臣も名を連ねており、秋元家家臣が斥候を務めていることも読み取れる。

ところが、慶応三年の譜代藩連帯についてと同様、この徳川慶喜助命嘆願運動についても、館林藩側には史料が見いだせず、この時期について記したもので、確認できるのは、維新後の編纂である『秋元興朝家記』三月十八日の次の一条だけである。

「旧幕府御目付妻木多宮殿加藤金四郎殿より留守居役エ口達候記」
上野輪王寺宮様為御嘆願来廿一日被遊　御上京候ニ付
為御警衛従五位禮朝上京被仰付候処病気ニ付為名代従臣新美
左兵衛御供中候事
　但於途中御警衛被免三月二日帰京(18)

前掲の史料では、宮の行列に従ったのは「皆以老臣代君」とあるので、ここで、館林藩では重臣が警固を務めたというのは、諸藩並であることが分かる。また、但書で、途中、警固を解かれた三月二日に帰京（帰府）としているのは、宮の有栖川総督との対面の条件に、諸侯の軍を連れず単身で、と要求された故であると考えられる。(19)

諸藩による嘆願運動の、立ち上がりから挫折・消滅までを、哀訴状運動の中心となり、上書の使者も務めた依田七郎の日記、『学海日録』によってたどってみると以下のようになる。二月十五日、依田は幕府監察加藤弘蔵より、譜代諸藩による助命嘆願を促され、十七日、佐倉藩邸に諸侯の重臣を集めて哀訴を決め、哀訴状の草案を作る。紀州、小田原両藩邸に暇の挨拶を済ませ、輪王寺宮一行と相前後して、二十日、江戸を出立。哀訴の使者一行は、二月二十五日、天竜川で東海道総督の隊列と交差した。吉田に宿陣する総督軍の検査が厳しかったが、ようやく通過。晦日、大津に到着、翌日京都入りした。小田原、上田、諏訪、新庄諸藩とともに、三月二日に太政官に書を提出することを決定し、翌二日、太政官弁事局へ哀訴状を提出したものの、上書の返事は十一日まで待たねばならなかった。小田原藩家老が太政官に呼び出しを受け、出頭したが、「総督既に進軍ありしに付、哀訴すべきことあらばかの陣地に向申べし」とのことであった。そこで、連署の諸侯重臣を招集して、この件を諮るが、総督への上書には佐倉・佐野・小田原・上田以外の諸侯が消極的であり、ここまでの間、すでに掛川（太田）、信州高島（諏訪）、新庄（戸沢）、福山（阿部）、二本松（丹羽）、房州勝山（酒井銈二郎）、郡山（柳沢）と、離脱する諸侯が続出していた。

三月十三日、館林藩の普賢寺武平が、「太政官の議をきくに、哀訴状を上るものは入京をとどめられて朝敵に比さるるべし」との戸田大和守情報を知らせてくる[20]。ことの真偽を確かめるため戸田に会うことになり、十四日、普賢寺の周旋で、佐倉藩の倉次、依田が面会。戸田から時すでに遅いと諭されて、哀訴の中止を決定する。

右にみたとおり、依田七郎の日記からは、館林藩が、助命嘆願運動の立ち上げをよびかける発起人としての役割と、三月中旬、助命嘆願の上書の取り下げを勧める山稜奉行戸田との面談の周旋役としての役割、すなわち、運動の最初の部分と最後の部分で、重要な役回りを行っていることが判明するのである。

以上により、慶応四年二月中旬時点までの館林藩の政治的立場は、確固とした徳川政権支持であることが明らかになったと考えてよい。しかし、三月十日以降は、表だって徳川支持行動をとることに対する懸念が全国的に現れてくるなかで、その立場が微妙となっていることに注意しておきたい。三月十四日に哀訴を一時中止する決定をして後、依田は二十二日まで数回、普賢寺武平を訪ねているが、その後、館林藩と連絡の取れない状態となったことを述べている。京都における三月二十二日頃を境に、藩には何らかの変化が起きていたのではないだろうか。

二　河内領の暫定的意思決定

譜代を中心とする諸藩の嘆願哀訴運動は、諸要素が絡み合う諸方面からの助命嘆願と親征阻止への政治的動きの一環であるとしても、その立ち上がりから挫折に至るまで、館林藩がその運動の中心的な一翼を担っていることは否定できない。藩が慶應三年秋の譜代藩連帯以来、引き続いてこの時期にも、徳川支持の中核的位置にあったことは確実で、慶應四年三月上旬までの政治的立場は明らかであるとしてよい。しかしながら、ここで一点注意しておきたいのは、一月の鳥羽伏見戦に際してとられたという飛領河内領の動きであり、これを館林藩の終始勤王の証拠とする主張がある。(21)次の史料は、当時河内領から新政府に提出された書であるが、明治期の編纂史料である。

「関東御征伐ニ付、分邑河州黒土村陣屋ヨリ農卒五拾人粮餉運用トシテ差出候伺記」

秋元但馬守兼而勤　王之儀申付置候処今般之　御一新ニ付急速江戸表但馬守方江申遣候得共、彼方ヨリ申越候迄之処河州領分陣屋詰之者人少ニ而不任心庭、依之郷人足五拾人差出申候間、何レ之御場所江成共御用被成下候様仕度此段奉願候、以上

正月十八日

秋元但馬守　陣屋詰家来

多賀谷　彦九郎(22)

編纂時の標題だけを見れば、ここにある「農卒差出」は、人足とも兵とも取れる語である。しかし、史料本文には「郷人足」差出とあり、兵糧運搬のためであった様子から考えて、陣屋が、兵力を提供したと意識していたとは思えない。事実、本文には、陣屋詰めの人数つまり兵力は不足であるため、「郷人足」を調達する旨が記されている。また、朝廷からの命令を江戸邸へ伝えるいっぽう、「彼方（江戸藩邸）ヨリ申越候迄之処」とあるように、この労働力の提供はあくまで現場での応急的な対処であったことも明らかである。

徳川方、新政府方双方の軍に対し、無抵抗で所領を通過させる、あるいは献金するという選択は、飯島章の研究に証明された下妻・下館藩の例にも見られるように、戊辰戦争期多くの小藩に共通の行動ではないかと考えられる。(23)一万石の飛領であり、領内に山稜を抱えた河内の状況から見て、幕府軍の敗戦の中で陣屋が朝廷の命令を拒むわけにいかない状況から採られた、この行動には納得がいく。したがって、この一事をして藩全体の立場の転換ととることも、

河内領が本藩の意思に反する行動をとったとすることも難しいであろう。時間的に考えてみても、当時江戸は将軍の帰府によって混乱しており、このあと河内領から江戸藩邸に、意見打診の書が到着した後と察せられる二月上旬の江戸藩邸では、まさに、徳川慶喜の助命嘆願哀訴運動を呼びかけていたのである。

三　藩主の謹慎と赦免請願

慶応四年三月、譜代を中心とした諸侯による助命嘆願哀訴状を奉じて上京したものの、それが難航して、京都に滞在していた佐倉藩の江戸留守居役依田七郎にとって、館林藩は最後まで頼りとする存在であった。再度、在京の依田の目で、京都における館林藩との関係を観察してみたい。

二月に哀訴状運動を提唱してきた館林藩江戸藩邸への京都の情報源が、普賢寺武平であったと思われることは前述した。普賢寺は、また、上京した助命嘆願の使者に対しても便宜を図っており、哀訴状提出の可能性を尋ねるため、三月十四日に行われた戸田大和守との面談も取り持ったことにもすでに触れた。哀訴状上書の中止を決定した後も、依田は三月二十二日まで、なお数回「公用を弁じるため」(24)普賢寺を訪ねているが、それ以後連絡が取れなくなったことについて、人々の往来と変化が激しい京都にあって、依田がとくに館林藩の動向に関心をもった節はない。何よりも、この間の依田自身には急務が生じていたからであろう。上京途上、府中において新政府に拘束され、京都での謹慎を命ぜられた佐倉藩主堀田正倫の赦免嘆願の可能性を、諸方面で探りながら周旋活動の日々を送っていたのである。

しかし、そうしたなか、半月後に彼は再び、同志であった館林藩の現状を知ることになった。(25)四月二日、依田は、館林藩江戸留守居役である高山藤内の訪問を受けたのである。

二日。晴。館林藩高山藤内来訪せらる。館林侯、東山道鎮撫使に詰問にあひて本国にかへらる。武・毛の間頻りに騒擾して、盗賊、所在をかすむ。鎮撫使令を下して、かりに前橋・館林等の諸藩して捉捕せしむといふ。藤内いふ。日光山は徳川の宗廟なればとて、会津人等山上に登りて生死を決すべしと請へり。

当時、関東は、北陸道と東山道から総督軍が進攻し、関東戦の最中にあった。『復古記』第十一冊「東山道戦記」をたどると、関東諸藩と新政府軍双方のかけひきは、刻々とめまぐるしく展開していることが読み取れる。その具体的な様相については、第三節において見ていくが、右の史料からは、関東の切迫した状況下、苦しい立場に置かれた館林藩の現況が見えてくる。すなわち、高山は、館林藩主が東山道鎮撫使に咎められ、拘束されて国許にいること、武州・両毛辺りでは騒擾が起こって治安が乱れており、もと幕府の関東取締役を命じられていた藩は、新政府側の命令によりそのまま治安の取締にあたっていること、さらに、会津藩家中から、ともに日光において最後の決戦をしようと呼びかけられていることを語っているのである。

依田の日記に現れる高山は、藩が、将軍帰府以後、最後まで幕府を奉じる姿勢をとり続けようとしながらも、藩主を拘束するという新政府軍の圧力によって恭順を余儀なくされた状況を迎え、恐らくは、個人的にも交流のあった会津藩士との関係の前に深く悩んでいたと思われる。しかし、江戸留守居役である高山が、征東軍の流れに逆らって、敢えて京都に入っていたのは、どのような役目によってであったのだろう。実は、この記事に現れる高山の言行は、館林藩の藩論転換の時期を示唆すると考えられるのである。

右の史料中で、高山が依田に語っている藩主の謹慎に関しては、従来、以下のように説明されている。

三月九日午前、総督府は高崎宿を出発して倉賀野宿で小休止し、新町宿で昼食、そして熊谷宿に入った。この日、館林藩主秋元礼朝は京都に向かう途中、倉賀野宿で総督府を待ち受け、重臣齊田明善を使者として岩倉総督に謁見を願い出た。しかし上洛決定が遅れたという理由で許可されなかったうえに、その責任を追及された。そのため礼朝は藩祖の長朝が開基した総社（前橋市）の光厳寺に入って総督府の指示を待った。しかし総督府の指示は謁見を許さないばかりでなく、帰国のうえ謹慎という厳しいものであったので、十二日やむなく館林城に入り謹慎の意を表した。なお、礼朝の上洛が遅れた理由は、前年の十月以来、藩論が佐幕か勤王かの二つに分かれて、容易にその結論が出ず、前藩主志朝と礼朝の裁断でようやく勤王に統一することができたからであった。そこで礼朝は、三月三日に江戸を出発して、高崎経由で上洛の途につこうとしていたのである（『群馬県史』）(26)。

秋元礼朝が上洛途上新政府軍に拘束され謹慎となった経緯の記述は、二つに分けて考えたい。第一は、上洛の目的の理解である。第二は、三月三日、江戸を出発し、十二日、国元での謹慎を命じられ、館林に入るまでの経過である。

まず、第一点については、今回の上洛が、前年秋の上洛命令に応じた行為であったとしているわけだが、この理解には、時間的に遅すぎるだけでなく、前節でみた館林藩の政治行動からみて、相当の無理があると言わなければならない。先にみた佐倉藩主同様、慶喜助命を哀訴するためであったのではないだろうか。

次に、第二点の、謹慎の経過については、維新後に編纂された記録である『秋元興朝家記』も参考にしつつ、慎重に『群馬県史』の記述を見直さねばならない。

徳川慶喜助命嘆願上書の使者を追って、諸侯が上京を企てるが、諸侯一行は東へ向かう征東軍によって、行く手を遮られ、駿府に入城した有栖川大総督により謹慎を命じられている。東山道沿いでは、近江美濃地域の譜代諸藩主が、東海道でも、すでに府中まで達していた佐倉藩主が、京都での謹慎を命じられた。中山道を経由した館林藩主は、関東入りした東山道総督軍に拘束され、そのまま総社の菩提寺（光厳寺）に入り、謹慎して、命令を待つこととなった。三日に江戸を出発したのであれば、九日拘束では時間的に空白が大きすぎる。三日か、九日か、いずれかの日にちが誤りではないだろうか。

次に挙げる史料は、家老附き書き役小野田元熙の記録である。

辰三月五日　東山道勅使下向ニ付家老太陽寺文雄江附添出張ス。途中御領ニテ東京表ヨリ上京シタル主人但馬守ニ出逢フ。主人ニハ豈ニ斗ラン閉門ノ御沙汰蒙リ菩提寺総社光厳寺ニテ謹慎トノコト其驚愕一トカタナラス直ニ

帰藩シテ善後ノ策ヲ取ル(27)

当時館林藩は、幕府の関東取締役に任命されており、小野田は、東山道勅使下向の件について、何らかの任務を得た家老太陽寺文雄に随っていた。しかし、家老一行は、途中領内で、すでに江戸を発って上京したはずの藩主一行に出会い、総督軍によって謹慎を命じられたことを知り驚愕する。小野田の記録からは、この予期せぬ状況に驚いた藩政スタッフにより、早速国許で、善後策が講じられたことが分かる(28)。

右によって、五日以前には既に藩主は上京の途についていて、領内にいるはずがなかったことが読み取れ、『群馬県史』も『塩谷良翰回顧録』(29)も、出発については三日で一致しているので、この点は疑う根拠がない。

次に、九日拘束説について考えてみると、『秋元興朝家記』（以下、『家記』）には、三日条に、出発から国許での謹慎までがまとめて記述されており、はっきりと日付が記されているのは、十二日の館林城での謹慎のみである。九日条は、前藩主始め藩主の家族が乗船し、十一日に館林に到着した旨のみ記しているので、家族共々館林城で謹慎すべしとの命令が江戸邸に伝わり、江戸邸を引き揚げた家族の館林到着が十一日だったのではないかと思われるが、『家記』では、詳細は不明である。

実は、五日から九日の間の館林藩の行動については、『明治戊辰梁田戦蹟史』(30)（以下、『梁田戦蹟史』）各所に、明確な記述が見いだせるのである。三月九日未明の梁田の戦闘は、戊辰戦争における関東最初の衝突であったが、同書をみると、梁田戦の鍵は館林藩の行動が握っていたと思われる要素があったようである。

当時、古屋佐久左衛門率いる旧幕府第六連隊は、忍城に滞陣していたが、東征軍の接近を聞いた部隊は、日光街道を北上しようと、羽生陣屋から対岸の館林を目指した。前掲書『梁田戦蹟史』の著者真下菊次郎の調査に対して寄せられた館林からの返書を見ると、次のようにある(31)。

三月五日夜、城中に急報あり、徳川の歩兵一大隊其隊長古屋作左衛門之を引率し隣藩忍町に数日滞在、會津へ

> 下向の途次今夜館林止宿の旨飛脚到着するや、上下其騒動大方ならず。然るに家老太陽寺蔵之介詰合の重立たる者を諭すに、既に勤王の実効を相定むと藩論を定上は徳川家の脱兵を城下に止宿せしめては朝廷に対し恐入りたる次第に付断然謝絶す、若し承知せぬ時は其身其儘にて一戦すべし、素より勝利の見込無きを以て城を枕に打死せむと決意して、町奉行山田助左衛門を國界川俣駅利根川渡船まで派出せしめ右の次第を以て古屋氏へ交渉を開き、又會津に下向する目的なれば途次戦争をなし徒に兵を損するは得策にあらずとの意旨を述べさせ、道を野州梁田に行べく教ふ。既にして山田助左衛門帰り報ずるには、館林町へ御出は六ヶ敷其譯は町方へ取付の板橋打損じ只今は普請に取掛り大砲通路難相成旨申述青柳村元御仕置場の前の道より富士浅間脇道へ掛り太田街道へ案内致させ梁田宿の方へ見送り敬して遠ざけたり。
>
> （以下、使者名略。文中傍点は原書による）

三月五日夜、古屋軍から、館林城下に入る旨が飛脚便で知らされてきた。五日は、小野田によれば、この文に出てくる家老太陽寺自身が、拘束されて菩提寺へ向かう藩主一行に、出会った当日である。その事実だけでも動揺していた藩内は、古屋軍から、その夜城下に入るとの通報を受けて、いっそう混乱し、史料にあるように、「上下其騒動大方ならず」という状況となったのは想像に難くない。右の史料に、家老太陽寺が重臣達に諭したという論が引かれているが、この時点で藩内は激論の最中であり、未だ統一されていなかったとみた方が現実的であろう。太陽寺の主張の裏には、藩の置かれた窮地が語られているように読める。

藩では古屋軍に使者（町奉行山田助左衛門）を送って、城下を避けるよう交渉を開始した。太陽寺が使者の山田に述べさせたという口上の、会津合流を目指す古屋軍にとって、その途中で決死の覚悟をしている当藩と戦って軍に損失を出すことは得策ではないから、別の道をとって梁田宿に向かうように、という主張は、そのままでは説得力に欠けるように思われる。あるいは館林側では、正直に藩の事情を吐露して、全滅を覚悟でも古屋との戦いに臨まざるをえないのだと説明して、領内回避を訴えたのかもしれない。交渉は難航し、結局山田は「町方へ取付の板橋打損じ只今は普請に取掛り大砲通路難相成」と、街道の通行不能を述べることで、ようやく古屋軍を納得させ、八日、梁田方面に見送ったと報告している。(32)

ところが、翌未明、古屋軍は梁田宿で休んでいたところ、新政府軍の夜襲を受けた。『梁田戦蹟史』の諸証言によれば、熊谷に滞陣していた新政府軍は、拡大していた世直し一揆の状況把握もあって、自ら密偵を放っていたようであり、『復古記』の「東山道戦記」によれば、実際に二月末から関東偵察に入っていたことがわかる。(33)その新政府軍は、古屋軍が梁田へ向かったとの報告を受け、兵力が圧倒的に勝る古屋軍を襲うには、未明しかないと判断したと思われるが、宿場が戦場と化したことについて、館林藩の使者が、熊谷に退陣していた新政府軍本営に、旧幕軍の梁田宿滞在を知らせたためだ、との土地に残る言い伝えの存在も、真下の調査の対象になっていたようである。(34)館林藩の行動への疑問は、戦闘当時より囁かれていたのだろう。

梁田宿への古屋軍の迂回は、三月八日である。仮に、九日に藩主が拘束されたのだとすれば、積極的に旧幕府を支持してきており、旧幕府軍の信頼を得ていた藩が、どうして藩主の拘束を受ける以前の時点で、右のような行動をとる必要があったのだろうか。小野田の記録にあるように、当夜、緊急に善後策を講じていたという藩政担当者たちが、旧幕府軍に頼りとされる状況を何としても避けねばならなかったことは、藩主を新政府側に押さえられている状況下であれば、当然の行動であったと合点がいく。

以上から総合的に判断して、秋元礼朝が拘束されたのは、『群馬県史』のとる三月九日ではなく、家老書き役小野田の記録通りの三月五日であったとするのが妥当であろう。そして、正式に謹慎が命じられたのが、梁田戦翌日、つまり重臣が倉賀野において東山道総督に拝謁した九日のことであったとしたい。(35)

では、この謹慎はいつまで続いたのだろうか。『家記』本文には、謹慎に関しての明確な記録が見えないのだが、

「追加」として朱が入っており、巻末に明治七年十一月二日付で、秋元家が歴史課担当官宛に提出した文書二通が添付されている。それが、藩の赦免嘆願書および朝廷の赦免状である。「戊辰三月歎願書西京ニ於而差出候日限并　御指令相成候日限御尋ニ付取調候処同月十九日差出同廿四日　御指令相成候右之段奉申上候也」[36]とある。藩が最初に提出した『家記』には、重要な二つの文書が何らかの都合で抜けており、修史局員のうちには、当時の事情を知る向きもあって、修史局から再請求を受けたのではないかと思われる。

これを見ると、従来、藩は駿府の大総督府に赦免嘆願を行ったと言われていたが、実は赦免嘆願書は、三月十九日西京（太政官）に出されていることに気づく。京都までの交通事情がきわめて悪いなかで、十九日付の歎願書をあげるためには、その十四、五日前に江戸を出立してきたものと概算すれば、藩が江戸留守居役（高山藤内）を上京させて赦免請願行動を起こしたのは、五日の藩主謹慎命令直後ということになり、納得がいく。次に「赦免御指令」は廿四日であり、これは駿府へ廻された嘆願状への付紙からも分かる[37]。前節で依田七郎の日記にみたように、三月二十二日以降、京都において、依田が普賢寺武平と連絡不能になった理由も、四月二日の時点で江戸留守居役の高山が京都にいた理由も、これにより説明がつく。

小島茂男は、先行研究において『塩谷良翰回顧録』をその中心的な史料としているが、この史料には、文久以降藩外に追放され、あるいは脱藩していた尊王攘夷派の旧藩士が、館林城下に入って、上京し直接請願行動をとるよう説得行動を行い、一部の藩士達が京都へ向かったことが記されている。しかし、それはあくまで、上京して一刻も早く勤王表明を行おうとする勤王行動の一環であったとされ、当時藩が、藩主の謹慎という藩存続の危機に及んでいたことには一言も触れていない。そこでは、彼らに対抗して、佐幕的意図を持った藩士高山藤内も、また、入京を企てたと記されている。つまり、尊王対佐幕の藩内闘争が、双方の陣営による京都への直訴に発展した、との論調になっているのである。この上京の企ては、どのような結果となったのだろうか。

同じ史料によれば、新政府側は、前年、譜代藩が連帯しての上書運動の際に積極的であった館林藩に対して、厳しい態度をとり、数名を除き、その他の館林藩士の入京が拒否されたという。数名の名は不明である。しかし、慶応三年十一月の紀州藩邸における集会で、強い幕府支持の演説をしたと言われている人物である高山が入京していたことは、先述の依田の日記からも明らかであり、高山の入京は、江戸留守居役として藩主赦免の歎願を行う、という正式な目的故に許可されたのであると考えられ、塩谷の回顧録はすべての事実を正確に記述しているとは言えないのではないだろうか。

ここまで、佐倉藩関係の史料を併せて検討した結果、塩谷の記述では不明であった高山の入京の意図が、藩地謹慎を命じられた藩主の、正式な赦免歎願を太政官に上げるためであった可能性が高く、三月十九日以降の京都に、江戸留守居役として藩命を帯びて滞在したことが、明らかになった。

第二節　戊辰戦争参戦を中心として

一　新政府軍の関東進攻

前橋の菩提寺において謹慎していた藩主は、十二日、新たな命令によって、家族とともに館林城に入り謹慎した。しかし、藩主が謹慎を命じられたのは館林藩のみではない。視点を引いて、関東全体の情況を概観してみよう。

幕閣譜代藩はじめ幕府軍の要職にある譜代諸藩を擁する、徳川体制の本拠に進軍してきた新政府軍の戦略には、いかなる特徴が見えるのだろうか。『復古記』第十一冊「東山道戦記」によって関東の情況を概観すれば、総督軍の関東入りにともなって、三月上旬から中旬にかけて、同時期、関東諸藩では、譜代諸藩主に対する謹慎命令や入京停止が次々に言い渡され、献金や、銃器・糧食の供出、人馬の提供等の強制に関する記事が見られる。それに対して、諸藩重臣による藩主赦免請願が行われていた。また関東各地では、いわゆる世直し一揆などの騒擾が続いており、古屋軍や大鳥軍等旧幕府軍が、軍事行動を行っていた。加えて、助郷や人馬の調達、兵糧や武器の運搬、宿継の往来等々、関東での人の流れが交錯する様子は、想像を上回る激しさであったと考えねばならない。「東山道戦記」や各地の地方史等の記事から、新政府軍の関東譜代藩への圧力を読み取るべく、まとめてみたのが、別表1である（巻末）。表に従って、分析を加えてみよう。

（一）関東諸藩は合計五二藩を数える。そのうち大廊下上・下間と大広間詰めの親戚藩が四藩ある。また、由来的には外様である柳間詰めの藩が五藩、詰め席のない藩が一藩あるが、これらは幕府役職を務めている藩もあり、親徳川と考えることができる。その他の四二藩はすべてが譜代である。その城内殿席の内訳は、溜間詰め一、帝鑑間詰め九、雁間詰め十五、菊間詰め十七となる。

（二）次に、鳥羽伏見戦当時、主な役職を務めていた藩は十六に上る。内訳は、老中二、若年寄・陸海軍奉行兼任二、若年寄二、陸軍奉行二、寺社奉行一、寺社奉行・奏者番兼任二、奏者番二、大坂城代、日光奉行、山稜奉行各一である。また、藩主が追討令の対象となっているのは三藩である。

（三）別表1次頁の※「従来の研究に基づく参考記事」の典拠としたのは、各地の自治体史や、戊辰戦争期のエピソードなどの総合である。これらによって、諸藩の行動を追ってみると、本書が館林藩について明らかにしたいと考えているのと同質の問題を含む記録が、多々あることに気付かされる。(38) したがって、ここでは、確証が掴める行動ばかりとは言えないのが現実であるため、参考の文字を加えた。しかし、敢えて、諸藩の新政府軍に対する立場を、判明する限りの行動から分けてみると、ほぼはっきりするのは以下の四つの型である。

①新政府軍関東入りとほぼ同時に恭順し、その後態度が変化しなかったとされる藩
　安中、吉井、小幡、岩槻、高徳、金沢、牛久、岡部、多古

②処罰を蒙った藩と、強い圧力によって最終段階に至って新政府軍に出兵した藩
　前橋、館林、伊勢崎、沼田、忍、川越、佐野、笠間、佐倉、鶴牧、大多喜、佐貫、喜連川、一宮
③態度が一貫しない様子が見える藩
　高崎、壬生、黒羽、大田原、古河、下館、下妻、麻生、高岡、久留里、結城
④最後まで旧幕府支持であった藩
　関宿、飯野、請西、勝山、館山、小田原

このほかに、内部がまったく分裂した藩として水戸、宇都宮がある。世直し一揆に対する藩内治安収拾だけで手一杯であり、出兵していないとされる小見川、荻野山中藩も、除いておく。④の諸藩は、関宿（久世）、飯野（保科）、勝山（酒井）、館山（稲葉）、小田原（大久保）と、いずれも幕閣譜代の名家あるいはその分家である。請西は新規取り立てとなったばかりであったが、藩主林忠崇は幕臣であった。

関東戦下における藩の行動として、重要なのは②および③であろう。②の諸藩は、藩主が京都または藩地謹慎を命じられ、赦免までの間に金穀・銃器弾薬等の献上や人馬、兵力の供出を要求されて、それに応じざるを得ない状況に追い込まれた点で共通しており、『復古記』等でもその行動が裏付けられる。会津との縁戚関係にあった沼田土岐家、喜連川家、若年寄を務めていた上総一宮加納家は、閏四月から五月、関東の情勢が落ち着くぎりぎりの時期まで勤王表明をせず、強い疑いを受けた藩である。佐貫と大多喜は徳川支持ゆえに処罰され、佐倉藩が藩主を城内に預かった。

献金等を命じられた藩は、このグループに属する藩が殆どであるが、吉井や岩槻のように、藩主の謹慎命令を受けたという記録が見いだせない藩も献金等を行っているので、関東諸藩は何らかの形で、一様に諸役を課せられたとも考えられる。本書の対象である館林藩について見ると、『復古記』「東山道戦記」三月十五日条には、前橋、吉井他諸藩と並び「銃器及ヒ金穀ヲ督府ニ献ス」(39)との記事が見える。三月十五日は、江戸城攻撃が回避された翌日に当たり、

関東の緊張が極点に達した時期である。このあと、『復古記』には、関東諸藩による軍資献金や弾薬銃器差し出しの記事が続き、出兵の記事も増加してくる。

態度が一貫しないように見えるとして③に入れた藩は、どのような態度であるかを見てみよう。例えば、高崎は東山道総督軍であると思って敵を切ったが、実は、それは偽官軍であったと判明して、逆に総督軍から表彰される事態となった。忠誠を試す意味もあって、幕臣小栗上野介の逮捕に向かわされたが、その際小栗の妻を会津へ逃がしたのではないかと疑われたという（その点では、安中、吉井にも同様の話が伝わっているが、現在残る記述では終始勤王であったとされており、この中に加えるべき根拠がない）。親戚藩でもある譜代重鎮の忍は、態度を保留し、藩の隊を二分させるなど苦慮を重ねる姿が、小島茂男の研究に明らかにされている。[40]壬生は、その行動が大鳥圭介の日記にも残っており、一部を次節に述べる。由来的には外様である黒羽は、海軍奉行兼若年寄であった藩主大関増裕が不審死した後も、日光周辺の戦闘の山が見えるまで、国境にありながらも、出兵しようとしなかったことが分かっている。下妻については、土方歳三の軍および新政府軍の双方に献金を行ったことが、前掲飯島章の研究に明らかである。結城は、二本松丹羽家から入った藩主水野勝知が、江戸から国許へ、さらに奥羽二本松へ向かい同盟軍に参加したが、その間激戦地となった国許は恭順している。

この②と③および④のグループには、関東幕閣譜代藩の殆どが含まれていることに注目しておきたい。

(四)　次に、慶応三年十一月の譜代四席連帯および、四年二月末の徳川慶喜助命歎願連署に参加した諸藩をみてみよう。これら二度の連帯には現職老中、親藩、柳間と詰め席をもたない喜連川家はもともと対象となっていない。『復古記』に残る上書への署名から、慶応三年の連帯に参加したことが分かっているのは二八藩、四年の連帯に参加したことが分かるのは二六藩、双方に参加しているのは二〇藩となる。二つの連帯を比べると、四年の連署は房総の小藩が多い。彼らはおおむね菊間詰めであり、領地（陣屋）が幕府領と密接な関係にあったことによっても、徳川宗家支持の意思が非常に強い諸藩であった。徳川慶喜助命歎願に熱心であったことは当然と言えよう。

ここでは双方の連帯に参加した二〇藩について、先述の②、③グループとの関連をみてみたい。まず、②の謹慎命令を受けた諸藩と重なるのは、伊勢崎（酒井）、館林（秋元）、佐倉（堀田）、佐野（堀田）、高岡（井上）、鶴牧（水野）の六藩である。③に重なるのは、沼田（土岐）、壬生（鳥居）、古河（土井）、関宿（久世）、結城（水野）、土浦（土屋）、久留里（黒田）、一宮（加納）、下妻（井上）の九藩である。これに、④の飯野（保科）、小田原（大久保）二藩を加えると、一七藩で、八割強となる。これらを括る、幕閣譜代藩としての立場に連なる諸藩、という輪郭がみえてくるのではないだろうか。[41]

二　赦免嘆願の実現

藩主が謹慎を命じられた諸藩の赦免嘆願はいつ、どのようにして受け入れられたのだろうか。藩主謹慎という新政府軍の戦略が関東戦開始直前であったことに対して、赦免のタイミングも、その後に起こった特定の機会に対応するのであろうか。再び、館林藩の場合に絞って、赦免までの流れを追ってみたい。

前節でみたように、藩主が謹慎となった後、京都へ赦免歎願の正式な使者を送るいっぽう、関東において、館林藩政府は、藩主の赦免獲得のため、三月五日以降どのような行動をとったのだろうか。『復古記』や『明治史要』では、赦免までの具体的な流れを読み取ることが難しい。そこで、依田七郎の日記により、同時期に京都で同様の嘆願を行っていた佐倉藩の藩主赦免嘆願の例を、参考としてみよう。

佐倉藩主の謹慎が決定されてから、正式に参内して赦免されるまでは四期に分けられる。表11は、その経過を追えるように日記の関連記事を書き抜いたものである。

ここから分かる経過は以下の通りである。

①藩主の拘束を聞いてから藩主到着まで。
三月二十五日、弁事局からの呼び出しに、重臣が、弁疏の書を持参し太政官へ出頭。返答待ちの間、天皇大阪城着御などの祝賀に出る。その後、重臣は、藩主が京都に到着したことを太政官に報告した。
②太政官と総督府（在藤沢宿）への請願を繰り返す。四月九日、四月四日付の総督府による「御沙汰に及ばれがたし」との付け札とともに、太政官から願書が差し戻される。再度哀訴するが、四月二十四日、藤沢の総督へ提出した哀訴が戻されてくる。閏四月四日、中御門大納言の仲介で太政官へ再願するが、六日、「総督府に許されない限りは沙汰ができない」との申し渡しあり。
③赦免。
閏四月二十八日、総督本陣より国元（または江戸藩邸）のルートで、関東での「御用」（大多喜城の受け取り等か）が評価され、赦免となる旨を、本藩より、京都の藩役所に知らせてきたため、この旨を太政官に報じる。
④御礼参内までの手続き。
閏四月二十九日、参内の願書を秋月右京亮に提出し、以後諸方面への挨拶や参朝の儀礼について、諸方へ問合わせを重ねる。

五月七日、藩主御礼参内。

以上のように、佐倉藩の例をみると、京都太政官から東征軍総督へ廻された嘆願は、決済後再度京都に戻されることを繰り返して、最終的には二か月後、本藩を経て、京都太政官から赦免が申し渡されるという経過をたどっている。(42)

恐らく、最高決定機関である総督府の東征移動期には、これが新政府の意思決定手続きであったと考えてよいだろう。

なお、赦免通達から藩主参内御礼までは、さらに十日程かかっている。

右の例を参考としつつ、館林藩主赦免の経過をみてみよう。三月二十四日、京都西京太政官へ提出された館林藩の

表11　佐倉藩主の放免請願の経過

慶応四年	記　事
3月24日	君公府中駅にして総督に出会給ひ、登京の遅延を咎られ給ひて、上京の上外出をゆるし給はずと仰下さる。此こといづれも弁疏すべきことなり。
25日	弁疏の書を作りて倉大夫に呈す。弁事署より召されて出づ。大夫、明る日天機を伺奉るべしとなり。西村氏来りて事を議す。
26日	此日、倉大夫に従ひて太政官にて天機を伺奉る。
27日	倉大夫とともに禁中仮建所に出て坂城御着御、并大宮立大后の賀を述ぶ。紛雑いふばかりなし。
28日	君公大津駅に至らせ給ひしによりて、余、御迎として御旅館に候す。拝謁し奉る。
29日	朝とく御旅館に伺奉る。余、御先に立出て、告書一通を携て太政官に告ぐ。
晦日	倉大夫本営におもむかる。佐治大夫の旅館に西村氏も至れり。総督府より、督責ありしこと解べき機会あるよし密告せらる。
4月3日	明日、哀訴の書を中御門公に上るべきによりて、これを余承りて浄書す。総督府へは長量平承りて使を奉ず。長谷川千仭副使なりと云。
4日	佐治、倉次両大夫、哀訴状遣奉して中御門大納言家に至る。納言これを太政官にさし出すべきよしを下知せらる。よりて余も同行して太政官弁事局に至る。文字写し誤ることありて急に寓に馳帰り、再び官に至りて上る。総督府まで至るべき印信を請け奉りしかど、御沙汰に及れがたきよし云わる。よりて、長、長谷川の行はしばしとどめらる。夜、書記来りて告らく、今日使者を以て有栖川王の家に君公上書のこと告げ奉りしに、奉者のもの違言あり。あすゆきて弁解し給ふべしと云。
5日	有栖川王の第に至る。
6日	長、長谷川ら発す。
8日	八木弘二郎、余に代りて太政官に出て貢士猶予のことを告ぐ。
9日	先つ日太政官に上りし、我君の参朝をゆるし給はるべきよしの書に附紙して、何分之御沙汰も可有之候間夫迄差扣可罷出云々。
10日	中御門公の亭に至りて雑掌奥沢要人にあふ。
15日	北小路外記来れり。太政官の筆生なり。
20日	此日、中津家の富士野彦左衛門氏に至りて公子参朝の儀詑をきく。やふやく安堵をおぼゆ。
24日	長量平、藤沢駅より帰り来て、哀訴状は総督府にて請取られず、よりてかへし奉るといふ。量平、庸才にして使の任たるに堪へず。是日、太政官に候して印鑑をかへし奉る。
26日	中御門公の館に至り、山本小膳と話す。
27日	徳川氏嗣君秩禄のことによりて太政官に大衆議あり。諸侯伯・貢士等皆会す。本藩は外出を禁ぜらるゝ為にその会に与らず。
閏4月3日	夜、明日再度哀願書を上るべしとて草案を書す。
4日	余、歎願書を太政官に出す。早とく雨を侵して中御門公に至り、用人山本小膳に面して哀訴状を出す。小膳内に入てこの書よろしく太政官に出すべしとなり。
5日	夜、太政官より明朝庁へ可罷出旨召状来る。
6日	太政官庁に出づ。願書の趣尤もなれども総督より命ぜられし上はかの地にてゆるされざる上は沙汰に及れずとなり。

11日	中御門家奥沢要人を拉て井梅亭に一酌す。
15日	君公参朝の願書、有栖川王の侍臣に頼みて関東に上らんと、ある人のいひしかど、一度中御門氏に上りての従なれば沙汰のあらんかぎり待給ふべきこと当然なるべきに議決してやみぬ。
17日	佐野侯御国に在して、罪を総督府得給ひしよしを飛報せらる。献納金遅緩に及びしによれりとぞ。
18日	佐野侯罪を総督府に得給ひしにより、西村氏帰藩して解説すべきよしにて、近日発途せらるといふ。
19日	八木生、黒谷に至りて土浦客舎をとひ、大久保要人に面す。
27日	藩より告越せることのよし太政官に告ぐ。八木氏出づ。
28日	江戸より信ありて告らく、去ル十九日太政官より召されて命ぜれら（ママ）く、君公御召外出を禁止されしところ、御疑惑御用つとめたるによりて免さるゝ処也と。急に八木生をして之を本営に告ぐ。
29日	余、昨日之告を持参して太政官に報ず。雨ますます甚し。本営に至りて事を議し、再び奥平侯の本営に至る。富士野彦右衛門にあふ。 君公、天機を伺奉らんとの願文を出す。秋月右京亮受取る。
5月2日	君公上京の御祝として酒価を賜る。これ先例なるよし也。
3日	北沢又三郎来りて、輔相岩倉卿、拝謁をゆるし給ふとなり。よりて明日上書を持して館に参ずべきに決す。
4日	石塚得三郎来ル。今日岩倉大納言公謁し給ふべしと也。よりて雨をおかして中立売の館に至る。今日は御用しげくして見るをゆるし給はずとありければ、徒らにしてかへれり。
5日	雨尚やまず。けふは岩倉殿へ参るべきにはあれども、頭やましければやむ。弁事局より重臣一人可出よし召状至る。倉次大夫、命を蒙て出づ。（中略）我公外出を免し給はるよし、改て命を下さる。よりて大夫・八木生、再び官に出て公に請書奉らる。
6日	君公、外出をゆるされ給ふ御礼として岩倉・中山両卿に至らる。（中略）仏光寺に至り、神山衛士をとひて参朝の儀をきく。終りて細川玄蕃頭侯に至りて、明日我公参朝あるによりて宮中のことよろしく頼参らするよし、御使の言を申す。
7日	君公、参朝ありて天機を伺奉る。この日、土屋侯・奥平侯両世子、家督の御礼として参朝せらる。

歎願書に対し、駿府の総督は附札で次のように返答した。当時、海路または早飛脚便によれば、五日で十分間に合う距離であるから、嘆願は留守居役高山が十九日に西京太政官に提出したものが廻されてきたものであると考えてよい。

三月廿四日歎願書江御附札

先鋒惣督江向ヶ品々進献御用勤等之儀被　聞食置候。慎　御免入京之儀ハ追而被　仰出候事(43)

五日からこの日まで、藩が赦免獲得のため種々努力したことは、右の付け札の「先鋒惣督江向ヶ品々進献御用勤等之儀」との文言から読み取ることができる。「品々進献」の内容は、次のようである。

十五日、前行営先江重臣齊田明善ヲ以四斤施條砲二門金貳萬圓ヲ軍資ニ共ス、以テ寸効ヲ表ス、依テ砲手十五名板橋本営江可出之御達有之候事(44)

記事によれば、金二万両を献金し、大砲二門に砲兵をつけて板橋本営に差し出したとなっている。しかし、この十五日付の行為は、前節でみたとおり、館林藩のみが行ったことではなく、藩特有の意味を与えることはできないことも思い出しておきたい。

謹慎時、新政府軍総督による対象藩主への命令は、一様に「功をあげ自ら償はしむ」との文言を含んでいる。館林藩の場合は、献金、大砲と砲手差し出しのほか、結城への一小隊の出兵が、それを満たしたものと評価されたと思われる。その後、三月二十九日になって、正式に重臣が板橋宿へ呼び出され、藩主の謹慎は初めて解かれることとなった。赦免の手続きを見ると、佐倉藩の例では、決済の通達は総督から本藩へ伝えられ、藩から在京の留守居役へ伝達されて、重臣が太政官に申し出た後初めて、正式な赦免となっていた。館林藩の場合も、赦免手続きはこれと変わらぬ方法で行われたと考えてよいだろう。これを受けて、藩主父子はそれぞれ館林城を発して、板橋宿まで赦免の御礼に赴いたとある。

四月三日　志朝（筆者注、前藩主）館林城発、五日板橋着。翌六日参営御礼。八日帰邑。同日出兵(45)

十二日　礼朝館林発、十三日板橋着。十四日参営、十五日帰邑(46)

出兵の時期は現藩主の御礼より早く、内容については、『復古記』四月三日条に、館林藩に対して、結城城に人数を出すよう命じたとの記事に符合するが、検討を要する。また、現藩主と前藩主との赦免御礼の日程に約十日の差があるのは何故だろうか。本来、藩の儀礼としては、現藩主の行動を正式なものであると考えるのが当然である。日付が正しいとするならば、日付の上から考えて、二十九日以後に太政官代より赦免を告げられた嘆願の使者高山が、その書を館林にもたらすのに約二週間前後を要し、その間、とりあえず前藩主の御礼を実行したと考えれば不都合はないのではないか。藩主礼朝は、京都からの正式な赦免状の到着を受けて後、御礼に赴いたと理解してよいであろう。

なお、礼朝赦免は、前藩主志朝の藩政補佐就任をともなうものであった。前藩主志朝は、第一章で見たように、毛利家から養子として入った経緯があり、そのために、長州戦争期には藩が不利益を蒙った。しかし、今回は長州藩の思惑のもとに、藩政参加の立場を回復したと思われる。そのことは、追放されていた藩内の親長州派の復活にもつながった、と考えて良いだろう。

再び別表1をみると、北関東での諸藩主赦免の時期は、三月下旬から四月初めに集中している。時期的には、激戦であった宇都宮攻防戦、結城戦、壬生戦、奥羽へ向かう街道筋の沼田城占領、大田原戦、今市の戦闘等に、その兵力、軍資金を調達し投入する必要からの策であったかと思われる。

三　新政府軍としての出兵

(一)　大砲供出

前掲の『家記』の記事によれば、三月十五日、藩は金二万両を献金し、大砲二門に砲兵をつけて板橋本営に差し出したとなっている。しかし、実際に大砲が新政府軍に渡ったのは、どのタイミングであったのだろうか。

大砲供出の命令への対応については詳細不明だが、砲手差し出しについては即応したように窺えるのが、三月十七日の記事である。

十七日、去ル十五日重臣江御達有之候通、砲手拾五名板橋宿御本営江出張為致候事(47)

『戊辰騒擾旧館林藩士戦争履歴』(48)（以下、『履歴』）は、戊辰戦争に参戦した館林藩軍全員の戦歴と賞典の記録である。そこでは、板橋へ出張した砲兵として、大木八郎、新井善司、井草加守の三名の大砲長の名が確認できる。大木を除く二名については「三月十日武州板橋駅江附属ト共ニ出兵、翌十一日同所に着陣」との記載がある。しかし、日程が前掲史料の記す十七日とは異なるうえ、この二名の隊長と附属の砲兵が、前掲史料の「砲手拾五名」と同一であるか否かは判断できない。(49)前掲真下本の秋元文庫司書からの回答にも、その十五名の砲兵であるとして、名前が並列されているが、日付はない。

従来、新政府軍としての出兵の証とされる大砲供出は、前掲史料の文面を根拠に、板橋で行われたとされている。しかし、この見方には疑問が残る。なぜなら、先の文久の断髪党事件で藩外に追放されて以来、各地で尊攘派として活動しており、このとき東征軍に加わって、駿府まで来ていた旧館林藩士で、大総督府軍監に任じられた木呂子善兵衛が、次のように記しているからである。(50)

明治元年戊辰三月廿九日参謀香川敬三ノ附属タラン事ヲ乞フテ武州板橋駅へ出張、四月三日井草加守ト共ニ館林へ来リ直チニ大砲二門ヲ出兵セシメ下総ノ古河ニ至リ参謀祖式金八郎ニ会ス、同四日同国結城へ出陣、同所巡邏

同七日軍監トナリ……（後略）

総督軍に従っていたと思われる木呂子は、自ら志願して藩主赦免の当日、三月二十九日に、恐らく赦免を通告する参謀香川敬三に従って、板橋に出張した。赦免通告の終了後、木呂子はその足で、板橋を守衛していた館林藩大炮長井草加守を伴って館林へ赴いた。板橋には岩倉総督軍が陣を敷いており、高山の言葉を語る依田七郎の日記に見たよ

うに、当時総督軍は仮に館林藩等をそのまま関東取締に任じていた。その経緯で、館林藩軍の一部が板橋にいたものか、あるいは、井草は先に見たように、供出した砲手達の一人であったのかもしれない。この辺の事実関係は不明である。

四月三日到着した館林において木呂子がとった行動は「直チニ大砲二門ヲ出兵セシメ」、それを古河の本陣に報告することであった。すなわち総督軍側は、ここで初めて、恭順の条件として藩が承諾していたとおり、その現物、大砲二門を押収したことになる。したがって、赦免の嘆願とともに大砲二門供出がなされた事実はないことが分かるのである。木呂子善兵衛は、四月七日に大総督府軍監に任命されているが、この功によるものが大きいと考えてよいだろう。明治以後の記載である『秋元興朝家記』と前述の『復古記』、および木呂子自身が、四月三日をもって「出兵」としているのは、総督軍側から見れば、大砲二門にともなう砲兵隊の移動即ち館林軍出動を指すことになるから、と考えてよいのではないだろうか。館林軍二小隊は祖式金八郎の軍に従って、結城に出兵した。しかし、この「出兵」が、館林藩の自発的意志に基づくものであったかどうかには、依然疑問が残るのである。

(二)　戊辰戦争への参戦状況

江戸留守居役高山藤内が複雑な思いのまま藩主の赦免嘆願のために上京し、その苦渋を、京都にいた依田にも打ち明けていたことは前述のとおりである。この対面から二十日を経過した四月二十六日、依田七郎は高山の宿を訪ね、不在であったため、行方を求めたが不明であった。前節の考察からして、恐らく、高山は、二日の依田との面談と前後して藩主の謹慎が解かれたことを聞き、藩が新政府軍として参戦しなければならぬことを覚悟して、赦免状を携えて帰国していたのであろう。(51) 藩は新政府軍に出兵することとなった。しかし、どの時点をもって、館林藩の正式な新政府軍としての出兵と判断するかについては、再考すべき点がある。

館林藩の関東奥羽戦争への参戦情況は『履歴』により跡付けることが可能である。巻末に、その記録どおり、出兵の時期の早い順に人物（隊長）ごとに従軍の状況を進軍経路で辿って作成した一覧を巻末に載せた（別表2～7）。黒丸は発進地と目的地であり、通過した戦闘地・宿営地は白丸で表示した。一覧からは、藩軍全体の動きが把握できる。

一覧表（別表2～7）を検討する前に、まず、関東戦について、その戦場の実態はどのようであったのか、引用は少々長くなるが、戦いの状況の一部を、旧幕軍の大鳥圭介の戦記『南柯紀行』[52]から見ておきたい。

（四月）十八日朝起、壬生城へ向ふ心得にて出発の用意をなし已に先鋒の者繰出せし処へ、壬生藩より士両人使節に来り述ぶるには、弊藩にも官軍の人数入城致し居り、乍去御隊へ向て失敬の義之れありては不相済彼是困却の至りに有之候間、何卒城下通行の義は御見合被下度、尤も道案内の者差上候間當宿より栃木駅の方へ御通行の義願度と、丁寧に申伝しゆへ素より我曹交戦は好むところにあらざれば即其使節の言に随ひ……（中略）

二十二日敵兵の壬生城に入来りし報告ありしに由て、七連隊を幕田に出し壬生道の防御に備ふ。壬生藩友平慎三郎来り壬生攻撃の策を建つ……（中略）

二十三日夜二時、壬生へ向ひ出発……（中略）壬生城に向ひ敵の後方に向ふ積なれば、右安塚の戦争に拘はらず二小隊纏めて間より城下に押し寄せしに、途中にて多く敵の怪我人を運送せるを見れども態も敵兵の様を為したるに由り敵も更に之を覚らず、遂に一戦もなく城下に至りし処、城下に残りし者大に狼狽して防戦……（中略）城攻めを為すには人員も少なきゆへ、聊の戦争にて前路を経て引揚しに途中にて敵兵に屡々出合たれども、先の如く姿を潜めしゆへ之を支える者なく……（後略）

右は、壬生城攻防戦の様子である。十八日の記事では、壬生鳥居家の家臣が来て、壬生城には官軍が入城しているので、城下を避けて栃木駅方面へ迂回してくれるように、と頼んできたという。この壬生藩の行動は、三月初めの梁田宿の戦いに先立つ、館林藩が行った古屋軍に対する申し出と、まったく同様の態度であることに気づく。

二十二日、その壬生城に、薩摩軍が本格的に攻め入ったとの報を受けた大鳥軍は、城を追われた壬生藩士とともに、防御の策を練っている。翌日夜、大鳥軍は一挙に七連隊を出動した。つまり、これは壬生藩との連合軍であったことになる。大鳥自身は、安塚での戦闘中、敵の後方に廻り、敵軍に紛れ込んで簡単に城下に入ったが、城下に残っていた敵は不意を突かれ、狼狽して防戦一方となった。しかし、この日、続けて城攻めをするには手勢が少なく、大鳥隊は、戦いを切り上げて戻った。帰路、敵兵に出会ったが、（筆者注、戎服からか）自分たちのことを落ちてきた味方であると思った様子であったにも拘らず、彼らは共に戦おうとする様子を見せなかった、ということである。

すなわち、戦況はあくまで流動的であり、大鳥軍、壬生藩軍、新政府軍（ここでは薩摩軍）の三者の戦闘に臨む姿勢が、必ずしも敵味方が判然とした全面戦争を戦っているようには見えず、壬生藩の態度の不明瞭さが歴然とし、新政府軍がどこの藩の隊であるかも、判然としない情況であったのではないかと見なければならないだろう。館林藩主が赦免された時期の関東は、このような状況にあった。

総督軍の館林藩に関わる動きを追ってみると、先に引用した木呂子善兵衛の戦歴に次のように記されている。(53)

同十二日増兵ノ為ニ館林へ来ル、同十七日又板橋へ出張、同十八日総督府ヨリ菊章ノ斥候旗ヲ御渡シニ依テ即日出立、翌十九日館林へ帰着

前節でみたように、四月三日に大砲二門を供出せしめた木呂子は、その足で古河にいた参謀に対面後、結城から宇都宮、日光方面に出陣したが、四月十二日、再び館林に赴いた。錦旗については、十五日に板橋で菊の斥候旗を拝領したという、この木呂子の言と矛盾する館林側の記述もあり、それは四月九日とするものである。これについては、総督軍の中心にいた人物の記録を優先すべきではないだろうか。当時、関東の戦況は旧幕府軍に有利であり、増兵に戻ったのだが、館林藩はこの時点で、未だ新政府軍としての全面出兵には消極的であったのではないかと推察される。「増兵」は簡単に実現せず、そのため彼は館林藩に錦の御旗を拝領させる戦略が必要だったのではないだろうか。

その後、古河から忍に移った総督本陣が、さらに館林に移動したのは、入城が閏四月九日、総督が江戸へ向かうのが十八日である。都合十日間滞陣したことになるが、いったん占領した以上は、総督は離れても、新政府軍はそのまま滞陣を続けていたと考えられる。

東山道総督軍は、館林藩に本陣を置くことを決定した当日、反乱を謀ったとして処刑されていた旧幕政のシンボル、小栗上野介父子の首級を、城内に持ち込んで晒すという示威行動にも出ている。それだけ強い圧力で臨もうとした新政府の行動からは、逆に、この時期の館林藩には新政府側にとって、最後まで押さえ込まねばならない勢力であると判断させた要素が、残っていたのではないかと思わせる。

それらの要素とは、第一に、館林城下は、関東平野のほぼ中央に位置しており、日光から奥羽への進軍に臨んで、この地の確保は重要であった。第二に、現在残っている幕末館林藩関連の記述によれば、(54)恭順をめぐって藩論は割れていた。とは言え、新政府軍としては、二度の連帯に積極的に参加した館林藩の強い譜代意識が、簡単に転換するものと考えていなかったであろう。館林藩がいずれに転ぶか見通せない、(55)予断を許さぬ状況があった。第三に、関東戦において、軍の装備で旧幕軍に劣っているとの認識をもった新政府軍は、安政期から洋式近代軍装備を取り入れていた館林軍を、ぜひとも旗下に掌握する必要があったのではないかと考えられる。

さて、一覧表（別表3）に戻ってみると、四月にいったん結城に出兵した館林藩だが、祖式軍に徴集され、実戦に参加した閏四月まで、いずれも一部のみの出兵であり、五月の行動はほぼ空白である。五月についてみると、『秋元興朝家記』の記録によれば、五月七日、大総督府が二小隊に宇都宮城援軍を命じたとあり、一覧表ではそのとおり、河野、岡村両隊が四日から二十二日まで宇都宮に滞陣、二十二日になって芦野駅に移っているのが分かる。しかし、二小隊では、とても全面的に戦争に参加しているとは言えない。

一覧表の五月の空白は、関東諸地における敗戦の責によって、参謀祖式金八郎が東京での謹慎を命じられた時期にも一致する。関東では、祖式軍の振る舞いに対する諸藩の反発が高まっており、新政府側は、それに対処するためにも処分を断行したと思われる。館林藩は、同隊への一部出兵によって、戦死者も出してはいたが、それでも、祖式への忠誠が、譜代藩としての関東の周辺諸藩との連帯感を、上回っていたとは考えられない。

もし、表の空白を、館林藩軍がまったく出兵せずに国許に留め置かれたと読むとすれば、その理由として考えねばならないことの第一は、この時期が、上野戦争と小田原箱根戦争の時期にあたることである。上野東叡山への徳川支持勢力の集結に危機感を持っていた大総督府は、五月十一日、上州諸藩に対して監督を強化し、十四日には上野戦争に関する達し書きによって、関東諸藩の行動を強く規制している。[56]当時、偽官軍である高松隊に加わって、捕縛を逃れ関東に戻ってきていたという岡谷繁実は『浮世能夢』のなかで、上野への結集を呼びかける藩江戸邸にいた重臣林庄左衛門の密書を、薩摩側が入手していたとのエピソードを記しているが、史料的に裏付けることはできない。

上野戦は五月十五日をもって終戦、小田原箱根戦は二十四日に小田原藩主が恭順して、終結した。一覧表を見ると、館林藩ではその直後の五月二十八日、一挙に六小隊が移動を開始し、六月には、本格的に新政府軍としての参戦が開始して、八月までに、奥羽全域に展開していることが読み取れるであろう。

依田七郎の日記に拠れば、高山藤内はその後、再度京都に依田を訪れたようだが、[57]記事は来訪の事実が記されているのみで、面談の内容は不明である。しかし、それは、ちょうど京都の依田のもとに、小田原藩の敗戦と藩主大久保加賀守の謹慎が伝わった翌日、六月十日のことであった。高山の訪問は、自らも新政府軍として出陣する暇乞いであったのだろうか。七月二十九日、高山の率いる上士隊は白河に向けて館林を出発している。上士隊を構成する諸士名は、安政の「中小姓分限帳」[58]の諸家名に一致している。館林藩にとって、藩の軍事的中核である上士隊の出陣こそが、最終的な意思決定の象徴であったと考えてよいだろう。八月の藩は老体の重臣層まで出陣して一軍団を形成し、奥羽同盟との戦闘の最前線に投入される。

再度、一覧表に戻ってみよう。洋式装備の館林藩軍は前線に投入されて会津城下に入り、十月の終戦締結後は、自藩の飛領である羽州漆山陣屋に本陣を用意して、九条総督の凱旋軍を招き入れている。藩は、会津藩とは、幕末期、両敬の関係を結んでいた。その会津に筒先を向けさせる最後の新政府側の圧力の前に、藩は、苦渋の決断を迫られたであろう。藩に向けられた対処の厳しさには、第一次長州戦争前、長州処置の決着に関係したということで、旧政権に最も近い立場にあった藩の一つと見る、新政府軍（長州軍）側の理由があったのではないだろうか。

館林藩に限らず、関東、奥羽越戦争の最前線には、終始先鋒として、兵站戦の長いにも拘らず彦根（井伊）、大垣（戸田）藩の名が見える。譜代の頂点である彦根藩軍には、旧幕兵や、日光を含む幕領没収地の管理も行わせ、大垣は、東山道でのすべての戦いにおいて先鋒と斥候に投入されている。北陸戦でも、先鋒とされた小浜藩（酒井）や、旧幕府軍（古屋隊）との激戦に投入された高田藩（榊原）などがある。自藩主を京都で拘束されていた佐倉藩（堀田）は、大多喜、佐貫城を接収し、両藩主の身柄を預かった。また、落城した会津若松城内に駐屯させられたのは庄内（酒井）軍であった。これらは、いずれも徳川譜代のうちでも、中心をなしてきた幕閣諸藩である。奥羽越戦を戦い、徳川体制を壊滅させるため、恭順した譜代藩軍を前線に投入して、相互に対峙させようとする新政権側の戊辰戦争における戦略がみえてくるのである。

第三節　慶応四年二月から閏四月までの羽州飛領

一　奥羽開戦前夜の動き

ここでは、征東軍の関東への進攻直前から、奥羽へ戦線が拡大していく時期における、もう一つの飛領、四万石の羽州漆山陣屋の動向をみる。

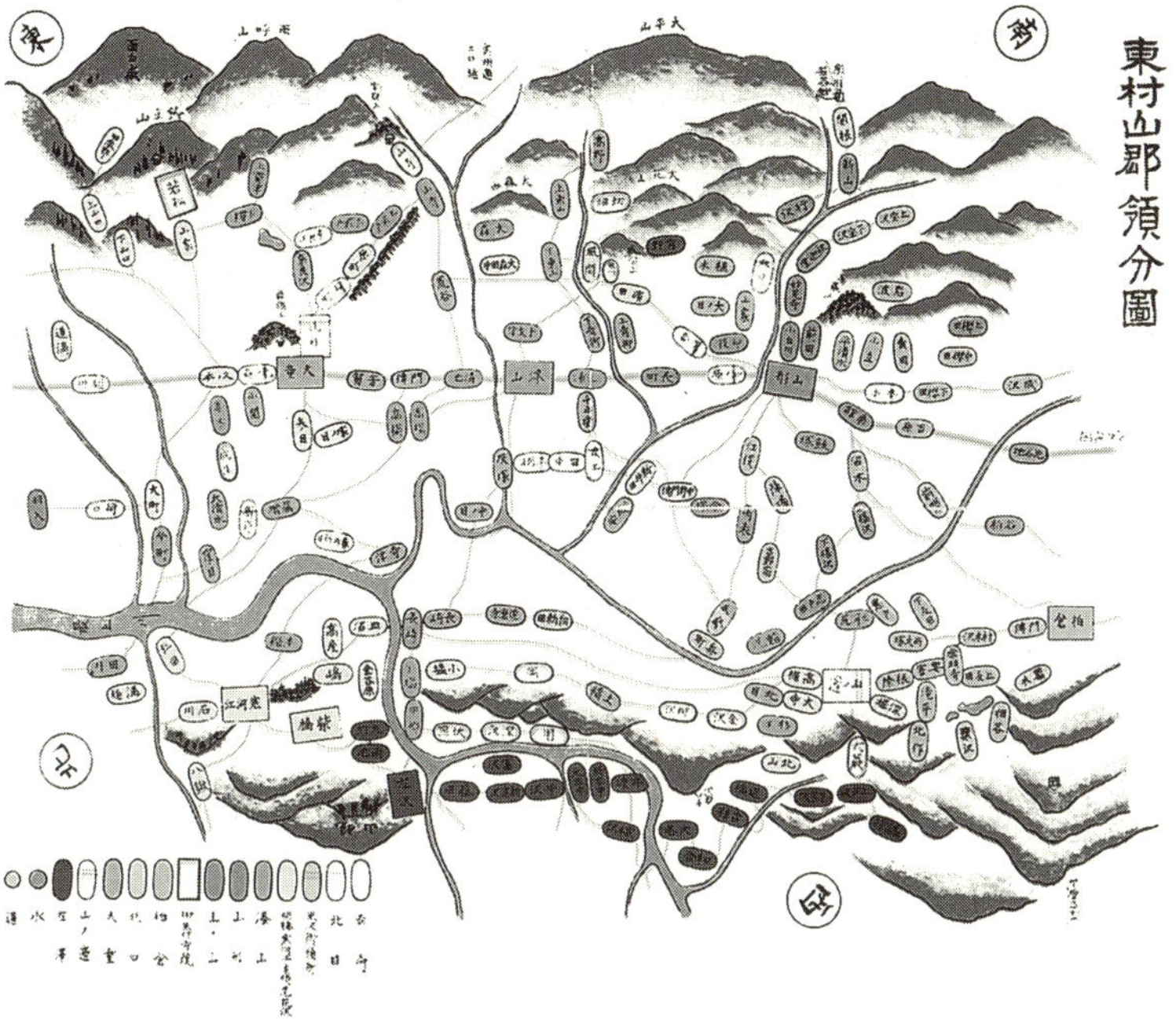

図２　漆山領地図（『東村山郡史』大正８～12年より）

漆山陣屋の置かれた羽州村山郡は、山形盆地の中央に位置し、[59]幕府領と米沢、庄内、新庄、山形、上山、本庄、天童、佐倉、土浦、館林諸藩領が複雑に入り組んだ地であり、数里歩けば自然に他領に入り、通過するような田園地帯であった。

したがって、現地では、他領民とはいえ地縁血縁的にも強い結合があった。地図を開けば、山に囲まれた盆地全域が軍事的要衝であったことも見て取れる。漆・紅花の商品作物の生産が盛んであり、最上川とその支流を利して、近江商人が活躍する全国的な商品作物流通網に組み込まれており、舟や馬喰の往来も盛んであったとされる。[60]

幕末には山形城下町の東のはずれにある銅町、鉄砲町において、諸藩の注文による兵器鋳造が行われていた。多くの情報がこの地に集まっていたことを窺わせる記述も残っている。[61]館林藩羽州領の高四万石は安政期までは江戸定府の費用を支え、安政の軍制改革後は、藩の軍費を支える重要な飛領であった[62]。

江戸において、将軍が恭順し、館林藩江戸邸が諸藩連署による助命嘆願哀訴状上書を呼びかけていたのとほぼ同時期の慶応四年二月末、藩では国元でも、一つの動きがあった。前江戸留守居役勝沼精之允の羽州領行きである。

去卯ノ初秋以来、藩儀何トナク相変シ、彼是心痛仕居候處、枢路之形情轉変仕、會津家御交際之邉モ追々疎ニ至リ候様子、九月之初旬私引籠在所表エ退候後、承リ及候、折柄、當春正月以来之形勢、議論沸騰仕、最心配罷在候處、二月二六日、私主人不應存寄儀之有ニ付羽州於陣屋永蟄居家族召連早々引越被申付、在所表出立致仕、其後ハ屏居之儀ニ付、形勢見聞不仕、徒ニ悲泣罷在候(63)

右は、本人の記した事情である。勝沼は、慶応三年九月初めに江戸から館林に帰ったようである。「引籠」とあるから、江戸での役職を外れたものだろうか。自分は江戸を離れていたが、国元で聞いたところでは、将軍の江戸帰還以来、諸方で情勢に関する議論が沸騰し、非常に心配していたと言っている。

この時期の彼については、別の証言もある。慶応二年に謹慎となり、三年八月に藩を追放された尊攘過激派の岡谷繁実は、その顛末を綴った『永之暇記』(64)に次のように記している。

勝沼精之允信紀海軍船手奉行ヲ免セラルル事

（勝沼は）此時海軍奉行ニテ七カ年ノ江戸詰タリシガ（中略、家老岡村氏の命令を固辞したため、岡村が）八月晦日ヲ以テ勝沼ガ海軍船手奉行ヲ免シ用人退役ノ席ト為シテ館林ニ帰ラシム。勝沼是ヨリ大イニ不平ヲ抱キ、藩士ヲ寄セテ彼是藩政ノ事ヲ誹謗ス（後略）

岡谷は、この書において、自分を追放した藩政府の重臣一人一人を攻撃しているが、なかでも、その中心人物は中老林庄左衛門であるとしており、林の女婿である勝沼についても、この著書で触れたものと思われる。彼は生涯、林と勝沼を、とくに政敵として意識し続けていたようで、後年、複数の著にその私怨を書き残している。右の引用部分は、慶応三年八月以降について書かれているのだが、岡谷はこのとき藩内におらず、後の聞き書きによる記述と思われることや、調査した限りにおいて、藩には「海軍船手奉行」との役職名は見いだせないことなど、疑問点は多い。

しかし、八月末、勝沼が役職を罷免され館林に帰されたことは、勝沼本人が前掲史料で、大政奉還前後の政権の変化にともなって、藩政の方針も変化し、九月初めに館林詰めとなったと述べるのに一致している。岡谷によれば、勝沼がそれまで務めていた役は、藩海軍のトップであったことになる。文久、元治期の館林藩は軍艦を所有しており、勝沼が大川で軍艦を操っていたことについては、家族の証言が残っている。(65)おそらく、何らかの事情から、藩は、慶応三年という時期に軍制を改編したのではないかと考えられ、勝沼が館林詰めとなったのは、その辺りの事情によるのではないだろうか。

岡谷は、勝沼は、自分の処遇に大いに不満を抱いて、藩士を集めて藩政を誹謗していたと言うのである。しかし、当時の関東は、元江戸留守居役を務め、藩の海軍を率いていたような人物が、私事のために議論をしているような状況になかったと思われる。むしろ、勝沼が藩士を集めて議論していたとすれば、時期的にみて、慶応三年秋の譜代藩連帯運動に関することであることは推測でき、またここでは、勝沼本人が、正月以来の形勢をめぐる江戸での論議に触れていることから見て、藩内では、江戸藩邸が呼びかけていた徳川慶喜助命嘆願運動に関連した議論、さらには近づきつつあった戦争に関する激論が戦わされていたものと考えた方がよいであろう。第一章でみた第二の連帯の際、佐倉藩の依田七郎を訪ねた運動の呼びかけ人、大屋富三郎は勝沼と同様、前年まで海軍方の役人であった。(66)

このような状況のもと、慶応四年二月末、突然勝沼は藩の命令で羽州飛領に向かうこととなる。この時期、庄内、会津両藩はすでに奥羽へ帰っていた。二月末は、征東軍が侵攻を開始した時期にあたり、関東にとっても奥羽にとっても、情勢は切迫した時期に入りつつあった。本人に拠れば、主人の不興をかっての永蟄居であるというのだが、こうした時期における羽州行きは、「其後ハ屏居之儀ニ付形勢見聞不仕徒ニ悲泣罷在候」との文面とは逆に、勝沼の任務が、実は奥羽の形勢を観察し、情報収集を行うことにあったのではないかと疑わせる。前掲の史料は、既述したように、奥羽の激戦下、敵対する他藩へ向けた政治的歎願書である。そのため、政治的な修辞法が使用されているとしても、おかしくはない。

藩は漆山陣屋領に続く飛領の奥まった所で、天童藩領内に深く入り込む地域に、もうひとつの高櫤陣屋を構えていたが、この時期には漆山陣屋の配下に統一されており、そこに詰めていたのは数名の役人のみであった。勝沼精之允は、その高櫤村に居を据えて謹慎することとなった。

慶応四年三月五日、藩主礼朝一行が拘束された後の三月八日、重臣書き役小野田元熙が、中老根岸鋳次郎に従い、羽州領漆山陣屋へ旅立ったことはすでにみた。(67)藩重役の間での善後策検討の後に出張した根岸の任務は「羽州分領御用金徴集御用」であった。しかし、藩の重役が直接出張したということは、実は、藩主の謹慎にともない、現地でも善後策を講じることが目的とも考えられる。奥羽鎮撫総督軍が仙台入りする前夜の三月上旬、中老根岸が向かった羽州領には、すでに勝沼がいたことを考えれば、そのように推論することは無理とは思われない。

二　陣屋領と奥羽戦争初戦

中老根岸一行は、漆山に二か月滞在し、その間に戦争は勃発した。この間、前章でみたように、藩主の赦免が叶い、藩が新政府軍に一部だが出兵することは、羽州領にも当然伝わっていただろう。

四月二十四日、庄内征討として、新庄に到着した沢副総督附属の兵は、即刻庄内を奇襲した。陣屋領にも薩摩軍が進駐した。そのため、陣屋は新政府軍に加わって、庄内藩軍と対戦することとなる。二十九日、庄内藩軍は反撃に転じ、館林藩領内の高櫤村と蔵増村河岸で、庄内川対岸への(68)砲撃を開始した。これに陣屋軍も応戦し、戦死者も出した。閏四月四日、天童城は落ち、戦いは庄内軍の勝利に終わる。

右のように、奥羽での最初の本格的戦闘地は、天童藩と庄内軍の領域に、食い込むような位置にある館林藩領の高楯・蔵増両村であった。したがって、奥羽諸藩において、奥羽戦争で新政府軍として戦ったのは、藩羽州領の軍が最初だったことになる。根岸に同行した書き役小野田はその日記に、天童領内に入り、初めての実戦と天童城落城の様子を、目近に見学したと記している。

同年（筆者注、辰）閏四月二日、奥羽鎮撫総督九条殿警護ノ兵ト庄内勢ト戦ヒ官軍敗走ス　天童城遂ニ兵火ニ罹リ此時戦争ノ状況ヲ視察トシテ賊軍ノ中ニ入リ其実況ヲ目撃ス

同年閏四月二十六日、調達金携帯帰国ス　道中十日間頗ル困難ス(69)

これによれば、彼は中立的立場での「視察」という名目で庄内軍側から実戦を目撃したようである。当時、戦闘に参加した陣屋詰めの藩士以外、つまり非戦闘員は「根岸鋳次郎ヲ始メ、家族一同ニハ領分見竜寺ニ立退キ（中略）婦女子等ハ民家へ配置(70)」されたという。根岸一行に属し、実戦に参加していない小野田は、密かに戦場に紛れ込んで見学していたのであろうか。天童領内に入ったのは当然、高楯村からと思われる。戦闘を目の当たりにした小野田は帰国後、「五十歳未満ノ者ハ悉ク兵トナスノ議」すなわち皆兵論を建議し、これが容れられたので、自身も早速入隊したという。(71)この羽州領出張中、彼は当然、藩校時代に教えを受けた勝沼(72)とも、高楯村で再会して、議論もしていたと考えてよいだろう。

この戦いの後、領民たちは、日常往来している地縁血縁関係の深い相手が攻撃してきたこと、近隣の他領が自分たちの危機に助力してくれなかったことに不満を言い合った、との記録も残っている。(73)

戦闘の後、調達金を持って帰国する根岸一行の帰路十日間は、容易ではなかったという小野田の記述から、関東、奥羽の情勢は急激に変化しつつあったことが読み取れる。事実、根岸らが館林へ帰国した後、陣屋をめぐる政治情勢は一変するのである。また、五月の関東にも、前章で議論したように、先の見えない状況が存在した。

この閏四月時点まで、本藩と羽州領の立場は、形の上では、いずれも、いわゆる「官軍出兵」で統一されていた。

以上、本章では、大政奉還から関東戦を経て、新政府軍として出兵するまでの、館林藩の行動を、全国的状況のなかに視点を定めて分析した。先行研究は、慶応三年秋および、四年二月末の二度の連帯参加に現れていた、館林藩の旧政権支持の行動を考慮に入れることがなかった。しかし、例えば、本章で再検討した館林藩主への謹慎命令と、その赦免獲得の過程、新政府軍としての従軍に至る過程は、藩単独の限られた視点でみては、その意味が把握できない。すなわち、藩主謹慎は、江戸城総攻撃が迫るなか、関東が最大級に緊迫した状況下、他の諸藩と共に、関東譜代藩ゆえに、新政府側から加えられた圧力であったと考えなければ、藩の置かれた立場を理解することはできないのである。

本章では、視点を引いて、関東全域を視野に入れることで、関東が徳川体制の本拠であったことを、改めて客観的に認識した。したがって薩・長・土・因・大垣の五藩兵を率いて、先ず関東入りした東山道総督にとって、江戸城攻撃を前にした覚悟は甚大であったはずである。そして、その圧力を受けた関東の緊張と苦渋は、江戸城攻撃に臨んで、譜代諸藩で固められた関東全域を掌握しようとする新政府軍の戦略のなかに置いてみることによって、初めて理解ができるのである。

藩主赦免以後も、総督軍が館林藩に対して加えた圧力の前に、新政府軍に従う意思決定を余儀なくされる状況が窺われたように、現実には、館林藩のみでなく、関東諸藩には、奥羽戦争を背景に、依然として不安定要素が多く、最終的に藩論を統一するまで、なおも紆余曲折を経なければならなかったと考えられるのである。そのなかで、他の関東諸藩同様、館林藩は状況をはかっていた。羽州領も同様であった。それは、まさに「曖昧」という語が符合する態度であった。

上野、小田原戦後の六月に、館林藩は、新政府軍として奥羽の激戦地へ向かうこととなった。奥羽への戦線拡大は、この時期新政府軍が優勢になったことを意味しない。先の見えぬ全面戦争に入ったのである。藩は、奥羽同盟のただ中である羽州山形盆地の中央部に、四万石の飛領を抱えていた。関東と奥羽との往来が妨げられ、本藩との連絡を断たれることになった漆山陣屋は、周囲の戦況の中で、本藩とは異なる選択を行うようになっていく。その結果、本藩と飛領とは、相対する陣営に従うこととなるのである。次章では、藩の行動の最終段階―曖昧行動との決別―について、そのすべての問題点が収斂していく飛領の立場から、議論を深めてみたい。

注

（1）『学海日録』『復古記』『維新史』『改訂肥後藩国事史料』『南紀徳川史』『将門山荘日録』などの諸史料に明らかである。
（2）福田啓作「戊辰役に於ける館林藩の勤王」（『館林双書二一』一三九頁）、川島維知「館林藩史料について」（『館林双書九』一六頁）、小島茂男『幕末期における関東譜代藩の研究』（明徳出版社、一九七五）。
（3）京都にいたという岡谷繁実は、後日次のように記している。「慶応三年十一月三日、譜代諸侯および重臣は紀州藩邸に会合し官軍防備の策を講じた」（岡谷繁実『浮世之夢』館林市立図書館蔵）。
（4）この点については拙稿「幕末における依田七郎のネットワーク」（『人間文化論叢』第九号、二〇〇六）を参照されたい。
（5）土屋采女正、青山左京大夫、土井大炊頭、戸田土佐守、松平弾正忠、秋元但馬守、太田総次郎、久世出雲守、間部下総守、永井日向守、内藤若狭守、板倉主計頭、黒田筑後守、板倉甲斐守、安藤理三郎、大岡主膳正、土井淡路守、増山対馬守、阿部駿河守、牧野遠江守、水野肥前守、内藤志摩守、遠藤但馬守、酒井左京亮（七家は連署せず別行動）。
（6）『改訂肥後藩国事史料』七巻、六一四頁。
（7）もともと館林城は関東総奉行が入城し、既橋は親藩の幕閣が配された軍事の要衝であった。
（8）『学海日録』第二巻、一八七―一八九頁。
（9）同。
（10）例えば、『勝海舟日記』は「日々空議と激論」が飛んだが論は定まらなかったとしている。
（11）「明治二年中小姓分限帳」（館林市文化会館蔵）。
（12）『学海日録』第二巻、一九七頁。

(13) 同、一九七頁。
(14) 「上野輪王寺宮執當職大覚王院戊辰日記・上」（『維新日乗纂輯』五、日本史籍協会）。
(15) 『復古記』第二冊慶応四年三月二日条、六四八―六五三頁。
(16) 「岩谷瀧之助に浅草門外に面し、同行して河長楼に小酌す。大君、逆名を洗雪し給はんとて越・尾・土・芸・津藩・肥後藩に親筆の書を贈らるゝと云」（『学海日録』二巻、一九七頁）。
(17) 「上野輪王寺宮執當職大覚王院戊辰日記・上」（『維新日乗纂輯』五、日本史籍協会）。
(18) 『秋元興朝家記』（東京大学史料編纂所蔵写本）。
(19) 『復古記』「東山道戦記」三月廿二日条に「大総督府、二督ヲシテ軍ヲ高崎ニ進メシメ、且入道公現親王、岡崎以下十四兵ヲ率ヰテ西上シ、徳川慶喜ノ為ニ哀ヲ乞ハントスルヲ以テ、親王ニ諭シ、其兵ヲ撤セシム」とある。（二二八頁）前掲二史料とつきあわせてみると、二月廿一日に宮と警固の兵を率いた諸藩重臣一行が歎願に出発した。これに対して、廿二日、大総督府は兵を解き、宮のみ総督に面談するよう命令する。これを宮一行が聞き入れたのは、秋元家斥候の報告を聞いた廿七日以後であり、諸藩が警固を解き、舘林藩が帰藩したのは三月二日であったと考えられる。
(20) 山稜奉行。一万石菊間詰め。宇都宮戸田家の遠縁にあたる。
(21) 岡谷繁実『舘林藩史話』（舘林市立図書館蔵）。藤野保『幕府崩壊論』（塙書房、二〇〇八）は、この説の上に立って、舘林藩について、畿内飛領が明治維新への藩の動向を規定した例と論じている。九六頁。
(22) 『秋元興朝家記』。
(23) 飯島前掲論文、序章注(38)参照。
(24) 三月十七日条『学海日録』二巻、二〇八頁。
(25) 『学海日録』二巻、二一二頁。
(26) 『群馬県史』通史編四、近世、政治（一九九九）七三四頁。
(27) 小野田元熙『小野田家記録』（舘林市立図書館蔵）。

(28) 同。
(29) 塩谷良翰『塩谷良翰回顧録』(館林市立図書館蔵)。塩谷は水戸学の影響を受けた尊皇攘夷運動家で、一時藩を去り、諸国の尊王攘夷論者に交わった。
(30) 真下菊次郎『明治戊辰梁田戦蹟史』(梁田戦蹟史後援会、一九二五)(国立国会図書館蔵マイクロ版)。この書は、群馬県出身の陸軍中将真下菊次郎により、大正十二年に出版された。真下は幼少時代から故郷で聞いていた梁田宿での戦闘について、生存している戦闘関係者、目撃者への聞き取りを中心とした精力的な調査を行い、全貌を探ろうとした。個々の証言というよりは、この書全体を通してみた関東戦時の両軍と地域の住民の実像を偏りなく、明らかにする資料として価値の高い労作である。
(31) 秋元文庫司書長山信彦の回答書が掲載されている。二一二―二一八頁。
(32) この迂回は急なものではなく、前もっての交渉の結果と思われる、という館林邑楽郡青柳村長による証言が掲載されている。同書四七九頁。
(33)『復古記』第十一冊、二二四頁、二月廿二日条。
(34) 梁田の夜襲については、館林藩が熊谷本陣に通じたことは考え得ることであるとの証言も見えるが、その裏付けは、いまのところ見あたらない。『群馬県史』の記述のように、九日に総督府本陣が熊谷に置かれたとすれば、一日の誤差がある。当時の記憶に一日のずれはあっても何等不思議はないとも言えるが、総督に謝罪の使者を送ったのが戦闘とほぼ同日であり、館林藩士の移動するのを目撃した梁田宿の人々は古屋軍の道案内との関連を疑ったとも考えられる。総督が滞陣したのは、『復古記』に従えば、八日高崎、九日熊谷である。
(35)『復古記』によって、関東戦開戦前後の新政府の諸藩への対処をまとめてみた。
(36)『秋元興朝家記』追加、写本六九頁。
(37) 同。
(38) 藤野保は、『幕府崩壊論』(塙書房、二〇〇八)第五章において、関東譜代諸藩の戊辰戦争後の動向を探っているが、その拠り所の殆どを、それらに置いている点で、主張を裏付けるには不十分であると言わなければならない。
(39)『復古記』第十一冊、三七二頁。
(40) 小島茂男「幕末維新における譜代武州忍藩の動向」(『順天堂大学体育学部紀要』第六巻、一九六三所収)。
(41) 岩槻（大岡）、牛久（山口）、小見川（内田）については、関東戦下の行動について不明な点が多く、この範囲外とした。
出来うる限り客観的に、関東譜代藩（とくに幕閣譜代藩）の情況を把握しようと試みた結果、右の情況から見て、この時期の関東には、序章で論じた「曖昧」という情況が実在したのではないかと思われるのである。しかし、ここでは、それを確かであるとまで言うことはできない。なぜなら、各自治体史や地方史家の著述は、前述のように、本論が館林藩について、明らかにしたいと考えたのと同質の問題を含むものが多いと考えられるからである。すなわち、ここで、「敢えて」として、それらによって作成した前表の「記事」の蘭は、必ずしも藩の実像をありのままに記録しているものばかりとは言えないと思われるのである。これらを、実証的に「曖昧」行動と確定するためには、今後の関東諸藩の幕末についての個別研究に待つところが大きく、現在では、ここに述べた以上には言及することができない。
(42)『学海日録』二巻、二二七頁。
(43)『秋元興朝家記』。
(44) 同。
(45)『秋元興朝家記』。
(46) 同。
(47) 同。
(48) 館林双書第二七巻所収（館林市教育委員会、館林市立図書館、一九九九)。
(49)『明治戊辰梁田戦蹟史』二二四頁。
(50)『戊辰騒擾旧館林藩士戦争履歴』(『館林双書』二七巻)。
(51) 館林市図書館蔵「漆山陣屋遭難記録」に、高山による対庄内戦の報告が残っているが、日付は閏四月末日である。

(52)「南柯紀行」(『旧幕府』三頁)。

(53)『戊辰騒擾旧館林藩士戦争履歴』二二六—二二八頁。

(54)『明治戊辰梁田戦蹟史』所収の真下の調査に対する返書(秋元文庫司書長山信彦の回答書)にもある(二一三頁)。また、川島前掲本をはじめとする地方史家諸氏の著述も、この論を継承する。

(55)たとえば、薩摩藩軍小隊長川村景明の証言(五七頁)をはじめとして、『明治戊辰梁田戦蹟史』に同様の証言を収録。

(56)　　　　　　　　　　　　　秋元但馬守

過日以来、簱下末々心得違之者

朝廷寛仁之御趣意ヲ不奉拝戴、主人慶喜恭順之意ニ戻り謹慎中身ヲ以脱走ニ及ヒ、上野山内其外處々屯集官兵暗殺シ民財掠奪

益凶暴ヲ□《?》シ、以テ官軍ニ抗衛ス。實ニ不可赦シ国賊之故ニ、不被為得止誅伐被　仰出候。依之、領内取締向は勿論厳ニ兵備

ヲ整ヒ、賊徒落行候者有之節ハ速ニ可打取、万一不都合之儀於有之者、屹度　御沙汰ニ茂可被及候間、近傍之諸藩申合、精々

不行届無之様盡力可有之旨

大総督宮　御沙汰候事

五月

(57)『学海日録』二巻、二三五頁。

(58)館林市史料館蔵。

(59)図2参照(『山形市史』)。

(60)『山形市史』中巻、五六二頁以下。

(61)岡谷繁実『永之暇記』に、幕末期に星野某という藩士が藩を追放になったのち、山形領に風聞を流しに入った、との一節があるが、裏付けはとれない。しかし、地域がそのような特徴を持っていたことの例とすることはできよう。

(62)第二部第三章参照。

(63)勝沼家文書。

(64) 館林市立図書館蔵自筆本を使用した。
(65) 勝沼精蔵『桂堂夜話』（黎明社、一九五六）。
(66) 「明治二年中小姓分限帳」。
(67) 『小野田家記録』（館林市立図書館蔵）。
(68) 『山形市史』下巻、八四頁。
(69) 『小野田家記録』。
(70) 『館林分領羽州漆山陣屋遭難記録』（館林市立図書館蔵写本）。
(71) 『小野田家記録』。
(72) 『桂堂夜話』に、のち静岡県知事となった小野田が静岡在住の勝沼家を訪問した折の話が記録されている。
(73) 『山形市史』『館林分領羽州漆山陣屋遭難記録』。

第五章　慶応四年、館林藩羽州領における「勝沼事件」

戊辰戦争期の譜代諸藩が、全藩的に立場を決定する最後の過程を分析することの重要性について、複数の研究者の指摘があることは、本書においてすでに触れてきたとおりである。館林藩の場合、藩の政治行動の最終段階を明らかにするためには、羽州飛領の政治行動に関する考察を欠くことができない。つまり、慶応四年の奥羽列藩同盟成立から奥羽戦争終戦までの時期に、羽州飛領がどのように行動し、本藩と飛領は最終的にどのような立場を選択したのか、ということが確認されなければならないのである。本書が分析の最後に、「勝沼事件」と称される事件を取り上げて一章を設けたのは、そこに藩がそれまで保っていた「曖昧」という状態に、いかにして決別しようとしたのかが示されており、当該時期の飛領と本藩との政治行動のすべてが収斂する政治事件であると考えられるためである。

「勝沼事件」とは、上州館林、羽州東村山郡漆山・高楯陣屋、羽州上山を舞台として、奥羽列藩同盟と奥羽戦争を背景に、館林藩飛領における陣屋の意思決定をめぐって奥羽戦最末期に起きた叛逆事件であるとされ、その中心人物である勝沼精之允の名をとって、明治二年以降、このように呼ばれている。まず、従来伝わる事件の概要を、『館林分領羽州漆山陣屋遭難記録』(1)、『山形市史』(2)によって、紹介しておくことにしたい。

罪を得て羽州領に蟄居していた元江戸留守居役勝沼精之允は、慶応四年八月十四日、藩の安危に関わる事態であるとして、謹慎中の身でありながら漆山陣屋へ出かけて、議論に及んだ。当時、本藩は新政府軍として各方面へ出兵中であり、いっぽう陣屋は敵地（奥羽同盟軍諸藩）の間にあって、立場を処すことが難しくなっていた。勝沼は奥羽同盟軍の勝利を信じており、周囲を同盟諸軍に取り囲まれたなかで、陣屋領の安全を確保するためには、旧徳川譜代の立場を貫き、奥羽諸藩のうちから秋元家の血筋の新たな陣屋当主を迎えて羽州にも秋元家の家名を立て、奥羽同盟に参加し続けることで、陣屋領が存続する道を取ろうと主張したというのである。これが聞き入れられなかったため、不満をもった勝沼は、八月十七日、同志六名を買収して徒党を組み、脱藩して米澤藩に通じた。勝沼の通牒により、八月十七日、米澤はじめ同盟軍は漆山に進攻し、陣屋を三十日間にわたって占領した。そのため、陣屋詰めの者は米澤領内で抑留生活を強いられることになった。上山にいた勝沼は、奥羽戦が終戦すると、上山藩に拘束されたが、脱走を図り、逃れて妻子のもとに至って、自殺した。十月二十五日、上山領内宮脇村でのことであった。翌年、藩は逮捕拘束された関係者全員の罪を叛逆罪として、厳罰を以て臨み、事件は落着した。以上が、従来の理解による概要である。

ところが、史料的にみると、この事件は、直後においては「漆山御陣屋騒擾」または「勝沼精之允外七名之者脱走事件」と称されていたようであり、叛逆罪とはされていないのである。事件の真相を明らかにすることは無論だが、それが現在伝えられているようなかたちで残されていることについては、罪名の変化した理由を考察することも求められているのではないだろうか。なぜなら、そこには、維新政府のもとに置かれることとなった館林藩の現実、ひいては維新変革そのものの現実の一端が現れていると思われるからである。

土地に残る伝説は多い。しかし残念ながら、この事件については先行研究と呼べるものがない。『山形市史』が最も詳細な記述を行っており、事件を戊辰戦争終結後、藩の「終始勤王」を立証するためにとられた「藩内の佐幕派処置の苦肉の策であった」と位置づけているのが、唯一見出される見解である(3)。筆者は、この見解を再検討することを含め、可能な限り、この事件に接近してみたい。

第一節　前提となる諸問題

本章における考察では、奥羽戦争の戦場となった地域の実像を理解しなければならない。奥羽戦争に関する先行研究は主として三つのグループに分けられるであろう。すなわち、①幕末維新政治史における戊辰戦争の位置づけを理論的に説明しようとするもの、②一定の地方や地域について、その後の影響等を対象とする研究、③個別の事件や人物伝等を対象とする研究である。①は、六〇年代に行われた「戊辰戦争論争」[4]に代表される。しかし、現在では、よりさまざまな方向から、戊辰戦争の全体像を構築することが求められている[5]。こうした要求に沿った試みとしては、殉難者名簿の統合や、人物往来社による一連の出版努力がある。史料の収集と編纂は個々の自治体史編纂の過程で、かなり蓄積されているが[6]、著述の多くは、個別の地方における戦いの様子や悲惨さを明らかにし、奥羽側の名将らを顕彰するといった、いわば地域に寄り添った記録の仕方が、いまも盛んである[7]。

しかし、研究をそれ以上掘り下げるためには、奥羽諸藩の幕末藩政史料の発掘が難しいこと、土地ごとの伝説が確立していること、いまなお勤王史観による理解が根強いこと、奥羽諸藩の基礎構造や奥羽同盟の性格が近代絶対主義とどう関わるのかという議論が先行して実証的研究が遅れていることなどの問題が存在し、それらは幕末維新史全体の問題点と共通している。家近良樹は、原口清、石井孝の研究を第一世代、佐々木克を第二世代とし、奥羽同盟の構造について明らかにされるべき課題が残るなかで、先行研究の再検討のうえに生まれてきた最近の諸研究を第三世代と呼ぶ。第一、第二世代の積み残した課題の一つである「個別諸藩の動向を軸とする詳細な政治過程の分析」に取り組んだのが、従来知られていなかった秋田藩、南部藩、津軽藩の動向分析を加えた工藤威の『奥羽列藩同盟の基礎的研究』[8]である。家近良樹は、この著作に対して、工藤が拠り所とする維新史の理解が、九〇年代以降進んだ幕末史研究の「根幹部分の見直し作業の」成果を十分に取り込んでいないのではないか、との危惧も示しながら、その丹念な実証作業を高く評価している。[9]筆者は、同盟の諸問題を、史料に忠実に掘り下げた工藤の研究が、今後、地域ごと、また、同盟としての政治行動への研究が進むための大きな礎石となるのではないかと考えており、本論でも、事実関係を明らかにする部分では、工藤の実証に拠る箇所がある。

また、奥羽戦争を考えるとき、戦争が、諸藩領の複雑な入り組みを含めて、戦場の地形などから、ほとんどゲリラ戦にも似た戦況を展開したと思われることや、[10]新政府軍がそれぞれに参戦の時期や事情の異なる多藩連合軍であった事実を考慮すれば、交戦当時からすでに、奥羽戦線では情報が錯綜していたと考えられる。そのため、多くの要素が、今日でもなお、資料的総合を難しくする状況を形づくっている。

以上を背景として踏まえたうえで、「勝沼事件」について考察していくことにしたい。現存の史料の中心となるのは『明治元年漆山陣屋勝沼事件口書』[11]および『舘林分領羽州漆山陣屋遭難記録』[12]であるが、いずれも明治二年以降の記録である。前者は、明治二年館林において行われた事件関係者の取り調べの記録であり、信頼するに足る第一次史料であると思われる。後者は、上山市史編纂資料に収められているが、[13]その解題において「奇異な」文書であると指摘され、史料として認めるには難しい点が多いとされている。後の時代に各方面から集められた聞き書きや、藩の諸資料を寄せ集めた一種の編纂著述となっているからであろう。しかし、その原典となった生の諸史料は失われているという。

この文書はまた、多くの人々の手を経て書写されている事実からみても、注意深く扱う必要があると思われる。すなわち、館林市立図書館所蔵の当該文書は、もともと館林藩羽州領高櫤村（慶応四年当時は漆山陣屋配下）庄屋岡崎弥平治による幕末維新時の記録を所蔵していた旧館林藩士布施某から、これを借りた小関次郎という人物が記事を抜粋書写したものが元となっているとされる。『明治四年中小姓以上格式帳』(14)によれば、布施、小関はともに慶応四年当時漆山詰めである。さらに、その一部は、大正八年（一九一九）九月、旧陣屋詰め藩士寺村勝弥の子錬治によって書き写され回覧されたという経緯をもち、現在確認されているのはこの寺村本である。旧藩士の間に回覧されたようであるが、墨に塗られた部分もあり、冒頭近く、勝沼精之允の謀略を断罪する本文については、彼の名前の上の欄外に、だれの手によるものか分からない勝沼に好意的な頭注「資性英敏」の一言が書き込まれたりもしている。したがって、岡崎弥平治の手を離れた後、どこかの時点で、複数回、岡崎の記録をもとにした編集と解釈とが加えられてきた可能性が高い。

問題の『舘林分領羽州漆山陣屋遭難記録』（以下『遭難記録』）のうち、勝沼事件を扱った部分である「陣屋明治維新遭難之顛末」とは、どのような構成なのだろうか。記述は大雑把に年次を追っており、慶応四年三月、館林本藩から軍資金調達のため中老根岸鋳次郎が漆山に出張したところから始まっている。実は、庄屋岡崎氏の記録を持っていたとされる布施某は、このとき郡方下役で、根岸の命によって酒田まで軍資金を受け取りに行った人物本人またはその子であると思われる。次に、奥羽同盟が結成されていく動きとともに、羽州村山郡内の旧幕府領が庄内藩（酒井家十七万石）によって接収されたことが述べられる。薩長軍は天童藩に命じてこの旧幕領を引き渡させるよう圧力をかけたが、庄内は聞き入れず、新政府軍は漆山領内に進駐した。そのため、閏四月一日、陣屋領軍は庄内藩軍との間に、新政府軍として戦闘を交えることになった、と『遭難記録』は説明する。この部分の裏付けは可能だろうか。

先行諸研究によって、当時の奥羽の客観情勢をみると、三月十九日、九条道孝奥羽鎮撫総督軍が松島湾に上陸し、仙台城下に入った。九条総督護衛は筑前福岡藩であったが、軍の本体は薩長連合軍であり、正月以来の会津藩追討令を貫徹することが第一の目的であった。また、朝敵に挙げられてはいなかったが、庄内藩は慶応三年秋以降、江戸の警備の筆頭となっており、年末の薩摩藩邸焼き討ち事件鎮圧に出動していたことから、薩摩藩にとって討つべき対象となっていた。しかし、奥羽諸藩は、庄内・会津両藩征討を掲げて仙台入りした総督軍の命令に対して揺れていた。奥羽での戦争を回避すべく、一方では庄内軍追討の大義を見いだせないとして、これを延引し、他方では会津藩謝罪降伏を周旋することで諸藩の間の調整が続いていた。そうしたなかで、総督軍は、仙台藩、天童藩等を動員して、会津（奥州）、庄内（羽州）との国境地域に進軍したのである。このとき羽州へ進軍したのは薩摩軍であったので、漆山陣屋領に入ったのも薩摩軍であったと考えられる。

四月下旬（二十四、五日頃）、いったん薩摩軍が占拠した宇都宮城が、旧幕府軍によって奪還されたとの情報が奥羽諸藩へ飛んだ。戦況が旧幕府軍に有利であると判断されたことは、さまざまな面で奥羽諸藩のスタンスを変えたと言われる。漆山について言えば、館林本藩は、宇都宮落城時、自藩軍とは別行動をとって親戚を頼り館林城内に逃げ込んだ宇都宮藩主戸田忠恕とその家族を保護していたという特別の事情があり、薩摩軍が圧力をかけやすい状況にあったと思われる。その後、江戸の上野戦争や、小田原箱根戦争が起こり、閏四月から五月にかけての関東の情況は、新政府軍にとって有利であったとは言えない。このような関東での戦況をふまえた上と考えられるが、庄内藩は、単独で羽州に占領地域を拡大し、奥羽鎮撫総督軍に対決する方向に動いたのである。庄内藩が実際に羽州諸藩に対して攻撃を行うとは、諸藩は考えていなかったとされている。しかし、諸藩の観測は当たらなかった。

実際の戦闘は、館林藩の羽州領内で行われた(15)。結果は庄内軍の勝利となり、天童城は落ち、薩摩軍は羽州から撤退した。以上から、この部分に関する限り、『遭難記録』の記述は正しいとみてよさそうである。

再び『遭難記録』に戻ってみると、この戦闘の際の漆山陣屋領内の混乱ぶりを書きとどめた部分は、飛領が地形的に天童藩領内に食い込んだ所にある高櫤村についての記述であるところから、岡崎氏の記録に拠っていると思われる。しかし、そのすぐ後に続く、酒田に出張したものの戦闘に巻き込まれて、戻れなくなり、米沢を経由してようやく漆山へ帰着した布施の困惑した状況の記述は、恐らく布施本人による記録の挿入であろう。次に、新政府軍に提出されたと思われる、羽州領での戦闘報告書の写し（江戸留守居役高山藤内差出し）が挿入されている。続いて、閏四月・五月と、山形、上山、米沢、庄内等陣屋領周辺の羽州諸藩から奥羽同盟への参加を迫られるが、それを退ける様子が記されている。さらに、その次には、天童藩家老で、勤王を奉じる吉田大八が失脚して秋田への逃亡を図り、失敗して同盟軍に捕えられ自害するいきさつが、奥羽随一の勤王家の遭難として顕彰されている。吉田を一時かくまったのは漆山領内の住人であったと伝え、この部分は、吉田の支持者が存在した漆山陣屋領は、あくまで「勤王」で一貫していることを主張する記述になっている。

以上、『遭難記録』の冒頭部分を分析してみたが、全体の構成は、部分ごとの記述が、いわば縞模様的に羅列された状態であることが分かる。『遭難記録』は、このような形式で続いていく。編纂文書とはいっても、形式は整っておらず、例えば奥羽同盟については、三回にわたり類似の内容での異なる記述が現れ、しかも、それらは時系列的に配されているわけではない。また、諸研究によって事実であることが証明できる箇所もあることは、見たとおりである。そのなかで、繰り返される陣屋領の「終始勤王」の主張だけは、主観的で、ときに過激な表現をとり、全体としては、「勝沼事件」を、この一貫した勤王を逸脱する大逆罪であるとするのが、この文書の主張であることが伝わってくる。しかし、前述のように、大正年間に回覧された写本には、藩内のほかの立場の存在を窺わせる書き込みもされていた。上山市史編纂資料の解説において史料的価値を疑問視する指摘がされたのも、以上のような特徴からであると思われるのである。

この『遭難記録』編纂に関連すると思われる史料が『秋元家分領羽州漆山事蹟取調書』(16)のなかにある。「秋元家藩政沿革誌編纂委員岡谷繁実、田山実弥登ノ両氏」から呼び出されて、森谷忠休が上京した折のことである。

　忠休上京秋元邸ニ伺候ノ際、田山氏ト会談ノ折同氏ハ、父垂休ノ艱難ヲ冒シ敵ヲ潜行シ館林城ニ着キ、奥州同盟ノ結果漆山陣屋ハ、敵地ニ孤立シ危難ニ困シ居ルノ実況報告且善後策ノ指示ヲ乞フ為ノ使命ヲ奉シ、藩主ニ上申セシ原書ハ秋元家ノ宝庫ヨリ発見セシニヨリ、編纂ノ上ハ原書ハ送付スト約ス。後写シヲ送付セリ。其写（略）。

後に詳述するが、『遭難記録』には、森谷留八郎の上申書の写しとされる文書が挿入されている。内容は、右の史料に「奥州同盟ノ結果漆山陣屋ハ、敵地ニ孤立シ危難ニ困シ居ルノ実況報告且善後策ノ指示ヲ乞フ為」とあるのに一致したものである。「垂休」は、密書の使者となり帰路遭難した森谷留八郎の諱名であり、「忠休」はその子である。ここでは、森谷の密書の原書が、維新後藩主の「宝庫」から発見されたことが記されている。秋元家藩政沿革誌編纂委員岡谷繁実、田山実弥登の両氏から呼び出しを受けて上京した忠休に田山が面談し、編纂が終わったら、上申書の原書を送り返すと約束したという。しかし、送り返されたのは「写し」であった。原書の行方について、田山は明記していない。

明治二十四年の宮内大臣の求めに応じて、岡谷繁実が明治三十二年十月付で提出した「舘林藩史料」の目録[17]には『羽州漆山御陣屋一件始末』『松尾忠助日記[18]』等が含まれている。そして、いつのことか、また理由も不明であるが、「舘林藩史料」は散逸してしまったとされ、現在確認できるのは目録のみである。ここから考えると、『遭難記録』は、その不自然な形から推して、編纂作業の途上にあった草稿が残ったものなのではないかとも思われる。しかし、その内容故に、後年、旧藩内に公開を求める声があり、寺村本に言うように、回覧が行われ、その過程で加筆や墨塗り等が起きた可能性が高い。

確かに、『遭難記録』のすべてを本書の基礎史料とするには問題が大きすぎる。しかしながら、その記述は、なお部分部分では、史実を語っていると思われる。本書も、他の関連文書と照合しつつ、慎重に史料批判を行いながら、この文書を参考にしていかざるを得ない。

本事件関係については、舘林文化会館、舘林市立図書館に何点かの断片的手書き文書も見いだせるが、多くは書写であり、原典が不明であるなど、有用な史料とは言えない。

こうした状況に対して、本書では、新たな原史料を得ることができた。それは、事件以来四代にわたり、勝沼家に秘されてきた事件の中心人物、勝沼精之允本人自筆の文書である。筆者は、この文書の内容を、『明治元年漆山陣屋勝沼事件口書』（以下『口書』）に残る証言と合わせて検討していくことによって、慶応四年の羽州領の現実を、かなり復元できると考えている。

右の文書が含まれる家史料である勝沼家文書は、甲州武田信玄の叔父勝沼五郎信友の直系で、明治維新の折、逆賊とされて士籍を失い平民となった、旧秋元家中の勝沼家（当主勝沼恂子氏）に伝わる中世以来の七十点余の家文書であり、幕末期以来、秘されて公開されることがなかった。中世以来昭和までの『勝沼家過去帳』、三種の『勝沼家系図』をはじめ、中世、近世に関する文書類は、書状が中心である。系図と過去帳については、享保年間に家督相続したが早世した信観が、新たな調査の成果を加えて新規に書写したのではないかと思われる。そのなかで、幕末時の文書、勝沼精之允自筆の「奉歎願口上之覚」は、当事者の立場から見た、従来知られていない藩政上の事実を提供し、本書第二部全体の考察に欠くべからざる史料である。(19)

第二節　事件の背景

一　事件の中心人物―勝沼精之允の政治的位置

事件の中心人物である勝沼精之允は、第三章で議論した元治元年（一八六四）の徳山出張の折、使者を務めた元江戸留守居役である。はじめに、幕末期を通して活動した勝沼の、藩内における位置を把握しておきたい。

勝沼精之允は、天保九年（一八三八）、江戸に生まれた。山形藩秋元家の江戸留守居役を務めていた大津與兵衛茂厚の二男であったが、弘化三年（一八四六）、七歳の時、勝沼家と養子縁組みする。両家は、寛政期以降江戸留守居役の相役を務めてきた間柄である。[20]養父は、前年、藩の館林移封当時大番頭であった勝沼惣右衛門信吉、養母は、間宮林蔵と同時期に蝦夷詰を経験した幕臣井上杢左エ門満矩の娘加津であった。[21]精之允は、間もなく養父と死別、九歳で家督を許され、実弟と共に藩主の側に仕えている。[22]藩校に学んだのち、実家の当主である実兄の死によって家督を継いだ実弟大津與市とともに、江戸浜町の藩邸に近い勝海舟の私塾で、航海術・砲術を修める。[23]文久二年（一八六二）、二十五歳のとき、江戸留守居役に就任し、[24]その後、慶応年間には藩海軍方を与ったとされ、[25]藩政の重要な部分にも関わった。

第二章第四節で触れた米澤藩江戸留守居役宮島誠一郎の日記には、慶応二、三年の宮島のネットワーク中に勝沼精之允の名が見られる。この上杉家留守居役との交流は、前藩主志朝の前室が上杉斉憲の妹であったことによると思われる。また、勝沼と、第一部でその行動に焦点を当てた依田七郎との双方が交流している人物には、肥後藩江戸留守居役の澤村修蔵がいる。勝沼と依田との直接の交流は史料的に確認できないが、互いに聞き知っていた可能性は高い。

勝沼家は、元禄年間の出仕である。「勝沼家系図」および「勝沼家過去帳」によれば、武田信虎の兄である勝沼安芸守五郎信友の直系で、長篠の戦に敗走隠遁後、岩城氏に仕えたが、関ヶ原戦後、慶長七年（一六〇二）に、常州車郷で主君を失って浪人し、そのまま当地薄葉に居住していた。[26]元禄十五年（一七〇二）、宗右衛門信行が、甲州谷村にいたとき、川越藩主（旧谷村藩主）秋元家に、兵道家として召出され百五十石取郡奉行となる。[27]これ以前に、信行の実兄が、秋元家の菩提寺である泰安寺の住職を務めていたことが分かっている。[28]兄の口利きであろうか。

秋元家では、藩初より、多くの幕府普請事業に関わって藩権力拡大を図っており、川越領主となった元禄期に、藩主喬知の老中就任と機を一にして、家臣団の増員を行っていた。勝沼家と同様、元禄期に召抱えられた家は多い。[29]精之允の生家大津家は川越在住の元御家人の家であるが、[30]勝沼家同様、元禄期の召抱えである。

江戸期勝沼家の系図と過去帳から作成した図3を見ると、縦横につながる縁戚の人々には幕臣、奥女中、御数寄屋

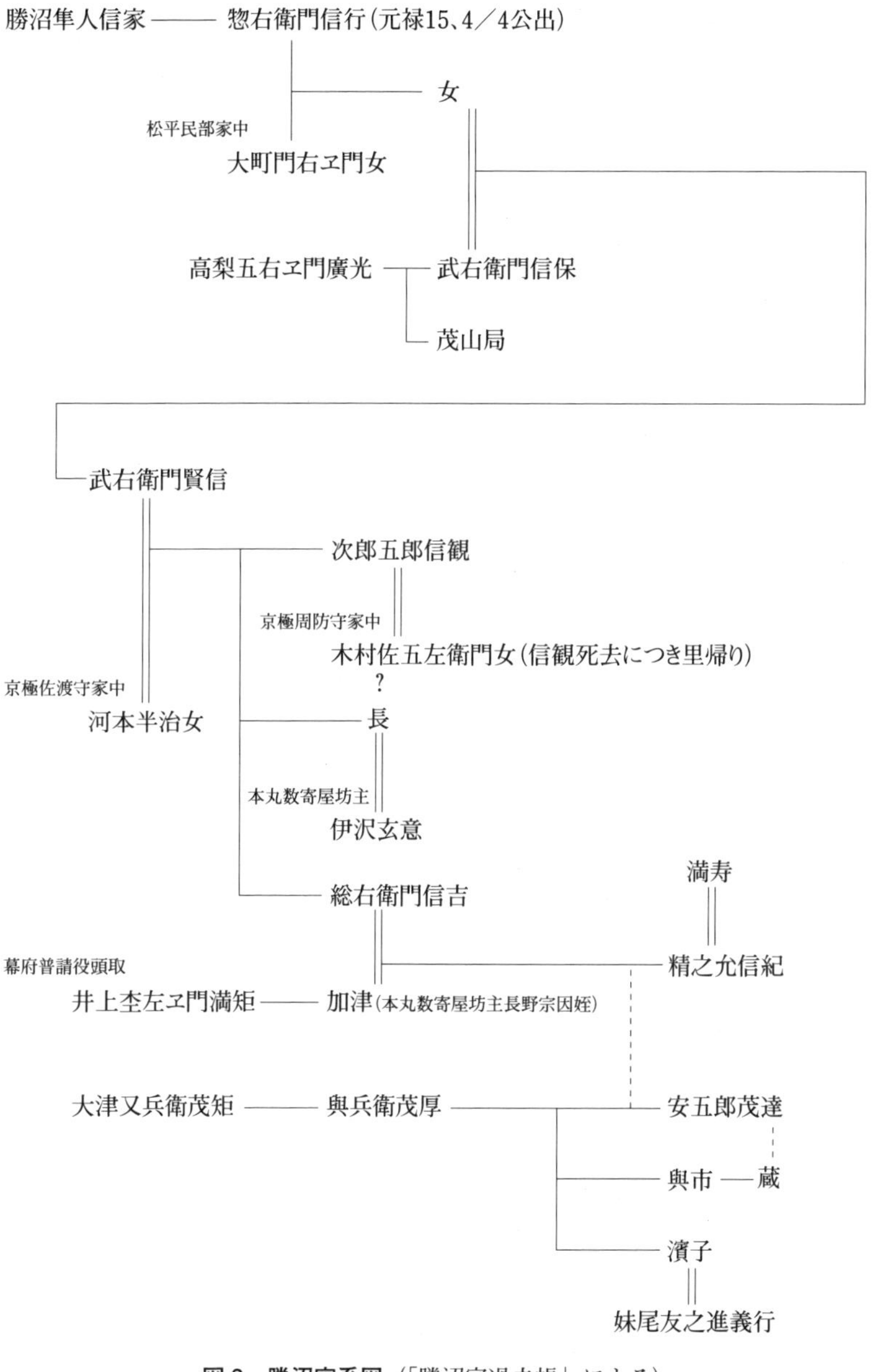
勝沼隼人信家
惣右衛門信行（元禄15、4／4公出）
女
松平民部家中
大町門右ヱ門女
高梨五右ヱ門廣光
武右衛門信保
茂山局
武右衛門賢信
次郎五郎信観
京極周防守家中
木村佐五左衛門女（信観死去につき里帰り）
?
京極佐渡守家中
河本半治女
長
本丸数寄屋坊主
伊沢玄意
満寿
総右衛門信吉
幕府普請役頭取
精之允信紀
井上杢左ヱ門満矩
加津（本丸数寄屋坊主長野宗因姪）
大津又兵衛茂矩
與兵衛茂厚
安五郎茂達
與市
蔵
濱子
妹尾友之進義行

図３　勝沼家系図（「勝沼家過去帳」による）

坊主、譜代他家藩士がある。しかし、一方、秋元家内での縁戚関係は、精之允の代に至るまで見られないのである。その精之允の妻満寿（桝）は、やはり元禄期に紀州藩から移った中老林家の養女だが、実は、幕末の当主林庄左衛門の後妻の実家である上山藩松平家儒者、五十嵐家から入った譜代家陪臣の娘である。また、精之允の実姉濱子の嫁ぎ先である妹尾家も藩主側近で、元禄期の召抱えである。(31)(32)

以上から、次のことが考えられる。

①勝沼精之允は、江戸における血縁地縁を地盤に持っていて、幼少から馴染んだ人々も江戸に多くおり、政治的には定府の藩主に近く、江戸詰藩士の間に交友関係が深いと考えられる。また、系図からみて、周囲にいた親戚の人々は、多方面の情報に通じていたことが考えられる。第一部第二章で分析した依田七郎が、江戸で固有のネットワークを持っていたのと同様に、このことは、勝沼が後年江戸留守居役として活動するに際して、有利であったと思われる。

②家臣団内では、「新家」(33)のうちで大きな割合を占める元禄期出仕のグループに属し、それより以前に出仕しているいわゆる「旧家」を含む門閥重臣層を筆頭とするグループ、および、代々国許に地盤を置く藩士たちとは距離があった。

③また、勝沼は、安政改革のなかで育った世代に属しており、それ故に、藩政の中枢から信頼が篤かったと考えられる。文久二年、勝沼の江戸留守居役への起用には、養父、実父、実兄が務めた同じ役職であることに加え、以上のような藩内外の政治的背景があったとしてよいだろう。

文久以後の藩政中枢にきわめて近い立場にいた彼の行動は、そのまま藩の意思の一部を体現するものと考えられるのである。

二　奥羽越列藩同盟と羽州漆山陣屋領

（一）庄内藩・米澤藩と陣屋領

ここでは、諸史料によって、陣屋領と奥羽同盟との関係を探っていくことにしたい。まず『舘林藩事蹟』では、以下のように述べられている[(34)]。

十月某日、賊徒降伏奥羽平定ス。鎮撫ノ三卿（九条、澤、醍醐）我分邑ニ転営セラル。宿留十余日。士馬休憩ス。家老齊田明善、軍宰佃秀晴、妹尾善行、田中惟敏等大ニ尽力セリ。奥羽列藩一旦皆賊徒タリ。終始不淪確乎勤王ノ志ヲ執ル者ハ唯秋田藩ト我分邑漆山ノミ。故ニ三卿其寒村寂寞ヲ不厭宿営セラルモノカ。

周囲を奥羽同盟の諸勢力に包囲され孤立しながらも、飛領は確乎として新政府軍支持を貫いたとされているのである。しかし、これに対して、同盟に加わったとするリアルタイムの記述も見られる。

まず、右の記述よりは、少し幕末に近い時点での『遭難記録』によれば、閏四月下旬、竹俣美作率いる米沢藩軍が山形城下に進軍し、漆山陣屋に対して、奥羽各藩が協同一致して徳川氏のために尽力することになったので、陣屋領でもこれに「誓約」するよう「強迫」してきたという。以下にあるように、その結果「事情無拠」、漆山陣屋は五月には同盟に加わることになったというのである。

五月ハ奥羽白石ニ於テ、奥羽各藩同盟シ、仙台ハ白川口、米澤ハ越後口、庄内ハ仙台援兵トシ、並ニ秋田ヲ押へ、其他各藩持場ヲ定メ、夫々出兵ス、当陣屋ニ於テモ事情無拠、右同盟ニ加ハルニ至レリ[(35)]

次に、この間の事情に関して、より具体的であるのが、当時陣屋詰めであった森谷留八郎の口上書の内容である。既述のように、口上書は、明治後期になって初めて、秋元旧藩主の宝庫から発見されたため、藩政の沿革誌編纂に携わっていた田山実弥登が、編纂が終了したら原書を家族のもとに返すと約束し、のち、写本が森谷の子忠休のもとに送られてきたという。『故森谷留八郎藤原垂休の事蹟並忠死の状況調書』によれば、文面は「上申書」として『遭難記録』に挿入されたものと数文字を除き、一致している。森谷は六月に入り、陣屋領の直面した難局を報告するため本藩に派遣された陣屋の密使である。常時館林と漆山を往復していた馬喰の親方一行に加わり、自身も馬喰に身をやつし間道を経て、辛うじて館林に到着した。(36) 森谷の派遣は六月のことであり、根岸中老が帰国した後の陣屋の状況を、本藩に報告する目的であったが、内容はいずれも事後報告のかたちになる。以下に述べる部分は、その上申書の閏四月廿七日の項による。

この日、柴橋、寒河江辺りに詰めていた庄内軍が寺津河岸を渡り、高櫛村庄屋佐藤庄右衛門宅にやってきた。庄内軍代表は庄右衛門を伴って漆山まで来ると、先日の蔵増河岸の戦争で庄内側に発砲したのは、「庄内へ御恨等ノ義有之候哉」と、新政府軍に加わった理由を尋ねてきた。そこで、陣屋側は「右ハ参謀局ヨリノ達シニテ止ナク出兵候」と返答したところ、陣屋の重役二名が高櫛村庄屋宅で休息中の隊長のもとへ出頭して、その旨を直接回答せよと言われたため、佃、松尾両奉行が漆山から高櫛村へ赴いて、同様の回答を行った。その上で、庄内側から次のように要求が出された。

此度新庄表へ罷在リ候薩長勢へ人数差向候ニ付、御陣屋よりも御人数差出之有度旨申聞候ニ付、先達て蔵増河岸へ出兵の節、手負打死等も有之、殊に武器等も紛失候ニ付、甚タ差支ノ旨御答被成候処、右ハ疑心相晴ラシ候為ニ付、両三人にても宜敷旨申聞、何程申し訳候モ承知無之ニ付、館林城内へ岩倉殿御入城ニ相成居候次第、右ニ付官軍（筆者注、ここでは幕府支持軍）へ人数等差向候ては、館林表の首尾にも相拘ハリ候次第ニ付、出兵の義は差支候旨申立相断リ候処、（中略）存外聞受方宜敷、詰リ出兵不致筈談判相済、其後代官役をして、庄内勢へ兵糧として米弐百表、代料にて被進候事

庄内軍からは、新庄藩領内に駐留している薩長勢を攻撃することになったので、陣屋からも人数を出すように再三要求があった。応対した郡奉行は、「先日の戦闘で、人員にも武器にも損失を蒙り、出兵できない」と断ったが、「庄

内軍に対する疑心のないことを証明する為なので、二、三名でも構わぬから」と、相手も引き下がらない。そこで、舘林城下に岩倉総督が入城している折柄、奥羽軍へ兵を出しては「舘林表ノ首尾ニモ相拘」るため、出兵はできないのだと説明した。すると、これに対する米澤藩の反応は「存外聞受方宜敷」、庄内軍へ兵糧米二百表分の献金を行うことで交渉は成立したというのである。

この日の夕方、山形から、仙台、米澤の軍が山形城へ入ることになったとの知らせがあった。以上一連の動きは、奥羽列藩同盟の確立にともなうものであったと考えてよい。右の引用部分に続く森谷口上書の記述を見てみよう。(37)

同廿八九日頃、山形城下へ繰込ミ相成候、米澤藩年寄役大滝新蔵ト申方ヨリ、至急及談判度旨通知ニヨリ、妹尾友之進罷出候処、柏倉陣屋・北目陣屋ヨリモ同様罷越候ニ付、御打合ノ上米澤藩大滝新蔵方へ罷出候処、此度奥羽列藩申合ノ義有之候ニ付、陣屋トハ乍申奥羽ノ地ニ罷在テハ、列藩申合ニハ漏レマシク哉トノ申聞ニ付、右ノ陣屋詰ノ衆同様申合ニハ不漏旨及返答候処、右新蔵方申聞ニハ、此度奥羽申合ノ儀、当日ハ持参不致候ニ付、明日御一人御出ニテ御写可被成旨ニ付、翌日松尾氏御越被成候処、列藩申合ハ一覧致候ノミニテ写取不申候事

山形からの知らせ直後の二十八、九日頃のこと、仙台・米澤藩軍が山形城に入り、米澤重役から「至急談判に及びたい」との呼び出しを受けた。郡奉行妹尾友之進が山形に出頭すると、近隣の柏倉陣屋（佐倉藩）と北目陣屋（土浦藩）の代表者も来ていた。今回奥羽諸藩が同盟することとなったので、陣屋とはいえ、奥羽の地にある以上は列藩申合に漏れることはゆるされない、とのことであったため、他の陣屋の代表同様、申合には加わる旨、返答した。この旨を書面で提出するよう求められたので、書面を差し出したところ、相手方は同盟書を持参していないので、翌日一名が再来して書写するようにとのことであった。翌日、陣屋から郡奉行松尾忠平が出向き、同盟書は一覧したが、書き写しはしなかったというのである。ここには、佐倉、土浦の陣屋代表とともに、同盟参加に同意したことが、明記され、その経緯を本藩に報告しているのである。

右の内容は、奥羽列藩同盟が成立したとされる白石会議前後の事情も日程も、先行研究と、ぴったり符合するものである。すなわち、工藤威の著作に拠れば、閏四月十一日に奥羽同盟が成った後、米澤藩主は十五日に白石から米澤に帰った。その後、諸藩重役は会津藩も加わったいわゆる「仙台同盟」を進める。米澤の家老竹俣が「同盟の議略定まるを以て」白石から山形へ向かったのは二十七日のことである。(38)前掲の引用によれば、米澤軍が山形に入ることは前もって漆山にも情報が入っていたようである。竹俣の出立前に開かれた会議の決定通り、二十九日、諸藩会議が行われ、諸藩は翌日盟約に押印することを約し、翌五月一日、列藩重役が署名した盟約書が初めて調印されたのである。したがって、陣屋が同盟参加を口約した閏四月二十九日の時点では、盟約書は未完成であり、米澤側が書付は持参していないと言ったのは事実であったことになる。

翌日、すなわち五月一日、松尾や柏倉、北目両陣屋の奉行が見たのが、果たして、同盟書そのものであったかどうかは不明だが、何らかの形で納得のいく文書であったと思われる。

「仙台同盟」が成立するのと同時に米澤藩が起こした羽州統一の動きの重要性は、指摘しておかなければならない。同盟の軍議書には「北越の処置」の一条に、薩長兵が越後を攻撃するときは、庄内が迎え撃ち、これに「羽州連合」諸藩も応援することが明記されている。先行研究では「羽州連合」とは何を意味する言葉であるのか、それについて議論されていないようであるが、羽州の諸藩すなわち庄内、米澤、新庄、本庄、上山、天童の軍事的な連合軍を指すのであろうか。羽州の旧幕府領寒河江、柴橋については、早い時期に庄内藩が接収していた。旧譜代藩の飛領は、それらの諸藩領に混じる形で点在しており、前述のように、米澤藩から「陣屋とは言っても、奥羽の地にある以上は、列藩申合に漏れることはゆるされない」と申し渡されて同盟に参加したとすれば、漆山陣屋領をはじめ諸藩飛領も、この「羽州連合」の一員となったと理解してよいのではないだろうか。

上記各所で、庄内藩、米澤藩との交渉の責任者となったことが証明された三名の郡奉行（妹尾、佃、松尾）は、明治二年、館林に召還されて処分をうけており、[39]このことからも、彼らが最後まで一貫して同盟参加をはねつけ続けたことが事実であったとは考えられない。

前章最終節では、閏四月の段階まで、館林藩は、本藩、羽州領ともに新政府軍に出兵しており、政治的立場は一致していたことを確認した。しかし、右の史料によれば、転じて、五月一日の時点で、異なる陣営に二分された。すなわち、以後、五月中の微妙な時期を挟み、六月半ばから九月末の同盟降伏に至るまで、藩の立場が統一されていない状況となったのである。

五月中の微妙な時期とは、言い換えれば、以上の各場面に於いて、再び、藩の「曖昧」行動が観察される時期を指す。すなわち、前章に見たように、本藩では上野戦争と小田原箱根戦争の時期で、形勢を図っていたものと思われる。また、飛領では、閏四月、薩摩軍と共に、庄内軍に対していったん砲火を交えたが、天童城が陥落し、薩摩軍が撤退した後、庄内軍から「庄内へ御恨等ノ義有之候哉」と、新政府軍に加わった理由を詰問された陣屋側は「右ハ参謀局ヨリノ達シニテ止ナク出兵候」と返答したのが、その時期である。また、同盟側に人数を出すようにとの庄内側からの再三の要求に対しては、館林城下に岩倉総督が入城しているこのときに、奥羽軍へ兵を出しては「館林表ノ首尾ニモ相拘」るため、出兵はできないのだ、つまり、兵を出したくてもできない事情があると説明している。結局、庄内軍へ兵糧米二百表分の献金を行うことで、同盟への出兵を免れた経緯はすでにみた通りである。しかし、この態度を保つことは一か月しかできず、米澤藩に呼び出されて、今度も「事情無拠」（やむなく）同盟に加わることになった。圧力をかけてくる相手は異なるが、陣屋の「曖昧」な態度は、本藩が新政府軍に対してとった態度と共通している。

（二）同盟軍への出兵

戦線は越州へ拡大されていく。戦闘によって街道が塞がれて、本藩との通行が不可能となっていたなかで、陣屋は、それを押してでも、本藩に理解を求めねばならないような重大な状況に置かれる。それは、越後戦線への、同盟軍の一員としての出兵であった。それが、森谷留八郎派遣の直接の理由であったと思われる。森谷密書の最後の部分は次のように続いている。

六月五日頃、米澤藩香坂七右衛門ト申方陣屋へ為使者被罷越、郡奉行応対被成候処、此度越後表へ官軍（筆者注、ここでは新政府軍）押参リ候ニ付、諸藩ヨリ同所へ人数差向置候処、陣屋ヨリモ御人数差出ヘク旨掛合ニ付、達而御断ハリ被成候ヘトモ一図承知無之ニ付、陣屋一同評議シ、詰リ仕度出来次第繰出可申旨御返答相成候処、同七日右使者罷帰候事

同八日、出兵ノ義為御断佃殿米澤表へ御越被成候ヘトモ、何分米澤藩限リノ義ニ無之承知難致旨ニテ、同十一日昼頃御帰リニ相成、同日勝沼様初メ陣屋詰ノ者一同大評議ニ相成リ、弥々十三日出兵可致筈ニ評議ニ相成候事

右出兵ノ節、籾弐千俵米澤藩へ被進ニ御取計御含ニテ出兵相成候事

六月二十九日　　　　　　　　　　森谷　留八郎

六月、米澤軍指揮下の同盟軍への派兵を要請された漆山陣屋は、何とかして出兵を避けようとし、郡奉行佃が米澤城下まで断りに出かけたが、米澤藩は「何分米澤藩限リノ義ニ無之承知難致」、つまり奥羽全体に関わることで、米澤藩の一存では承知し難いと言い、聞き入れてくれなかったというのである。つまり、ここでも、陣屋は、可能ならば「曖昧」行動を保とう、と考えていたことになる。

史料の記述に戻ってみよう。米澤側の回答をきいて、六月十一日から十三日までの三日間にわたり、陣屋では大議論が行われ、奥羽同盟軍としての参戦に踏み切ったと報告されている。「勝沼様初メ陣屋詰ノ者一同」とあることから、陣屋の議論の先頭に立っていたのは、「勝沼様」すなわち、第四章第三節で触れたように、謹慎中であるはずの勝沼精之允であった。

そもそも、新政府軍が北越を攻撃した場合は出兵することというのが、羽州連合の義務とされていたことは、前述した通りである。『遭難記録』によっても、史料にある六月十三日、郡奉行松尾忠助以下四十名が、米澤藩主の越後口出兵の軍に従って、三貫野から見付を警護したという。ちょうど、関東では小田原箱根戦が終わり、奥羽では同盟が輪王寺宮をいただいて、新政権樹立に踏み出そうとしていたとされる時期である。関東は、新政府側がほぼ平定したが、この時点で、奥羽戦の行方はまったく見えておらず、しかも、同盟は意気盛んであった。陣屋では、他に方法がないと判断したのであろう。同じ頃、本藩が最終的に新政府軍として全藩出陣していたことを、陣屋首脳陣も、恐らく知っていたと考えてよいだろう。そして、変化してゆく羽州の情勢を本藩に報告し、陣屋の窮状を述べて、理解を仰ぐべく密使を派遣した。それにより、本藩首脳陣も、また、当然陣屋の事情を把握した。しかし、使者森谷は帰路遭難し[40]、漆山陣屋に復命していないとされている。本藩の指示は届かなかったことになる。

その後、七月中の奥羽戦線は激戦であり、奥羽越諸藩軍が優勢を保っていた。ところが、越後口の戦況は、新政府軍の新潟松崎港上陸と、新発田藩が新政府側に転じたことから、同盟軍が劣勢となった[41]。そのような形勢に至ったとき、陣屋軍は撤退した。『遭難記録』によれば、八月六日のことである。自身越後口に出陣していた陣屋詰めの藩士倉田英三郎によれば、帰陣は八月八日であった[42]。このタイミングで、「勝沼事件」は起きたのである。

第三節　勝沼精之允の選択

一　「一心二心之議論」

『遭難記録』に従えば、勝沼精之允は、八月十四日「蟄居謹慎ノ身ナルモ、藩ノ安危ニ関ハルヲ以テ、相談セントテ」陣屋に出頭してきたという。従来、これが事件の発端であるとされてきた。彼は「本藩ハ官軍トシテ諸方へ出兵セリ。然ルニ当陣屋ハ敵地ニ介在シ、如何共為ス能ハス」として、陣屋の安泰のため議論を行おうと、蟄居謹慎中の身でありながら漆山陣屋へ出かけてきたと記されている。

しかし、前節で、六月中の陣屋での勝沼精之允の指導的立場が、本藩への報告書に記述されていることをみた。謹慎中の藩士が指導的立場にあるという異例の状態を、果たして陣屋中枢がそのようなかたちで本藩に報告するものであろうか。勝沼精之允の陣屋に於ける任務を見直さねばならない。森谷が密書を手渡した相手（藩政中枢）も勝沼が表向きは蟄居中であっても、彼がそうした立場であることを実は認めていたのではないだろうか。

その八月十四日については、事件関係者の取調書である『勝沼事件口書』に、勝沼の妻満寿による次のような証言が残っている。

夫精之允儀、重キ御咎メ被　仰付謹慎罷在候処、時勢柄御陣屋保方之儀心配仕候迚、度々漆山御陣屋尓罷出候ニ付、謹慎中右様之所行者宜敷有之間敷誅言差加へ候得共、常々見込候儀者不聞入性質ニ付、婦人之希ひ候儀ニ無之抔叱り、承知も不仕候間、無余儀罷在候処、

去八月十四日、蟄居　御免之訳ニ相成、米澤表尓罷越候様被　仰付候旨申聞、翌十五日同所尓致出立候

満寿によれば、夫精之允は妻の諫めるのも聞かず、謹慎中も陣屋の「保方」を心配して、「度々」漆山まで出かけていたという。六月の森谷密書でも、勝沼の陣屋での指導的立場が窺われていたことと一致している。よって、彼の陣屋における藩政参加は継続していたのだと思われるが、『遭難記録』において、突然の振る舞いであったかのように、八月十四日の勝沼の行動が特記されたのには何らかの理由があると考えられ、この点については後に検討する。

さて、満寿の証言の最も重要な点は、傍線部分の、夫が蟄居御免となり、米澤城下へ赴くよう命を受けたという点である。翌十五日、勝沼は米澤へ出かけて行ったという。このことは『遭難記録』には記されていない。事件の始まりは、本当に八月十四日としてよいのだろうか。

陣屋詰の下級藩士倉田英三郎は、勝沼が館林から引き移る際、途中から供をし、その後も何かと世話をし、時折一家を訪ねていた人物である。彼は、八月八日、派遣されていた越後から帰陣し、十日に勝沼を訪問する。その折、勝沼は次のように語ったという。

當御陣屋之儀者、御本領官軍之儀ニ付、各藩より嫌疑を請、危難、旦夕ニ迫り、陣屋之者共妻子ニ至迄死亡ニ至候者目前ニ有之、拙者方江出入之者は右之危難相救遣し度と存候事ニ有之候間、一心奥羽江致尽力候儀ニ可致同意迚、一心尽力之次第、御支族相立御陣屋安泰ニ保方之次第(43)

本藩が官軍として参戦しているため、漆山陣屋の動向は、同盟各藩から真意を疑われている。したがって、同盟軍から攻撃を受ける危険も極限に迫るなか、陣屋の者も家族達も命を落とすことが目前になっている。自分のもとに出入りしている者たちを救うためにも、ここは、奥羽同盟側に一心尽力するつもりである。ついては、秋元家の御支族を立てることによって、同盟に包囲された中においても、陣屋の安泰を保てるよう図りたいと考えているのだと、勝沼は英三郎に語ったというのである。

この点については、後日事件の同志として裁かれた森谷源治、橋本錸太郎、森蓊、大畑栄助、中田子之四郎も、同様の証言をしているが、精之允から直接にこの話を聞いたのは、源治、錸太郎、英三郎の三名であったようである。十一日、英三郎は「同志之者多き方可然」と考え、中田子之四郎の同意を得た。

彼らの間では、この勝沼の議論を「一心二心之議論」と称していたようである。「二心」とは、奥羽同盟軍に対して二心を抱くことを意味する。すなわち、藩は、本領と飛領とで新政府軍、同盟軍双方に出兵していたが、陣屋軍は兵を引き揚げてしまい、陣屋のうちにも同盟軍支持に反対の者が多くなっていることで、同盟への忠誠が失われている現状を指す。対して、「一心」とは、陣屋が今まで通り一致して、奥羽同盟に付くことを指していると考えられる。

勝沼の考えによれば、同盟側が劣勢であるからといって撤退してきた態度こそが、同盟側に最も疑われる行為になる。陣屋は閏四月にいったん新政府軍に加わって戦っていた。その折、戦死者も出し、その後、庄内軍の圧力を受けるという経験もしていた。今、戦況は転じており、さらに、陣屋は地理的に言っても、周囲をすべて同盟側の諸藩領に接していた。それ故、勝沼は、新政府軍との最終決戦となったときには、同盟軍が先ず、兵力において圧倒的に少数である陣屋領に進攻し、壊滅させて占領する危険を、現実のものと情勢分析していたと思われる。

右の史料での藩士達の証言から見る限り、勝沼は、同盟軍側につくことによってしか、陣屋＝秋元家を救い得ないと考えていたことが明らかである。即ち、いったん出兵したにも拘らず、少々の劣勢により陣屋軍が撤収してきた事実は、勝沼にすれば、危機的なことであった。いっぽう、陣屋軍を率いた郡奉行松尾にすれば、再び「曖昧」の状態に戻ることが安全である、と考えての撤兵であったろう。越後では、同盟軍は劣勢に見え、同盟と運命を共にすることは陣屋領を失うことであるというのが、松尾等の認識であったと考えられる。

つまり、どちらの側も、陣屋の安泰を図ろうとする点では一致していた。しかし、松尾らが恐れたのは新政府軍の攻撃であり、対して勝沼は、同盟軍の戦略と戦力とを恐れていたことになる。両者の差は、戦況分析の差であった。陣屋にとって、「二心」すなわち「曖昧」行動は、何としても放棄すべき行動であると判断した勝沼は、この事態を何とか乗り切るために、陣屋詰め全体で議論しなければならないと考えたのではないだろうか。これが、彼の行動を支える論理であった。

以上から考え、『遭難記録』によって事件の発端とされた日に先立ち、陣屋軍の撤退が決定した時点で、勝沼はすでに何らかの行動を開始していたと考えてもよいだろう。八月十日には、気の置けない藩士の一人である英三郎に、持論である「一心二心之議論」を述べているのである。

その英三郎によれば、八月十四日は、勝沼が陣屋において、初めてこの議論を行った日であったという。しかし、勝沼の身に危険が及ぶかも知れないと考えていた仲間たちは、意外にも、勝沼が「永蟄居御免訳ニ相成、御陣屋保方周旋之為、米澤表江明日出立候」ことを聞いたのである。つまり、永蟄居御免となり、陣屋の保全のために米澤へ周旋に行くこととなったと聞かされた。英三郎は、供をするようにと言われて、銕太郎、子之四郎とともに支度金十両ずつを受け取ったというのである。勝沼の蟄居御免と米澤出張命令については、満寿の証言とまったく一致している。

二　米澤藩への周旋

（一）八月十五日から二十一日の行動

明治二年二月の「勝沼事件」の裁判における勝沼の妻満寿に対する調書にみる証言に、同志と言われた六名の藩士の証言を加えて、動き始めた勝沼精之允を追ってみたい[44]。

八月十五日。精之允は米澤へ出立した。同行者等については不明であるが、少なくとも倉田英三郎が供をしたことは確かである。なぜなら、満寿は、精之允が「御貸与人」の倉田英三郎に不足の金や荷物を取りに戻るよう言いつけて、途中から満寿のところへ返してきたと述べているからである。

ところが、英三郎の証言からは、行程の初めから、勝沼と行動を共にしていないことが分かる。すなわち、源治方に立ち寄って着替え等をしたあと、人足の駄賃を払って後から追ったのである。山形長町まで来たところで、米澤兵が勝沼を待ち伏せているようなので、用心のため同志を呼びに戻り、今日中に上山へ来るよう、また、金子と道具の運搬の手配を頼まれたため、英三郎は引き返した。彼は、蕑、源治、自分の妻にもこれを話してから、満寿の所へ行ったというのである。その後、高櫤村の富農、宗太夫から金子を受け取り[45]、銕太郎、子之四郎を連れて上山城下の勝沼の旅籠まで行ったが、勝沼から言われて、他の二人を帰したと言う。ここから見ると、道中、勝沼がどこで何をしたのか、供をしたはずの英三郎も知らないのである。勝沼が、最初から彼らを遠ざけようとしたかにもみえる。

森蕑の場合は、十五日昼四つ頃、やってきた英三郎に、米澤兵による勝沼待ち伏せの件を聞き、慌てて、これを郡奉行の佃八郎右衛門に知らせに行った。ところが、佃から心配は無用と言われて、出かけるのを見合わせたという。つまり奉行は、米澤兵が勝沼を待ち伏せているから危険である、とは考えなかったことになる。奉行も勝沼の行動の意図を承知していたのではないかと推量される。

八月十六日。夜に入って、精之允が任務から帰宅した。しかし、夜も更けていたため、満寿は夫が直ぐに休んだものとばかり思っていたところ、実はこの夜、「漆山陣屋から召し捕りに来るかもしれない」との風聞によって、精之允周辺の動きが急となった様子がみえる。つまり、精之允はこの夜、漆山からの風聞を聞き、急遽庄内に行き、その後上山に行くこととなったため、満寿の知らないうちに、宗太夫のところへ出かけたようだったというのである。周旋に必要な金を都合に寄ったのだろうか。

その後、何どき頃か分からないが、暁に精之允が帰宅した。夕方出て、庄内から上山に廻って戻ったことになるわけであるが、先述のように山形盆地のなかは諸藩の所領が複雑に入り組み、数里歩けば他藩領に入り、また通り抜けられるような地形であった。とくに、勝沼が暮らしていた高楯村から、庄内領は近い。また、同盟諸藩軍は、羽州の地域内に自領他領を問わず駐留していたと思われる。したがって、精之允が言葉通り、十六日の晩のうちに、庄内、上山の軍営に接触し、帰宅することは十分可能である。

十五日から十六日にかけて、勝沼が上山までしか行っていない様子から見て、米澤との接触は、上山で行われたか、あるいは至近の米澤領または山形で行われたことが考えられる。前日の陣屋での会議によって決まった出張である故、陣屋首脳陣（郡奉行）も当然内容を承知していただろう。この接触について、勝沼は英三郎等にさえ秘密にしておかねばならなかった。そこで、山形領内で米澤兵が勝沼を待ち伏せているので加勢が要ると告げて、英三郎を戻らせた。勝沼は、彼を、陣屋内部の反対派を意識しての情報誤操作に利用したのだと考えるのは、深読みに過ぎるだろうか。

八月十七日。満寿によれば、森蔀、大畑栄助が前夜上山に行ったことを知った精之允は、早朝、「蔀栄助上ノ山ニ罷在候得共、永々滞留ニ而者不宜候間、速ニ罷越候様」と、家来源助を迎えに遣ったという。同日夕、倉田英三郎の妻が、英三郎が帰宅しないことを案じて勝沼家を訪ねてきたので、夫婦は夕飯を振舞い、物語などして、夜遅く一人で帰るのもいかがなものかと、泊っていくよう引留めていた。そこへ、家来の源助が上山から帰ってきた。源助から、蔀・栄助両人には帰宅するつもりがないようだと聞いた精之允は、「左候ハヽ、自身上ノ山迄参り直ニ引連可参」と腰を上げ、出ていった。

彼は出がけに「佃様迄手紙持参様、並蔀其外より森谷源治方江之届状、早々可持参候様」にと郡奉行佃へ手紙を届けるよう家来に、また、源助が蔀らに預かった手紙(46)を源治まで届けるよう言いつけて行った。ところが、行き違いに郡奉行の佃から公用の手紙が届き、満寿を慌てさせる。満寿は、宗太夫の息子安五郎に、夫に手紙を届ける使いを頼んだ。陣屋の奉行との間の手紙のやりとりは、この事件の鍵となる事実であると思われるが、このことは、先行する叙述にまったく論じられていない。

八月十八日早朝。安五郎が帰ってきた。

今暁漆山迄罷越候得共、米澤御人数押寄候事ニ而大混雑、（中略）漸々逃帰候段申聞、驚入候(47)

漆山まで行ったけれども、米澤軍が押し寄せてきて、大騒動になっていたというのだから、安五郎は上山には行かなかったと考えてよいだろう。したがって、手紙が精之允のもとに届いたのかどうかは不明である。

満寿一家はとりあえず、宗太夫方に避難し、そこで英三郎、中田子ノ四郎の家内とともに仮住まいを始めた。

八月十九日夜。源治が来て、精之允は「上ノ山様之御世話」になっているそうだと知らせてくれ、満寿は夫の無事を知る。

八月二十一日。満寿は上山に引き移った。引っ越しに際して、満寿は宗太夫との間の、貸借関係の清算を申し出ている。

以上に見たように、妻の目は、夫の切迫した行動が、重大な局面に関わるものであることを、はっきりと捉えている。そして、そこからはまた、「自分の主張が聞き入れられなかったため、不満をもった勝沼は、八月十七日、同志六名を買収して徒党を組み、脱藩して米澤藩に通じた」との、過去の事件理解とは、かなり異なる状況が見えてくるのである。

（二）同盟軍による陣屋の接収

満寿の証言は、このあと、十月二十五日の出来事に飛んでいるが、勝沼の長男五郎の証言によって、この八月二十一日から、精之允が自殺する十月二十五日まで、一家は満寿の実家がある上山藩領内にいたことが分かる。

> 私父精之允儀重御咎被　仰付、私に家督金百五拾石被下候処
> 幼少ニ付無勤漆山勝手被　仰付難有　奉恐入候
> 然処、去ル八月中、母方之祖父上ノ山藩五十嵐于拙儀大病ニ付、日数十五日程之御暇頂戴ニ而罷越、対面看病仕度段願候処、御聞届被成下間、同十四日同所に罷越対面看病罷在候処、何等之儀雖事柄不相弁候得共、両親共同所に罷越、御陣内御家族も御引払に而米澤表被御越候様ニも承知仕候ニ付、顧日数者相立候得共、両親も罷在候間、其儘逗留、母ノ方ニ罷在候、其後十月廿五日、父精之允始徒党之者共御引渡ニ可相成筋之処、前夜深更ニ及び、私共罷在候宮脇村に精之允罷越、私差腰之短刀ニ而致自殺相果候ニ付、驚入當惑罷在候処、御検使ニ被成、死骸者御引付候、十一月四日、私共母妹共御引渡、漆山着之上慎罷在候様被仰付、奉恐入候、其後御出御吟味御座候得共、幼年之儀ニ付前後如何様之儀雖更ニ相弁不申、宜御賢察被下置、此上之御慈悲奉願候義ニ御座候(48)

ここから得られる新たな情報は、蟄居謹慎となった精之允が、すでに家督を五郎に譲っていたことである。精之允は三十歳、五郎は十一歳であった。八月、母方の祖父（筆者注、実は曾祖父である）上山藩儒者の五十嵐于拙が大病

である故、看病のためとして、五郎は十五日間の暇を願い出る。暇をもらい上山に向かったのは、問題の八月十四日のことであった。これも偶然とは思われない。祖父の看病をしているうちに、子細は分からないが、両親も上山にやってきた。陣屋詰めの者の家族も米澤へ引き移ったと聞き、五郎はそのまま一家で、母方の五十嵐家に逗留していたというのである。

五郎が「御陣内御家族も御引払に而米澤表被御越候様ニも承知仕候」と述べているのは、満寿の証言にあった十八日早暁の出来事の後の状況を指すと思われる。これが、勝沼の敵方通牒の結果であると理解する『遭難記録』は、十七日から二十一日の間の出来事について、以下のように記している。

八月十七日夜、上ノ山藩ヨリ急使ヲ以テ役頭召喚セラレ、又山形　ノ米澤藩ヨリモ急使ヲ以テ召喚セラレ、代官役（白石誠之助ナリト云）等出頭セシ処、前件直訴ノ趣訊問ノ上、直ニ腰縄ニテ引立テラレ、米澤藩兵及上ノ山・山形等ノ兵、我陣屋ヲ取巻キ、表門・裏門共ニ厳重ニ警固シ、取調ヲ受ケタルモ、固ヨリ虚言故何等ノ異状モ無シ、依テ兵士等ハ一先ヅ山形へ引上ケタルモ、陣屋許ハ如此疑念相掛リ候ニ付、米澤藩ニ於テ当陣屋ヲ預リ取締可致ニ付、十七才ヨリ四十才迄ノ男子ハ三日以内ニ出兵可致、女子共ハ十日以内ニ米澤へ出立可致旨申聞ケラレ、無拠八月廿一日男子二十人陣屋発足、宮ノ内ト云フ処ニ着ス、婦女子等モ続イテ同地ニ着シ、民家ニ分配宿泊シ、前後三十日間拘禁セラル、ノ災厄ニ遇ヒタリ

十七日夜、上山藩の急使および山形に滞陣していた米澤藩が陣屋の役頭を召喚し、代官が出頭したところ、直訴があったという事実について訊問のため引き立てられていった。同盟軍の兵士は、その間陣屋を取り巻き厳重に警固していた。取調の結果、訴えは虚言であったと分かり、兵士等は山形に引き揚げた。しかし、陣屋内に官軍を匿っているという（これが直訴の内容であったと思われる）疑念は晴れず、米澤藩が陣屋を預かる旨申し渡された。米澤の要求は、十七歳から四十歳までの男子は三日以内に出兵すること、婦女子は十日以内に米澤領内に移動することの二条

であった。やむを得ず、陣屋では八月二十一日、男子二十名が出陣し、婦女子は米澤領宮内という場所に移り、民家に分宿して、以後約三十日間抑留されることになったという。

すなわち、事件の中心となる出来事が、勝沼や三名の藩士達が不在となった翌日、漆山で起こったのである。それは、米澤藩による陣屋の接収と強制的な徴兵、婦女子の抑留であった。タイミングからみて、これは、通牒であるか否かは別として、確かに、勝沼の動きに呼応して起きた同盟軍側の動きではなかったのだろうか。

三　最上取締総督への歎願書

勝沼家文書のなかに、勝沼が慶応四年八月「米御藩最上御取締御総督中」にあてた歎願書が残っていることは、既に第三章に述べ、その何カ所かを前章、前々章にも引用したが、この嘆願書は、本章でここまで記してきた出来事の直後に執筆されたと考えられ、その主旨こそが、事件の核心に関わるものである。前項まで、周囲の人々の目からみてきた彼の行動やその真意に関する疑問が、これによって解けるであろうか。史料は長文だが、敢えて全文を引く。事件に関する記事は、二十三行目の傍線部分以降である。

「奉歎願口上之覚」

私主人家筋之儀者、先祖泰朝於徳川初而采地五百石ヲ賜リ、尋蒙御加恩、逐一万八千石并四万石之御判物頂戴罷在、三代目喬朝莫太之以御厚眷、先祖之封地江エ四万二千石ヲ賜リ、爾来六万石之侯班ニ列候段、其御鴻恩不侯記載可知御座候、然ル處、過歳、長州人自入京被禁候砌、弊藩之内右等之一儀ニ関係之者不少、遂ニ従徳川家政府蒙御嫌疑、主人迷惑之場合ニ陥リ、全ク右等之所為ニ出候事故、夫ニ取締貶黙ホ被申付、會津侯御家臣之衆エ意中盡陳述シ厚依頼仕候處、深ク御掌領被下置、徳川家政府向蒙御修補、且私防州徳山表迄罷越、事情見聞之儘、徳川家大監察エ拝謁委詳言上乃書取ニ仕、閣老方迄進達仕候處、追々主人之雲霧相散、長州一儀ニ関係仕候處置、粲然仕終、御嫌疑氷解候段、究竟會津藩御周旋之儀与深ク難有安堵仕、品々態願之上御両敬之親睦相結ヒ、厚御交際仕居候處、去卯ノ初秋以来藩儀何トナク相変シ、彼是心痛仕居候處、枢路之形情轉変仕、會津家御交際之遣モ追々疎ニ至リ候様子、九月之初旬私引籠在所表エ退候後、承リ及候、折柄、當春正月以来之形勢、議論沸騰仕、最心配罷在候處、二月十六日、私主人不應存寄儀有之ニ付、羽州於陣屋永蟄居家族召連早々引越被申付、在所表出立仕、其後ハ屏居之儀ニ付、形勢見聞不仕、徒ニ悲泣罷在候處、①奥州之御列藩御會議之上、薩長之賊御打拂之御軍議相決、諸国境エ御出陣之由竊拝承仕、皇国全義之御大擧ト乍恐難有感戴罷在候、折柄、舘林勢白川口ヱ賊一同襲来之趣傳聞仕、誠以驚懼縮身之至、可申上様茂無御座奉恐入候、元来弊藩人数奉對義軍発炮戦争仕候段、御普代之列ニ在テハ愈以奉恐入候間、今更彼是歎願仕候茂何共恐懼至極ニ候得共、②私儀主人勘気中ヲ茂不顧、度々同藩共ヱ及議論候義モ御座候處、何分不折合、特苦慮焦心罷在候、③然ルニ、兼而越路ヱ出兵仕置候人数引上候義ニ付、猶又役人共ヱ議論仕候處、是亦不決着之挨拶故、不得已、陣内徒士以上之者呼集、愚意申述候處、彼是折合兼、詰リ出兵之一義、米御城下迄罷出御模様為拝聞、郡奉行同行仕候段ニ一決、既ニ出立仕候得共、④右評席中ニ種々異論相唱候者茂有之、其後私始同志之者何様ニカ及處置候哉之模様茂承り込、元来議論不遇ニ有之候、折柄、陣屋之安危旦夕ニ迫リ候事故、兼々不都合之説相唱候者ノ為、赤心不実而已ナラス、徳川家譜代筋之臣下ニ在テ一个茂報国之志無御座候トハ、對藩祖恐懼汗顔之至リ御座候、幸哉、奥羽之義

国ニ在テ斯ル御盛挙ニ逢遇仕候義、難有仕合奉存候
間、此上何トカ名義之相立候様、歎願仕度所存ニ
御座候處、私始同志之者一同、前条風聞之通
成行候而者、寸志之廉、空相成、正邪混合仕候義、
甚以残念至極之義ト悲泣仕候、⑤折柄、已ニ、當上ノ山
御城下エ罷出候者御座候間、一ト先連戻、如何様ニモ
懇願仕度ト相心得、去ル十七日夜出宅仕、上ノ山迄罷
越候處、⑥不測モ、最早御人数御繰込ニ相成候趣拜
承仕、誠ニ以驚駭之至リ、猶更以テ奉恐入候、⑦伏而願クハ
於　御同盟之御列藩、傲臣之意中御忖度被
成下置、何卒　　御慈拝之上御賢慮之
御沙汰被成下度、奉懇願候、右之趣不取敢
上ノ山御藩御家老中迄歎願仕置候得共、
是迄之御続茂御座候儀ニ付、前条之次第
各様迄懇願仕候間、可然
御前邉御執政可被下候様奉頼候、誠恐誠惶
頓首謹言

慶應四戊辰

八月　　　　漆山詰

勝沼精之允
信為
印　花押

米御藩最上御取締
御総督中様

冒頭、徳川家と秋元家との譜代としての深い関係を前置きに述べているが、この部分は江戸留守居役の口上として、恒例の部分である。しかし、この文書の場合、この書き出し部分はとくに重要である。つまり、それに続け、会津藩との特別な関係を証す効果も持っているからである。

以下、史料を追ってみることにしたい。

①において本人の記すところによれば、奥羽同盟が結成され、「薩長之賊」を討つ軍議が成ったことを聞き「皇国全義之御大挙」と有難く思っていたが、館林軍が白河口に攻め込んだことを知り、身も縮む思いであった。そのような藩の一員である自分が、今さら何も申し上げられる立場ではないのだが、との前置きである。その上で記された、この嘆願状の内容を追ってみよう。

②によれば、前章において、六月の森谷密書で、陣屋が越後へ出兵したことは確認できたが、そこに至るまでに、勝沼を始めとする陣屋詰の間には大議論が交わされていたとあった。その折の立場について、は次のように述べられている。

私儀、主人勘気中ヲ茂不顧、度々同藩表エ議論候義モ御座候処、何分不折合、特苦慮焦心罷在候(49)

すなわち、満寿が述べていたように、本人も、謹慎中ながら、たびたび陣屋へ赴いて、重要な議論を行ってきたことを認めている。しかし、議論は噛み合わず、時勢を考えると焦心の毎日だったようである。

③最近の事情、つまり、八月八日、越後口に出兵していた兵を引き上げて以後の陣屋内の様子はどのようであったのだろうか。

史料からは、六月以来越州へ出兵していた兵を撤退させたことについても、陣屋役人と議論を交えたが、なかなか結論が出なかったことが分かる。そこで、勝沼は、役人達との議論だけでは埒があかないと見てか、陣屋詰の徒士以上の藩士を集めて、衆議することとした。それでも結論が出ないため、ともかく「出兵之一義」については、「米　御城下迄罷御模様為拝聞」に「奉行同行仕候段ニ一決」したという。つまり、勝沼が郡奉行を同行して、米澤城下まで形勢を見に行くということになったというのである。反対勢力がいたにしろ、これを見る限り、前節で述べたように、陣屋の衆議は、少なくとも正常に行われていたように見える。

これが、八月十四日に漆山陣屋で行われたという議論の内容と結論だったと考えられる。「一心二心の議論」について、同盟側が劣勢となったタイミングで、兵を引き揚げた陣屋の行動に対する米澤側の疑いを、勝沼が強く懸念したものではないか、と分析した本節始めに行った推量が裏付けられる記述である。

そして「既ニ出立仕候」とあるように、勝沼は、実際に奉行をともなって米澤城下へ出発したことが分かる。これが、満寿の証言にあった八月十五日の米澤出張であったと思われる。蟄居中の藩士が、郡奉行を伴って他藩へ赴くはずはないので、これ以前に謹慎を解かれたというのは、本人の言によっても事実であることが証明されたことになる。

しかし、関係者の証言からも、まったく見えなかった重要な点、実際に郡奉行が同行したのか否か、どのような形で出張が行われたのかについては、本人の言からもまた知ることはできない。

④続いて、彼が米澤へ出かける前後の陣屋内はどんな様子であったのだろうか。

勝沼は、先の議論を行った陣屋詰めの内には異論を持つ者があり、自分と自分に同心する者たちを何とか退けたいと思っている様子も承知しており、そのような状況では、議論はもともと不遇であったのだ、と述べている。陣屋詰め全員の意思統一が、かなり難しい状況にあり、彼の議論を支持する側は苦しい立場に置かれていたことが窺われる。

そうしているうちにも、陣屋領の安危が極限にまで切迫し、滅亡が迫ってくる。このままでは、自分たちが反対派から、「赤心不實」であると言われるのみでなく、身柄を拘束されてしまって「徳川家譜代筋之臣下ニ在テ一个茂報國之志無御座」という結果に終わることになってしまうのは、秋元藩祖に対し恐れ多いことである。しかし今、幸いにも、奥羽の義国に居て、同盟という盛挙に居合わせたことは、有難いことである。こう述べて、勝沼はさらに、このうえは同盟に対して、何とか徳川譜代の臣下として名義の立つように嘆願したいと思っていたにも拘らず、これが思うように運ばない困難さと、自らの置かれた苦しい状況を述べている。

勝沼は、陣屋内に反対派が存在することを認め、自分たちについて、「赤心不實」であるとの噂が流されている事実を肯定している。赤心とは真心であるが、ここは、藩に対する忠誠心であると読むと、続く部分の「報国の志無御座」と藩祖に対して恐れ多いという言葉とが、どのような関連になるのか少々難解な箇所である。

勝沼が、反対派が流すその噂（赤心不實）は、いわれのないことであると考えていることは確かである。その汚名を着ることによって、徳川家譜代の家臣として当然の「報國之志」も全うせずに終ってしまう。それでは、秋元家の藩祖に対しても、申し訳が立たない、と彼は言う。しかし、幸いなことに、奥羽の地では、同盟がなり、それは彼にとって、有難いことなのである。同盟の目指す国を「義国」と呼ぶ彼が報いようとしている「国」とは、その義国と同じなのであろうか。文書の先行部分に見る限り、勝沼は、徳川の治める国はすでになくなったことを肯定しており、皇国を認識している。しかし、今ある皇国を治めるのが薩長（賊）であってはならない。元治元年に徳山出張の使者を務めた経験からも、彼が政権担当者としての長州を認めないであろうことは明らかである。では、勝沼が描いていた新しい皇国は、どのような国であったのだろうか。知りたいところだが、ここでは少なくとも、その国は、彼の中では、旧譜代藩の存在とも矛盾しないかたちをとるはずではなかったのだろうか、とまでしか言うことはできない。

さて、ここでいう「噂」とは、勝沼らを捕えようとする動きがあるという、八月十六日深夜、勝沼が耳にして、すぐに同盟と接触するべく、行動をおこすこととなった風聞の内容を指すと考えられる。陣屋内の政治的対立は、幕府が倒れ、徳川家が政権を返上したあとの、新たな「皇国」のあり方をも含むものであったのか。あるいは、自らの立場に対する同盟側の理解に訴えているのは、米澤総督に嘆願を認めてもらおうとする政治的な意図に終始しているのだろうか。それを、史料から判断することには、無理があるとしなければならない。

⑤そして、筆は、翌十七日の出来事に及ぶ。

折しもすでに陣屋詰めの藩士の中に、ご当地（勝沼は上山に滞在中であった）上山城下まで出た者があると聞いた。そこで、勝沼としては、ともかく、その者をいったん陣屋領内に連れ戻し、そのうえで、どんなことをしても、改めて同盟側に懇願したいと考えた。

ひとまず連れ戻したうえで、陣屋一同として懇願することには、彼なりの意味があったと思われる。それが、十七日夜、家を出て上山までやってきた理由なのだ、と言うのである。

勝沼がこう述べるのは、妻が述べていた十七日の状況と一致している。朝、家来を迎えにやったが、藩士達は帰ってこない。満寿が、夫は「自分が連れ戻しに行こう」と言って出かけて行った、と証言していた。

「懇願」とは、何のための願い出であるのか、ここからは判然としない。しかし、続く部分から、それが本来なら同盟軍によって攻撃されるべき、存続の瀬戸際にあった漆山を、その同盟軍によって保全してもらうことであったのではないか、との推量が成り立つのである。

⑥すなわち、勝沼は、藩士たちをいったん連れ戻そうと言って、一見気軽に陣屋領を出てきた。ところが、はからずも、もはや米澤が兵を入れたと耳にし、非常に驚いた。ここで、勝沼は「もはや」同盟が兵を入れてしまったことを知って驚愕していると言っている。そして、そのタイミングの早さは、勝沼にとって「不測」の出来事であったよ

うである。つまり、勝沼は「御人数御繰込」つまり同盟軍の進攻については、想定していたが、それが、自分が上山に出るのと入れ違いに起こってしまったということが不測であり、その事態に驚いていると考えられるのではないだろうか。

⑦文書は最上級の歎願の言葉をもって結ばれる。歎願書は「米御藩最上御取締御総督中」、すなわち米澤藩の最上地方を管轄すると思われる機関宛てであり、奥羽同盟軍のなかにこのような機関が設けられていたことがわかる。

署名を見ると、勝沼は精之允信紀ではなく、この文書に限り、「信為」（信じて為す）という名を記している。この名が藩内において知られていなかったことは、『遭難記録』、『口書』の何れにも、「信紀」が使用されていることから明らかであるが、『勝沼家過去帳』には、五郎の手かと思われる子供の字で「信為」と記されている。

四　周旋活動の核心

八月十四日以降、謹慎を解かれて、正式に陣屋を預かることとなった勝沼精之允の政治行動の中核は、米澤藩との交渉であったことが明らかとなった。八月十四日というタイミングは、奥羽戦線のただ中において、事態収拾にむかって動きだすのに絶妙な時機であると思われる。なぜなら、前章で見たように、館林本藩が全軍出兵して、主力が奥羽へ向かったのは、七月末だったからである。米澤出張は、陣屋詰めの衆議を受けて、表向き、同盟軍への再参加について形勢を伺うことであったようだが、供の者を人払いしていることや、森蔀の通報を退けた郡奉行佃の様子から見て、実はそのほかに、陣屋当局は、この出張に一定の周旋目的を持たせていたと考えられる。それについては、共に陣屋の保全を議論してきた勝沼と二名の郡奉行たちとの間で、了解の成り立っていたことが十分考えられる。

では、それは、後に解釈が加えられたように、佐幕論者としての行動であったのだろうか。そして、周旋の目的とは何であったのだろうか。

前掲の歎願書の④の部分の議論に戻ってみることにしたい。

嘆願書の当該部分から、勝沼の政治行動の中核については、二つの考え方ができる。第一に、陣屋領が置かれていた現実に立ってみるならば、陣屋領を、具体的にどのように保全するかが、陣屋詰めの藩士全体の直面する緊急課題であったことは明らかである。したがって、この時点での陣屋内の意見対立は、領地、領民を危機から守る方策をめぐるものであったと考えることが、より現実的である。つまり、そうしたなかでは、右か左かを、政治信条的な見地から選択する余裕はなく、陣屋内の対立が、後に解釈されたように勤王対佐幕という対立構造によるものであったとするのは疑問である。より切迫した、地域の事情に基づく判断における対立が先であった、と考えたい。よって、歎願書のこの部分は、徳川家譜代の立場を前面に出して、反薩長の同盟軍総督米澤藩との接点を求め、それを政治交渉の拠り所として、交渉を有利に進めようとする意図が現れた部分であると、まず考えるのが妥当かもしれない。

しかし、第二に、これが、事件が終わりを迎えた段階で出された嘆願であることを考えたとき、実は、勝沼が、周旋活動の根底に、米澤藩と同盟とに対し、政治的シンパシーをもっていたこと―少なくとも、米沢藩に対して強い信頼感をもって接していたこと―が窺える部分とも言えるのである。勝沼の政治行動の中核はどこにあったのかを、再考する必要がある。

勝沼自身、歎願書の前半部分では長州戦争期に幕府に受けた疑いを指して、「徳川家政府」の御嫌疑という言葉で記し、あるいは同盟成立を、「皇国全義之御大擧」としているのである。これらの用語を選択していることから、彼は、すでに徳川の政権は終わり、自らが直面しているのが皇国における状況であることを、はっきりと認識していることは確かである。そして、前述したように、引用した史料の字句を見る限り、勝沼の（おそらくはぼんやりと）描いていた新しい皇国の姿は、旧譜代藩の家臣である自分にとっても矛盾がなく、それに報いるに値するかたちであったと考えられる。第二節に述べたように、輪王寺宮を担いだ奥羽越同盟は、朝廷と結んで政権を樹立しようと動いていたとされる。前年以来、情報収集に努めていた勝沼が、そのことを知らないとは考えにくい。その事実は、彼が陣屋の生き残りの拠り所とするに十分な根拠としうる。これに本当に賛同してのものか、あるいは、政治的交渉のカードに利用したものなのだろうか。つまり、彼は、自藩秋元家の生き残りを至上として動いたが、それは果たして、彼の描く新しい国の一員としての秋元家の姿を求めたからか、あるいは、主家の存亡をかけての嘆願に、政治的方便として同盟を義国と呼んだからなのか、それについては、どちらが真相であったとも、現時点では史料不足で、明確にすることはできない。

第一、第二のいずれにしても、ひとつだけ明らかなことがある。それは、ここから見る限り、勝沼が、従来言われているようにいわゆる「勤王対佐幕」という対立を意識する単純な佐幕派（親徳川）である、と読む根拠はないということである。見えるのは、彼は、ただ、自藩秋元家の生き残り──おそらくは、新しい国の一員としての秋元家の生き残り──を至上としていたことである。

勝沼は、藩の安政改革のなかで育ち、個人的にも勝海舟門下で航海術・砲術を学んできている。新たな軍事知識を身につけ、江戸留守居役として政治経験も積んできた人物として、彼の戦況分析は、奥羽の状況が、現時点では同盟に有利であっても、戦況次第では、本藩軍が就いている新政府軍側が一転勝利する可能性をも計算に入れていたと考えるべきであろう。したがって、勝沼自身の「国」概念はここでは重要でなく、彼の最後の嘆願書は、あくまで、当面実現すべき周旋の、政治的意図に貫かれたものであるとしなければならないと、筆者は考える。では、周旋の目的とは何であったのか。

前節における分析から、同盟側と勝沼の交渉は二段階で行われたことが分かっている。最初は八月十五日である。翌八月十六日、領内と周辺に、勝沼が召し捕られるという風聞が流れた。勝沼がそれを耳にしてすぐに、再度、同盟と接触するべく、行動を起こすこととなった風聞である。おそらく、勝沼の行動を通牒と判断していた反対派が、それを未然に防ぐために、勝沼を拘束しようと動いたのだろう。それにより、事態の緊急性が増し、勝沼にとっては時間的余裕がなくなった。つまり、自分が拘束された後では、米澤藩との交渉が水泡に帰す。したがって、急遽、最初とは別の周旋行動が必要となったと考えられるのである。

そして、行われた第二回の接触、すなわち、十六日深夜の庄内、上山への単身での周旋は、十八日早朝の米澤藩の突然の進攻と、直接関連があったと考えてもよい。

その後の経過から見て、米澤藩に陣屋領を預かってもらうことを願い出ることにより、最悪の局面（本藩同様に新政府側に付いているとして同盟軍の攻撃を受ける）を回避しようと図ったのが、二回にわたる交渉の目的であったと考えられる。二回目の周旋は、それを即実行してもらうよう、交渉することだったのではないだろうか。これに続く史実は、同盟軍の陣屋への進攻というかたちで現れた。とすれば、米澤藩との間に、米澤藩に預かってもらうことで陣屋領の保全を実現しようとする、政治的に非常に高度かつ微妙な交渉が成立したことになるのである。そして、勝沼の戦略は、八月半ばの陣屋領が戦闘を避けて終戦を待つためにはおそらく最善の選択でもあった。

ところが、米澤軍の進攻のタイミングが予想外の早さであったことは、勝沼の失策であったと言える（それは、郡奉行との間で行き違った手紙が原因であった可能性も考えられるのだが）。そこで、上山で漆山接収の知らせを聞いた勝沼は、生じてしまったミスについて確かに陣屋領を保全し得たのかどうかを確認し、米澤藩が、自分の真意通りに事を運んでくれるようにと願いつつ、前掲の「奉歎願口上覚」を提出したと考えることができるだろう。陣屋詰めの藩士と家族達は、二十一日に領内から米澤藩領に引き移った。勝沼精之允の嘆願状が提出されたのは、それより前、十八日から二十日までのいずれかの日であったと考えたい。

そもそも、藩の財政を支える羽州領四万石の保全は、館林藩にとって、重大な政治課題であった。本章での考察をとおして見たとき、前章でも触れたように、奥羽開戦前夜、蟄居謹慎のかたちをとって、庄内藩との境界地域に向かった勝沼が、最初から羽州領の保全を任務としていた可能性は高い。元江戸留守居役の勝沼は、徳山出張時の会津藩とも、また、藩主が親戚関係にあった米澤藩ともパイプがあった。その上、幼少期に家督相続を許され、側に仕えた前藩主志朝への恩義があり、世嗣時代からの現藩主礼朝とは強い信頼に支えられていた。その人物にこの任務を託すことは、適材適所であったと言ってもよいのである。

第四節　事件の終息

一　勝沼の自殺

勝沼精之允と六名の藩士達は、八月二十一日以後、上山に滞在することとなった。前掲の五郎の証言に従えば、戦争の成り行きを上山で見届ける間、勝沼精之允は家族とともに過ごしていたようだが、九月十八日、上山藩が降伏すると、身柄を拘束された。

十月十日、九条、澤、醍醐三総督と新政府軍が漆山を凱旋本陣として陣屋領内に進駐し、七日間領内に分宿した。勝沼は、館林藩への身柄引渡しが行われる直前の十月二十五日、逃走し、妻子が身を寄せていた宮脇村大沼家で自殺した。彼の死の直後、満寿が検死役人に語った夫の最期は、次のようであった。

私夫精之允義、昨廿五日暁上ノ山御領分宮脇村庄屋作兵衛宅ニテ自殺仕候ニ付、各様御立會御見分ノ上始末御尋ニテ御座候、此段申上候、私夫精之允儀、如何之所存ニ御座候哉、當八月十七日漆山御陣屋御役人へ書状一通差置、御陣屋出候ニ付、翌十八日朝義ニ御陣屋出、直様高櫤村鈴木宗太夫方へ罷越遣候処、同月廿一二日之頃、御陣屋御役人中ヨリ上ノ山御役人へ御引渡相成、御當所裏町薬師庵ニ暫ク逗留後、九月十八日、宮脇村庄屋宅ニ御

引移シニ相成申候、
然ル処、昨廿五日暁七ツ時頃ニモ御座候ヤ、不斗、夫精之允常ナラサル体ニテ参リ脇指渡候様申聞候ニ付、如何之次第ニ候哉承リ候処、漆山御陣屋立出候後、兼々死ヲ決シ居候処、弥差迫リ候場ニ相成候ニ付生害致ベク心得ニ候得共帯シ大小ハ御預リニ相成候事其意ニ不任無餘義當方マテ罷越候間早々脇差相渡候様、再應申聞候ニ付、實以テ無餘義場ト存シ、兼テ夫ヨリ預リ置候脇差相渡シ候処、西方へ向ヒ直接咽へ突立、只今御見分之通リ相果候事ニ御座候、倅五郎女子鐵（マヽ、鋤）治事モ其場ニ有合候得共、唯々相嘆キ居候ノミニテ前後弁ヒサル事ニ御座候、
外ニ精之允最期ニ及ヒ申遺等モ無御座其内御役人中御出張相成候事ニ御座候、何向御雙方様へ斯奉掛御厄介候段、恐入奉存候

右之通ニ御座候以上

右　マス

辰十月廿六日

舘林御出役　近藤十次兵衛殿
嶋崎　八弥　殿
上ノ山御出役　秦　多治馬　殿
吉田傳五左エ門殿(50)
鈴木　篠太夫殿

まず、満寿は、一家が上山に来た経緯を説明しているが、口書きでは触れていなかった二十一日以後の事情が分かる。すなわち、最も重要な点は、満寿が上山に移ったのは漆山陣屋の判断によるものであったことである。満寿たちは、上山では、初め裏町の薬師庵に住んでいたが、九月十八日、上山藩降伏の日に、宮脇村庄屋の家に移されたことが語られている。十月十日、祖父五十嵐于拙が死んだ時(51)、満寿らが臨終に立ち会ったかどうかは不明である。

夫が死んだ直後であるが、満寿はここでも、夫が八月十七日に漆山を出るとき置いていった郡奉行宛の手紙の存在に触れることを忘れていない。

十月二五日早朝、夫がただならぬ様子で現れた。脇差しを渡してくれと言うので、子細を尋ねたところ、自分も前から聞かされていたとおり、「漆山を出て以来ずっと死ぬ覚悟だったが、今いよいよその時となった」と言う。だが「上山役人に大小を預けてしまってそれが果たせないため、ここへ来た。脇差しをくれ」と繰り返すので、やむなく兼ねて夫から預かっていた脇差しを手渡した。満寿も訳を聞いたが、もう止めることはできないと覚悟したのであろう。脇差しを受け取った精之允は西方を向くと、すぐさま咽を突いて自殺した。倅五郎（筆者注、十一才）と娘鋤治（五才）も、その場にいたが、ただ取り乱し、嘆くばかりであった。目の前でおきた、急な父の自殺に皆前後もわきまえぬほどの状況だった。夫が言い残したことは何もない。間もなく、館林藩の役人もやってきて検死となった。

次に、上山藩役人が述べるところによれば(52)、二名の役人は、勝沼を大切に見張るようにと言いつかっていたが、精之允は厠へ行くと言って隙をみて逃げだし、自分たちが宮脇村の庄屋（大沼家）宅に着いたときには、もう自殺していたということである。

精之允が、いよいよ死の時と覚悟し、死を急がなければならなかったのは、館林藩への引渡しが迫っていることを知ったためであろう。妻は、役人の調べに対して、漆山を出て以来死を覚悟していたという以外に、夫が言い残した

ことは、何もないと答えている。(53)

彼の自殺が、何らかの罪を意識したことによるものか、あるいは、新政府の奥羽処罰の方針を受けた、奥羽領の一重臣としての引責であったのか、その真意は不明である。八月末、彼が米澤総督宛に嘆願書をしたためてから、一か月余り後に、同盟諸藩が降伏した。この間、彼は上山城下に家族とともに暮らしていた。さらに一か月後、勝沼は自殺した。この間、彼は上山藩当局によって拘束され、家族は宮脇村大沼家に身を寄せていた。約二か月もの間に、彼が何をしていたのか、藩との間に何があったのか等は、知ることができないのである。

二　藩の葛藤

飛領は、八月下旬から一か月ほど同盟軍の占領下に身を置き、本藩軍は会津攻めに全力を注入した。九月二十二日、会津軍の降伏で奥羽戦争が終結する。漆山陣屋は解放され、藩は、結果的に、本藩と飛領との所領保全に成功したのである。

会津攻めを終えた本藩軍は、十月十日、新政府軍の三軍を案内して漆山に入り、凱旋本陣を提供した。勝沼は、上山でこれを知った時点で、自分が関わった任務の結末を見届けたことになる。もし勝沼等が八月十七日の米澤軍による陣屋接収のときに領内にいれば、彼の戦略は万全だったと言えよう。奥州の各藩と同様、重臣が一身に責任を引き受けるかたちで終わらせれば、つまり、彼の引責自殺によって、館林藩にとって、幕末の「曖昧」との決別は完結するはずであった。勝沼が、上山に出てしまった藩士達を迎えに行き、陣屋詰め全員として、歎願することに拘った理由はそこにあるのではないか。ところが、現実は、勝沼等は藩の外に出てしまったことになる。これを自らの想定外の失策と悟っていたと思われる勝沼自身にとっては、意味づけはともかく、死の覚悟は変わらぬものであったろう。それは、歎願書にあった諱名「信為」によっても裏付けられており、八月末の段階で、彼はすでに、自らの行動が生命を賭けての行動であると同時に、自ら事を成し遂げた、と納得していたと考えられる。

勝沼の家族はじめ事件関係者はすべて拘束されて、十日後の十一月四日、引き付けのうえ漆山に護送され、漆山において数度の取調を受けた。さらに、彼らは雪解けを待って館林に送られ、本藩によって裁かれることとなったのである。

館林における明治二年二月の裁判を経て、最終的に、勝沼の長男五郎に対して言い渡された父の罪状文を引用し、藩の主張を検討してみよう。これは「館林藩勝沼精之允外七名之者脱走始末書」との文書中にある（『遭難記録』所収）。

五郎父　勝沼精之允

時勢切迫、奥羽騒擾、国家多難ノ砌、御領分御陣屋保方ノ義ニ付苦慮致ストハ乍申、其身重キ謹慎中ニテ国事周旋相成兼候迚、他藩へ手ヲ入レ剰へ謹慎被仰付罷在候森谷源治ヲ呼寄セ及審議、度々漆山役宅へ罷越談論ニ及候始末、上ヲ蔑如シ。兼々農兵取立ノ義論ヲ主張シ、奥羽へ御支族相立御分領ノ内聊成共御所領ニテ侯班ノ列ニ御加ハリ候ハヽ、タトヒ御本領滅亡ニ及候共、御苗跡ハ当地へ相残可申抔、無謂辨論ヲ以テ御家筋ヲ唱へ、源治始メ軽輩ノ者共ヲ煽動致シ、同志ニ投入シ、上ノ山へ脱走、陣屋ノ者、二心ヲ抱キ一心ノ者被召捕候抔勝手宜敷申成シ、奥羽尽力ノ義ニ付、御由緒書等書並べ自分一名ノ哀訴状ヲ差出置ナガラ、時勢一変奥羽各藩降伏ノ後前件ノ趣意トハ胥壊齟齬ノ歎願書ヲ廻シ、意ヲ巧ミニ書錺リ再度差出シ、彌々御引渡ノ期ニ臨ミ、潜ニ逃走自殺致シ、聊カ悔悟ノ義ヲ示シ謝罪候心底ニハ可有之候へトモ、一件ノ首トナリ不容易所業ニ及候趣、御藩筋心得違トハ乍申、先年重キ御役モ被仰付候身分大義名分ヲモ相辨へ居可申筈ノ処、逆意ニ均シキ挙動重々不屈至極ニ付獄門申付候

右によって、藩の見解をまとめてみると、先ず冒頭で、

①時勢柄、勝沼が「御陣屋保方」に苦慮した行動に一応理解を示している点が注目される。

②しかし、勝沼は、謹慎中であったため国事周旋がままならなかったため、他藩と結託したと言うのである。すなわち、彼の蟄居が御免となったことには、いっさい触れられていない。

③さらに、勝沼が一存で、藩が謹慎させていた森谷源治を呼び寄せて密談に及んでいたことは、上を恐れぬ行為であるとする。

④次に、勝沼が、以前より農兵取立を主張していたことが挙げられているが、これが、もともと精之允と藩政トップとの政策の違いとなっていたことが窺われる。これは、初出の情報である。(54) そして、この件が加えられていることからみて、一連の事件の裁きと判決に、本藩において勝沼と政治的に対抗していた勢力が関わったことが分かる。

⑤今回の事件についての具体的な罪状は、「奥羽へ御支族相立御分領ノ内聊成共御所領ニテ候班ノ列ニ御加ハリ候ハヾ、タトヒ御本領滅亡ニ及候共、御苗跡ハ当地へ相残可申抔、無謂辨論ヲ以テ御家筋ヲ唱へ、源治始メ軽輩ノ者共ヲ煽動」したことである。

戊辰戦争において、戦況はいずれが勝つとも分からず混沌としており、そのなかで、勝沼は、何としても藩侯としての秋元家を残さねばならないと考えていたことが分かる。この考えを、陣屋の軽輩に説いて彼らを煽動したこと、続いて、彼らと共に上ノ山藩に脱走したこと、漆山陣屋は同盟に対して二心有りとして、新政府軍に近い立場の者たちを同盟軍に召し捕らせようとしたこと、さらに、戦争が終わると、趣旨の異なる哀訴状を何度か差し出して、自分一身の保身を図ろうとしたことが挙げられている。中心部分として述べられているこの部分は、前章で見た『遭難記録』が、基本的な筋書きとしていた部分に一致していることが確認される。また、勝沼自身の哀訴状については、藩の関与が明らかになるだけに、是非とも否定すべきものであったと考えられる。

⑥最後に、彼が自殺したことについては、謝罪の気持ちからであろうと認めている。しかし、やはり彼は重臣の立

場にある。故意にではないにしても、藩の政治方針を見誤り、身分相応に大義名分を弁えぬ行動をとったことは、逆意に等しいものである。それにより、獄門に処するというのである。

以上をみると、藩は冒頭で、勝沼が陣屋領の保全に苦慮していたことを認めている。また、終わりに、自殺について、謝罪の気持ちを認めている。すなわち、「国家多難ノ砌、御領分御陣屋保方ノ義ニ付苦慮致ストハ乍申」、また、「御藩筋心得違トハ乍申」としながらも、結局、彼の行動が重臣としての大義名分を弁えない所業であるとして罰しているところに、藩の苦心と迷いとが見え隠れする判決文であると言わねばならない。

藩からすれば、飛領保全という勝沼の任務は、成功したのである。しかし、藩にとって、「曖昧との決別」は複雑となった。最初は、漆山を預かる重臣として、勝沼の引責自殺というかたちによって事態を収拾できると考えていたのであろう藩は、飛領から敵地上山へ出た形になってしまった勝沼らの処置に向き合わねばならなくなったためである。そこで、藩はまず、これを藩士の脱走事件として扱う。『遭難記録』に添付された文書によれば、判決の時点では、事件は未だ「勝沼事件」の名を持たず、「漆山陣屋騒擾」または「勝沼精之允外七名之者脱走事件」とされていたことを思い出さねばならない。右の判決文も、この後者のなかに置かれていたのである。それによって、この段階では、事件は藩のレベルで捉えられていた。飛領保全に努力したものの、藩の意に背く結果を招くようになったとの理由によって、藩は勝沼を政治的に切り捨てたのだと考えられる。あるいは、ここまでは、勝沼本人も了解していたのかも知れない。

三　関係者に対する処罰

勝沼精之允の家族はじめ事件関係者はすべて拘束されて、十日後の十一月四日、引き付けのうえ漆山に護送され、漆山において数度の取調を受けた。さらに、彼らは雪解けを待って館林に送られ、裁かれることとなった。明治二年

（一八六九）二月の判決は次の通り、かなり厳しいものとなる。飛領の一連の動きは、当時、陣屋領周囲のみでなく、新政府軍内にも知られていた。(55)藩は、毅然とした処置で臨まねばならないところに追い込まれたと言えよう。

自殺した勝沼の首級は館林城内獄門にかけられ、父の罪状は、十一歳の長男五郎に宣告されている。妻と二人の子供達は親類預けとなった。(56)その他の関係者は最年長四十三歳の森谷源治が獄門、(57)橋本鉄太郎、森蔀、倉田英三郎、大畑栄助、中田子ノ四郎、杉本清助（十七歳から三十八歳までの藩士たち）が永牢、森谷源治の妻は家族と引き離されたうえ追払となり、英三郎の妻は所払い、高櫛村富農鈴木宗太夫および息子の安五郎は押込めとなった。宗太夫の二男政五郎と勝沼家家来の源助については御構無しとされた。また、藩士達の父親にもそれぞれ連座処分が及んでいる。

郡奉行への処分については既述したが、三人の奉行の一人妹尾友之進は、精之允の実姉濱子の夫である。当時勝沼一家は姉家族と共に、飛領詰めだったのである。妹尾の息子たちも連座処分を受けているが、濱子については不明である。精之允の実弟大津與市は、慶応三年十二月末以来横目付を勤め、四年八月、御役御免となっていたが、「明治二巳二月五日実兄精之允義ニ付慎、同午三、二月七日慎　御免」(58)とあるように、與市も連座処分を受けている。

十月十日、九条、澤、醍醐三総督と新政府軍が漆山を凱旋本陣として、領内に入ったことは先述した。このとき、館林藩軍を率いていた齊田源蔵は、その後十二月まで領内に留まり「領分ヲ巡検シ夫々手當ヲ施シ」本国に引き揚げたとある。事件の調査を含め、陣屋の行動を監察したのであろうか。また、終戦とともに、元中老根岸錬次郎は左遷され、再び漆山に赴く。(59)本藩が関わった同盟軍参加の証拠を、新政府側が疑問をもたないように封印することを目的としていたのではないかと考えると、この左遷の意味も肯けるのである。奥羽戦争前夜の慶応四年三月、根岸に従って、二か月間漆山に出張した勝沼の教え子小野田は、終戦とともに出征先の奥羽から東京、さらに諸地域へと任務で移動して館林には帰らず、裁判を知ることなく廃藩を迎えた。(60)

本章冒頭に触れたように、事件は、佐幕論者（逆賊）による叛逆事件（反勤王、つまり新政権に対する犯罪）と理解されてきた。しかしながら、第五章の分析によれば、判決の時点では、現在伝わっているように、明確な叛逆事件という判断は、避けられていたと考えられる。では何故、今日まで伝わっているような理解が定着したのだろうか。

事件の裁判後間もなく、戊辰戦争の論功行賞が浮上するなかで、藩はその後、さらに、「曖昧」行動のすべてを否定する必要に迫られることになったのである。藩は「朝敵」となってはならなかった。とくに、維新後帰藩した尊皇派の旧藩士達にとっては、それは絶対的な意味を持っていたと考えられる。館林藩は、この先新政府軍に従う以上、それまでの曖昧行動を隠蔽し、終始勤王を貫いたとして、行動の一貫性を主張せねばならなくなったのである。そのためには、同盟軍側に付いていたことが明らかな飛領の行動すべてを、本藩の預り知らぬものであったとしなければならない。そこで、藩はいったん藩内の意思の齟齬として結着させたこの事件を「勝沼事件」と名づけ、佐幕論者勝沼が、謹慎中でありながら陣屋の意思を操り、同盟側に飛領を占領させたという、まったく個人的な新政府への叛逆事件に仕立てることによって、その政治課題を克服しようとしたのではないだろうか。そして、それが最終的な事件理解として、あとに残ることとなった。

四　満寿の沈黙

当事者のひとりであった勝沼満寿は、藩が、夫の行動を叛逆行為とし、政治的に葬ったことも、あるいは、それが維新後の秋元家の存続のためには不可避であったことを承知していたかの如く、その後死ぬまで沈黙を守り通して、夫の秋元家に対する忠誠と同時に、主家の秘密も胸に収め抱き続けた。(61)

館林で親類預けとなっていた満寿は、廃藩とともに子供たちを連れて上山に戻り、上山女学校の初代教師として生計を立てる。長男五郎は、明治九年、東京商船学校の第一期生として上京した。五郎が商船船長となってからの満寿は、五郎一家に従い、横浜、新潟、神戸と居を移した。その間に、勝沼家は憲法発布にともなう恩赦によって、士族として復籍を果たしている。(62)五郎は、日清戦争中は、大坂湾内の水先案内をしており、戦いには関わっていない。しかし、戦後、掃海艇として徴用された奈良丸船長となったとき、台風に遭い、膨湖島沖で船と運命をともにした。四十歳であった。一家は、静岡に移り住んだが、生活は苦しく、病身となった五郎の妻に代わり、五十八歳の満寿は、孫精蔵の教育に専心した。五郎の商船学校入学に際しても、また、静岡で苦学する精蔵に対しても、精之允を知る旧幕時代の人々の助力があったという。

現在上山と山形に定着している伝説においては、精之允の自殺が切腹であるとされている。また、男勝りの満寿が、自分から刀を渡し、長刀で介錯をしたとの話も伝わっている。しかし、二一五頁にあげた十月廿六日付の史料を見た限り、夫の死の覚悟を感じとってはいたであろうが、突然その場になって、動揺する妻の姿が見え、切迫した状況が表れている。また、父親の死を目前にして取り乱し、泣く子供達の姿も記されている。そして、精之允の死は、咽を突いての自殺であったことが明らかである。なにより、介錯をする者のない場所で武士が切腹という手段を選ぶことは不自然であり、追手の迫る中では、もっと確実な方法を選ぶはずでもある。しかし、満寿の実家である五十嵐家の記録にさえ、実弟の手で、精之允の死が切腹であると記されていることからみても、また、満寿によって育てられた孫の精蔵も、真相を知らないようであったことからも、満寿が沈黙を貫きとおしたことは確かであり、その意味の重さを知ることができるのである。

本章において、明らかになったのは、館林藩羽州領の「曖昧」との決別過程である。館林藩は、関東戦の時期を通じて、新政府軍の圧力の前に、一貫した姿を見せることはなかった。戦況の展開全体を見通しながら、臨機応変に、藩にとって有利な立場を模索してきていたが、慶応四年七月に至り、全軍出兵しての会津討伐参加を最後の選択とすることとなる。いっぽう、羽州飛領もまた、本章で見たように、同盟軍の圧力の前に「曖昧」行動を繰り返しながら、情勢を図っていた。本藩軍は新政府側に従い、飛領は同盟軍に拠ることを選択して、それぞれに「曖昧」との決別を行ったのだが、意図的に二股を掛けたわけではない。戦況によっては、いずれかが倒れることになるのは明白であった。そこで、飛領を預かる勝沼が最後に選択した戦略は、いずれの側が勝っても、飛領（秋元家）が残る策を立てることであった。陣屋領は、四万石という一大名家に匹敵する石高であり、いわば六万石の本藩にも比肩すると言ってもよい。それ故、絶対の勝算ないままに、奥羽決戦に新政府軍として臨んだ本藩中枢もまた、どちらかが倒れることになる、との同様の覚悟をもっていたと考えられよう。

結果的に、新政府側が勝利したために、飛領は、本藩もともに生き残り、戦争以前の所領全体を失うことなく保全に成功した。この段階で藩は、目的どおり飛領保全を成功させた勝沼精之允の政治行動を切り捨てる。「曖昧」行動との完全な決別は、これによって完成した。新政権に従うという藩の意思統一は、成し遂げられたのである。

この館林藩の政治行動は、藩初以来徳川政権を支えてきた関東幕閣譜代藩が、新政権下に従うまで、葛藤と苦渋に満ちた、誇り高い政治的立場の転向（被征服や服従ではないかたちで）を模索した行動の一例を示すものであると言ってよいだろう。

注

（1）館林市立図書館蔵。
（2）『山形市史』下巻、三三二頁。
（3）『山形市史』下巻、八四頁。
（4）原口清『戊辰戦争』（塙書房、一九六三）に対する石井孝「戊辰戦についての一試論―原口氏への批判」（『歴史』二六輯、一九六三）に始まる論争が一九六四年まで行われた。原口は戦争の本質を「奥羽列藩同盟権力対絶対主義権力の闘争」であるとしたが、石井は、服部之総の、絶対主義コースを歩む権力内の争いであるという説を修正する形で、論を展開した。また、奥羽同盟の性格に関して、原口が公儀政体論につながる地域的連合であるとしたのに対し、石井は、発展段階の遅れた封建領主間の結合力の弱い連合体であると主張している（石井孝『維新の内乱』至誠堂、一九六八）。

以上の研究史については、鎌田永吉「戊辰戦争―その歴史的意義」（『日本歴史』二〇〇号、一九六五）が詳しい。佐々木克は同盟の理解について理論的に議論を戦わせることを離れ、実証的な研究によって、戊辰戦争と同盟についての多くの事実を明らかにした（佐々木克「奥羽列藩同盟の形成と性格―東北戦争の歴史的意義」『史苑』三二―二、一九七二）『戊辰戦争』（中公新書、一九七七）。その後、石井は再度『戊辰戦争』（吉川弘文館、一九八四）を著して、佐々木論に反論すると共に、自説の修正を行った。工藤威は、佐々木の研究が、列藩同盟お研究水準を飛躍的に高めたと評価している（『奥羽列藩同盟の基礎的研究』岩田書院、二〇〇二）。詳細に研究史を整理する試みには、亀掛川博正「奥羽列藩同盟の性格と東北戦争の意義」Ⅰ、Ⅱ、Ⅲ（『政治経済史学』一七三、一七四、一七六、一九七二）がある。

(5) 明田鉄男編『幕末維新全殉難者名鑑一―四巻』（人物往来社、一九八六）、『三百藩戊辰戦争事典』（新人物往来社、二〇〇〇）、『函館戦争写真集』『戊辰戦争史料集』など新撰組関係史料集ほか。

(6) 本章との関連で例をあげておくと、『山形市史史料編一―四』『上山市史編集資料一～五〇』がある。

(7) 例えば、『戊辰戦争』（教育書籍、一九八八）、『よみなおし戊辰戦争』（筑摩書房、二〇〇一）、『会津落城』（中央公論新社、二〇〇三）などの星亮一の努力がある。それらの現状を知ることが、維新の一面を見る助けとなるという点では、筆者も否定はしない。

(8) 工藤威『奥羽列藩同盟の基礎的研究』（岩田書院、二〇〇二）。

(9) 家近良樹の工藤威著書に対する書評による（『日本歴史』六六九号、二〇〇四、二月）一一〇―一一三頁。

(10) 例えば船越衛の「戊辰の役に於ける米澤藩帰順の顚末」と称する講演にも、そのような戦場の情況が語られている（『維新史料編纂會講演　速記録　二』日本史籍協会叢書、一九一八）。

(11) 館林市立図書館蔵。

(12) 同。
(13) 『上山市史編集資料』四八。
(14) 館林市文化会館蔵。
(15) 『山形市史』下巻、三三三頁。
(16) 森谷政孝『吾妻山に散る：館林藩士森谷留八郎忠休小史』（森谷政孝、一九九一所収）。
(17) 『舘林藩事蹟』二五四頁。
(18) 戊辰戦争当時の漆山陣屋郡奉行の一人。
(19) 近世の書状には、浪人していた近世前期の当主が、青梅の分家から所管するように求められて秋元家に仕官した経緯が窺われる書状や、大奥女中であった姉が当主宛に差し出した元禄期の書状など、興味深いものもある。明治以降については未整理であるが、主に、明治二十二年の憲法発布にともなう維新期朝敵に対する恩赦の際、士籍を回復した事情に関する史料と、明治三十年、陸軍の徴用によって掃海中に台風に遭い、台湾澎湖島沖で遭難した、商船奈良丸船長勝沼五郎に関する史料が中心である。なお、史料の現状であるが、近世までについては写真撮影が終わり、CD—ROM化されている。
(20) 『大名武鑑』文政元年から五年まで、側用人として大津又五郎。同六～七年、用人・側用人として大津に並び勝沼武右衛門。同九—十二年、大津又五郎と勝沼武右衛門の名が記載されている。
(21) 「館林御城御請取役付帳」（前橋市立図書館蔵）。
(22) 文政五年『武鑑』の「松前御奉行」の項「調役下役元〆六名、八拾俵三人扶持金拾両」のうちに名が記載されている。間宮林蔵は、その下役三十五名「三拾俵三人扶持、役料三人扶持」のうちに名がある。
(23) 「勝沼家」（嘉永六癸丑年八月御上御留施令内■■令）最終頁へ付箋。

「　信紀　花押

勝沼五郎實名書判右之通ニ御座候

六兵衛様　五郎」

その上に付紙。

「　　信紀　　　五郎

　　　　高百五拾石

　　　　　実大津與兵衛次男

弘化三年子十一月廿六日養子弘化四年八月廿五日亡父家督金百五拾石被下置、幼少ニ付、館林勝手無勤、當時引取候モ屋敷不足ニ付、當分江戸表へ被取置候旨、同年八月廿八日家督之御禮、嘉永六丑七月廿七日館林引越被仰付」

（勝沼家文書）

(24) 自筆の「辞官之真意」（勝沼家文書）から判明する。

(25) 「岡谷繁實永之暇記」（館林文化会館蔵）の「勝沼精之允信紀海軍船手奉行ヲ免セラルル事」

(26) 車城は、現在の茨城県北茨城市草川町車に築かれた連郭式山城で、岩城氏の一族車氏の居城であった。群馬城、臼庭城とも呼ばれる。岩城氏は、秀吉から十二万石を与えられていたが、慶長七年、関ヶ原戦に不参のかどで、所領を没収され、信州川中島一万石に転じ、車城は廃城となった。

(27) 「勝沼家過去帳」。「甲斐源氏勝沼家系図」（勝沼家文書）。

「往甲州好兵道而于江府深川六間堀元禄十五壬午年十一月終以兵道秋元侯」。

(28) 同右。

「僧主純　権僧都　甲州都留郡谷村泰安寺」三世住職とある。

「勝沼家過去帳」によれば、光厳寺住職とあるが、いずれも藩主菩提寺である。異動は未確認である。

(29) 「秋元家藩臣秘録・上」（館林市立図書館蔵）。和崎晶「「潰家留」「断絶録」にみる秋元家臣団」（滝沢武雄編『論集中近世史の史料と方法』東京堂出版、一九九一）によれば、家臣団のうち「新家」と称されたグループに属する家である。

(30) 『寛政重政諸家譜』十八、二八八―二九二頁。

(31) 「五十嵐家譜」（上山市史料館蔵）。

(32)「勝沼家過去帳」、「秋元家藩臣秘録・上」。
(33)和崎晶「「潰家留」「断絶録」にみる秋元家臣団」（滝沢武雄編『論集中近世史の史料と方法』東京堂出版、一九九一）。
(34)『館林藩事蹟』（一九三八年）。
(35)『記録』。
(36)森谷前掲書。
(37)『記録』。
(38)工藤前掲書二九〇頁。
(39)森谷前掲書に松尾、佃、妹尾三奉行の処分記事が収められている。

松尾忠助

右昨年騒擾ノ折柄四面敵地御本城隔離進退難渋ハ萬々被遊御察候得共人臣之大節ト申ス義ハ兼テ心得モ可有之処無其儀臨時姑息ノ計方一概ニ叛逆ニ與ミストハ難申場合有之候得共封彊ヲ守リ候者ノ至当ノ処置ニ無之不埒ニ被思召候依之役儀御取放シ御広間御番方へ帰番被仰付逼塞被仰付候

(40)森谷留八郎は、館林からの帰路、迂回した吾妻山中で、二本松藩士によって切られ、翌年死骸が発見されて、着物から身元が確認されたとされている（森谷前掲書に藩の検死報告の写しがある）。
(41)『勝沼事件口書』。
(42)同。
(42)森谷前掲書。
(43)『勝沼事件口書』英三郎口書きによる。
(44)『勝沼事件口書』。
(45)この鈴木宗太夫という人物は、『口書』での本人の申告によると、「高九拾七石五斗餘所持、家内九人、兼農同酒造稼渡世罷在候」とある。すなわち、高櫛村内の造り酒屋であり、金融業も営む富農であると思われる。さらに、「上山御藩五十嵐于拙様江手跡相願候御縁ヲ以、御親戚勝沼様之御世話御頼受候ニ付、折々致出入居候」とある。満寿の祖父に書を書いてもらったことがあるというのだが、著名な書家でもあった上山藩儒家五十嵐于拙とは、羽州地域の多くの豪農や商人たちと同様、学問・書の師弟関係にあったのかもしれない。その関係で、日頃満寿も心おきなく頼み事をしていたと思われる。また、庄内軍との戦争の際、非戦闘員は民家等に避難したことを、前章で述べたが、宗太夫が「去ル四月中御陣内御立退候御宿仕」と述べているように、その折、勝沼一家が身を寄せたのは、宗太夫宅であったことが分かる。しかし、彼は、事件への関与（とくに勝沼との金銭貸借）については、最後まで否定した。

(46)　源治の口書きによると、この手紙には、萜らが上山にいること、金子を持ってくるよう、また将兵隊が近々差し向けられるだろうこと、が書いてあったという。用語からも文脈からも、発信者は誰であったのか、手紙は何通あったのか分からない記述であり、そのまま信用する根拠はない。しかし、手紙の存在が、この事件の鍵となっていることは確かである。なお本文一九九頁七行を参照されたい。

(47)　『勝沼事件口書』満寿の口書き。

(48)　『勝沼事件口書』五郎の口書き。

(49)　歎願書の末尾、本人の肩書きに「漆山詰」とあることから、ここは漆山陣屋役所であるとしてよいと考えられる。

(50)　館林市立図書館蔵の史料。

(51)　『五十嵐家譜』および『勝沼家過去帳』による。

(52)　上ノ山藩先組　高橋　政平
　　　　佐藤　周助
　　　　　右　口上
私共義、舘林御藩脱走勝沼精之允殿御手當為、
番人トシテ町本陣へ罷出居候処、昨暁同所
宮脇村庄屋宅ニ於テ自殺致サレ候ニ付、御方御立會

御見分之上、始末御尋ニ御座候、此段両人一同申上候
昨晩八ツ半頃ヨリ、私共両人、不寝番罷在候処、七ツ時頃ニモ御座候哉、雪隠ニ罷越度旨断ニ付、政平義同道仕、別間ニ控居候処、餘リ手間取候間、不審ニ存シ雪隠之内相改候処、不居合、雨戸一枚明キ居候所ヨ リ逃出候様子ニ付、打驚キ、本陣屋敷内外トモ悉ク詮索仕候得共、不見當候ニ付、掛リ役ヘ相届、即刻人数手配致 シ、政平義ハ外壱人同道成澤村辺迄センサク仕、周助義木村多吉同道ニテ宮脇村庄屋方罷越候処、自殺被致候旨承 リ、驚キ入罷在候内、追々捕方之参候ニ付、立居リ右自殺之段御届申上候事ニ御座候
大切ニ番致シ候様被仰付候処、無念ヨリ斯之次第ニ相成、御雙方様ヘ御苦労奉掛候段奉恐入候　右之通相違無御座候
辰十月廿七日

右　佐藤　周助　印
高橋　政平　印

(53)　勝沼の長男五郎は、父親の自殺と検死の様子を、次のように述べている。
「其後十月二五日、父精之允始徒党之者共御引渡ニ相成筋之処、前夜深更ニ及び、私共罷在候宮脇村に精之允罷越、私差腰之短刀ニ而致自殺相果候ニ付、驚入當惑罷在候処、御検使ニ被成死骸者御引付、十一月四日、私共母妹共御引渡、漆山着之上慎罷在候」(『口書』)。

満寿が「兼テ夫ヨリ預リ置候脇差」と述べたのは、五郎の脇差であったことが分かる。後に「子供の刀ではよく切れなかっただろう」と伝わっているが、五郎はこのとき既に勝沼家の家督を継いでおり、精之允が死んだのは先祖代々の当主の脇差しによってであったと思われる。
(54)　勝沼の家族の名をみると、妻は桝、次男は斧二郎、娘は鋤治である。また、実弟大津與市の長男は勝之丞蔵である。勝沼の思想が表れていると言えよう。
(55)　精之允の孫精蔵は、西園寺公望の侍医を務めていたが、家族の話に拠れば、そのきっかけとなったのは、西園寺が北陸征討

軍を率いて羽越戦線に至った折に、勝沼精之允の行動を知って感銘を受けたことであり、後に精蔵の名を耳にしたとき、自ら指名したという。

(56) 廃藩と共に上山の実家に戻っているが、『山形市史』が預けられた親類を実家の五十嵐家と理解しているのは誤りであろう。追放という記録がない以上、罪を得て藩外に預けられることはないと考えられる。恐らく、親類とは、藩内の養家林家であったと思われる。

(57) 陣屋の下級役人である森谷源治は、関係者のうちただひとり極刑を受けた。「勝沼の説得に任せ若き者を煽動した」というのが、その理由である。藩士達の証言の中では、彼らが源治を訪ねていくと、来客中であることがあり、八月十四日、勝沼が陣屋で重要な議論をするはずであることを同志に知らせ、十五日夜の召し捕りの風聞を伝えている。十七日夜、満寿が安五郎を上山まで使いに出すとき、道中の通行の事情を源治に問い合わせたうえで出かけるよう言いつけていること、十八日以降消息が分からなかった精之允が「上ノ山様にお世話になっていること」を満寿に伝えるなど、消息通である様子が窺える。『記録』には、彼が越後戦線で軍規に触れる発砲行為をして拘束されたことがあると記されており、そのため、陣屋が同盟軍に包囲された折、慌てて井戸の中に鉄砲を抛り込んでしまったように、軽薄で信頼がおけない行動をとる人物として、危険視されていたとされているが、回覧された『記録』の箇所には、これを疑わしいとする、後の書き込みも見られる。また、満寿らによれば、正反対の人物像である。満寿の証言では、鉄砲のことに関わったのは、井戸に隠した安五郎、取り出しに行った政五郎と源助であった。むしろ、源治は、若い安五郎を叱ってくれたというのである。諸証言を総合すると、満寿の信頼も得ており、若い藩士達も源治を頼っている様子が窺われる。四十三歳の源治は、陣屋領内外で地域の情報屋的な存在であり、勝沼もそれを承知で出入りさせていたのではないだろうか。あるいは、唯一極刑とされたのも、彼の握っていた情報が、藩に不利益をもたらす可能性があったためとも、考えられる。

(58) 『明治二年中小姓分限帳』（館林文化会館蔵）。

(59) 同。

(60) 『小野田家記録』。

(61) 満寿は上山に帰り、上山女学校の教師として勤務していた。しかし事件については、家族にも兄弟にも沈黙を守ったことは、満寿の実弟である五十嵐家の長男が記した次の記述から分かる。

女　升《マス》　上州館林藩秋元侯勝沼精之允　嫁
知高百五十石也　慶応四辰奥羽合従共ニシ
漆山陣屋出宅上ノ山ニ至リ奥
羽謝罪ヲ聞進退極リヌト
申シ宮脇村庄屋宅ニヲイテ
切腹十月廿五日死行年
三拾有（「五十嵐家譜」上ノ山市立史料館蔵）

(62) このとき、館林にいて、この手続きに奔走した人物は、事件の折、同志として処罰された藩士の一人、森萜であった。勝沼家文書に残る満寿宛の複数の萜の手紙から、この折の事情が分かる。

終章

一　幕末譜代藩の政治行動過程

徳川政権が倒れ、新政府が全国統一を実現してゆくことに伴う諸状況を分析するために、本書が定めた視点は譜代藩の政治行動である。その全体像を描くため、第一部では慶応三年後半から四年三月に至るまでの譜代藩の行動を、江戸藩邸をつなぐ軸によって横断的に分析した。さらに、第二部では一関東幕閣譜代藩の文久期から慶応三年十月までの政治行動を、時系列に沿って縦断的に追ってきた。以下、結論をまとめておくこととしたい。

第一部を通じて、筆者は慶応三年九月以降、王政復古までの時期における、譜代藩全体を結ぶ統一的な行動を明らかにしてきた。すなわち、政変期における二つの諸藩連帯の存在を確認し、それらを第一の連帯、第二の連帯と呼んだが、その分析検討のなかで、本書が新たに明らかにしたのは次の二点である。

第一点として、譜代藩の間には、大政奉還以前に、諸藩会盟を目指す運動が形成され、動き出していたことである。これにより、明治期以来政治的に使用され、先行研究にも受け継がれた理解、すなわち大政奉還以降の譜代藩の行動全体を「日和見」あるいは「曖昧」と規定する評価―不明確な態度に終始したとして、その行動に積極的意味を見出さない立場―は、江戸に於ける徳川慶喜の恭順表明によって、政権が委譲される以前については、否定されたと考えるものである。

第二点は、二つの政治的連帯が、運動の主体、目的、上書の対象も異なる非連続の運動であったことである。

本書はまた、この二つの連帯運動に中心的に関わった佐倉藩江戸留守役依田七郎の対人交流を分析することによって、これらの運動期に機能した、ネットワークの存在を示すことができた。

以上第一部によって、譜代藩を幕末期のまとまった政権内政治勢力の一つと考えることができることが証明され、また、その時期が、徳川追討令までであることも、明らかになったと言える。

第二部では、幕末譜代藩の政治行動のモデルの一つを求めて、館林藩秋元家を研究の対象に取り上げ、文久期から慶応四年十月までの政治行動を、時系列に沿って追った。藩の政治行動の中心にいた人物のひとりは、文久期以降江戸留守居役を務めた勝沼精之允である。勝沼の政治行動もまた、第一部に登場した依田七郎と同じく、体制危機の時代を顕著に示すものである。

本書はまず、第一次長州戦争期に長州毛利家との親戚関係によって、幕府から通牒嫌疑を受け、藩主が謹慎となった藩が、会津藩の周旋によって、長州処置に関わる重要な任務を果たした結果、その嫌疑を晴らすことに成功したことを検証した。それによって、藩が再び幕政の一角に復帰し、藩内の親長州派を一掃することで、譜代意識を再強化する経過が明らかとなった。第二次長州戦争期に幕府奏者番となったことは、朝幕政権崩壊後の体制再建を担うことを意味し、以後の藩の行動の基盤となる、関東譜代としての立場が確認できた。政変期に慶応三年の連帯に参加し、慶応四年初頭には第二の連帯の推進役ともなった藩は、新政府総督軍が進攻を開始すると、体制を支える一翼とみなされ、関東戦の期間を通じて、新政府側から圧力を受けることとなる。これに対して、藩は明確な態度表明を保留しながら、情勢を図り、最後の行動選択に向かう。そこにおいて、館林藩の曖昧行動が明らかになった。次に、本書は「曖昧との決別」の時期を探った。館林本藩のそれは、上野・小田原戦争終結後の新政府軍としての全藩的出兵であった。

第五章では、当初、本藩と一致した行動をとっていた四万石の羽州飛領が、奥羽戦争の激化と共に、領地保全のため、形勢有利な列藩同盟に加わる選択を行うのをみた。そこで明らかになった行動は、新政府軍に対して本藩が見せたのと同様、同盟軍に対する「曖昧」行動の選択と、同盟軍に出兵することによる「曖昧との決別」であった。それにより、藩は一時期、新政府軍と同盟軍の双方に出兵する状況となったのであるが、その葛藤のなかで、同盟軍との間に、同盟側の領地とされることなく所領を保全するための、高度な政治交渉が行われていたことが明らかになったのである。その後、新政府軍の勝利によって、戦前の藩領全体を確保できることとなった藩は、この策を講じた人物の行動を政治的に切り捨てることで藩論を統一し、新政権下に入ることとなった。こうして、館林藩の「曖昧との決別」は終わった。

さて、第一部、第二部の考察の結果、幕末譜代藩の政治行動は、徳川追討令を境にし、その前後で、「連帯」と「曖昧」とに収斂するということができる。そして、関東の幕閣譜代藩である館林藩の行動モデルによって見るならば、それは戊辰戦争の進捗とともに、「連帯」から「曖昧」へと移っていく。最終的な政治行動は、地理的、政治的環境の中で、それぞれの置かれた危機的立場に基づいて探られた、異なったかたちでの「曖昧との決別」である。今後、このモデルに基づき、少しでも多くの諸藩について、どのようにして、その決別を行ったのか、それぞれのケースを明らかにしていくことが、移行期の政治状況を理解するために重要であろう。

譜代藩にとって、幕府の崩壊は、自身の存在意義、乃至は存在価値の崩壊であった。彼らにとって、徳川に従うことを否定されれば、もう一つの選択肢は「勤王」である。しかし、すでに薩長と一体となっていた勤王（＝反徳川）が自然に選択できたとは考えられない。朝敵となると言われても、そこに、まず混乱ではなく逡巡があり、態度表明の保留がくるだろう。それは、例えば新政府に従うか否か、藩論を統一するまでの時を稼ぐ方策でもあり、政治的な選択であった。しかし、また、もう一つの強力な圧力が現れたとき、それが旧体制内では、同じく幕府に近い藩同士という立場であったとしても「曖昧」行動をとってその正体を見届けなければ、安全が確保できる保証はないのである。館林藩羽州領の苦しい行動選択には、そのことが読み取れるのである。

前述した彦根藩のように、自藩の態度を、従来は「勤幕」であったとして、それを自己否定した後、「勤王」に転じると宣言した藩もあり、庄内藩のように、朝敵と称されても厭わず、薩長に抗した藩もあった。しかし、最も多かったのはその中間である。とくに徳川家ゆえの存在意義を意識していた諸藩が中心であった。そのため、新政府側はこれに対して反発し、弾圧を加えたのである。次第に、先に恭順した諸藩による降伏周旋が広がり、この状況は収拾されていく。最終的には自藩の安泰を選択したのだと批判的に言われているが、現実として、それは決して安易な選択ではなかったと思われる。

維新直後には、未だ「曖昧」が、廃されて然るべき政治的態度であったとする社会的評価が強かった。館林藩の場合は、藩外に出た親長派がおり、征討軍とともに関東に戻っていた。この人々の努力によって、「忠勤藩」として関東譜代藩で唯一賞典を受けることになったとは言え、他方で、それらの人々が表明する強烈な尊皇観の裏で、旧藩内の多数派の人々は、敗北感とともに「曖昧」を自覚し続けたのではないだろうか。

では、徳川譜代藩としての意識に基づく「連帯」と「曖昧」という行動のかたちは、政治的にいつ頃までその影響が残存したと考えられるのだろうか。その問題にも一言触れておきたい。なぜなら、西南戦争勃発前夜に山縣有朋(陸軍中将)が上奏した戦略書の冒頭に以下のような記述があるからである。(1)

南隅の事情甚た切迫、其発作に当り、如何なる景況を現出し如何なる変動に立至るも計り難し、此事、実に浅少に非さるなり、而して南隅一たひ反動せは勢之に応する者、蓋し両肥、久留米、柳川、南海にては阿波、土佐、山陰山陽にては、因備、東海東山及び北陸にては、彦根、桑名、静岡、松代、大垣、高田、金沢及ひ酒田、津軽、会津、米澤なり、而して関八州の館林、佐倉其他の旧小藩の向背、一として定まる者無し、故に其愛する所を奪ふの旨趣に基き、左に戦略を概論す(後略)(傍線、筆者による)

山縣は北陸総督軍に加わって戊辰戦に参加していた。その折の経験から、譜代と親徳川諸藩の動向を熟知していたと考えてよいだろう。それだけに、彼の頭の中には、幕末の関東の「曖昧」が留められていたことが読み取れ、明治十年に至っても、なお、その動向を強く懸念していたようである。この記述に、筆者が本書において対象としてきた、佐倉と館林の両藩がその代表として、ともに名を挙げられていることには注目したい。しかし、これは杞憂に終わった。政治的には、譜代藩—とくに関東譜代藩—の「連帯」と「曖昧」とは、（曖昧という語をめぐって、人々の抱いた複雑な感情を別とすれば）維新の賞典にともなう戦功評価によって姿を消していたと考えてよいのではないだろうか。

また本書では、従来の研究で、悪弊のみが多く、機能しなくなっている制度であると評価されていた留守居制度の弊害を、改めて確認した。しかし、いっぽうで、制度の中にいた留守居役の人々が、個人として、また集団として、危機に際して大きな機能を果たしていたことも認識することとなった。そして、このネットワークは、明治以降にも引き継がれたと考えられる。この点は、本書の描き出した幕末社会のもう一つの重要な実像である。

二　残された問題

残された課題として、慶応三年後半の江戸で、何故、要求実現の手段として、譜代藩全体の連帯が選択されたのかという問題がある。譜代藩の連帯という大規模な政治的動きが生まれたと考えることが果たして現実的であるのかどうかの根拠について、本論冒頭で、宮地正人による安政期将軍継嗣運動における譜代の連合についての考察を挙げておいた。しかし、すでに指摘したように、安政期と慶応三年とでは時期的に隔たりがあり、たとえ諸藩が先例に遡ることをしたとしても、それが直接にこうした行動の選択に結びついたとすることには問題があろう。

とは言いながら、それが、突然現れた政治行動形態であるとは考えられないのである。慶応三年当時に、江戸留守居役たちが目的実現の方策として、諸藩連帯という形態を選択するに至ったのには、どのような背景があったのだろうか。幕末の藩と藩の連合ないしは同盟についての先行研究によって、この点を探っておきたい。

慶応三年は権力の再編期であり、戦時（第二次長州戦争期）の延長であったことを忘れることはできない。田中彰は、大政奉還後の状況について「情勢混沌」ゆえ、多くの藩が形勢展望の姿勢をとったとする(2)。したがって、田中は連帯形成に向かう動きの起こる可能性を消極的に捉えていることになる。対して、井上勲は、混沌としているいっぽうで、政権再統合の契機も孕んでおり、地域的集合より上位の目標があれば、大藩を中心とした藩の集合体が結成される可能性があったとみている(3)。文久から慶応二年の政治は、公武政権対長州に集約される。戦争をめぐって、諸藩は藩単位の建言より影響力のある方法として、連署による建言を選択する例も見られたことは、文久三年の六藩連署について西村晃(4)が明らかにしたとおりである。対外条約締結問題の浮上とともに、幕末の政治社会状況のなかで、諸侯が連名で意見表明を行うようになったことは、諸侯の幕府権力に対する力が相対的に強まったことの証しとされる。本稿が対象とした慶応三年に近い時期で見ても、高木不二(5)は、慶応二年、薩摩藩と越前藩の間に経済的な同盟が結ばれたことを述べ、こうした傾向を「大名同盟論」として議論を展開した。西村晃はまた、慶応三年六月に中国四国四藩が京都で密会したことについても明らかにしている。幕末維新史において最もよく知られた薩摩藩と長州藩の同盟も、この流れに位置づけられる。薩長同盟はすでに地域を越えた連帯であり、結果からみれば、確かに政治的に突出した有効な戦略であった。この時期において、複数の藩の政治的な結びつきは、特殊な出来事ではなくなっていたと言ってよい。

このような政治的傾向が、長州戦争期を経て慶応三年には全国的に熟してきていたとすれば、それは、幕藩体制内部からの体制の枠の克服につながる動きと考えられる。本稿で詳細にみてきた譜代藩の連帯の場合も、運動は江戸における有志留守居役たちが入手した極秘情報、すなわち外様倒幕勢力に対抗する手段を講じるために、京都栂尾で開かれた親藩諸藩による秘密会合の情報をきっかけとしていた。

全国の諸藩藩邸が集まる江戸において、情報に通じ、藩をつなぐネットワークをもっていた留守居役たちが、徳川政権の危機に対処すべく「藩々会盟」を戦略としたのも、慶応三年の政治社会状況を汲んでの選択であり、単に時代に逆行する徳川譜代意識への回帰とは異なるものと考えられる。運動は、傾いてゆく徳川体制の再建、つまり「国勢」挽回のために現将軍ではなく、新たなリーダー（紀州藩主）を欲したことの現れでもあったとは考えられないだろうか。それは、征長軍として招集された経験を通じて生まれた、幕府軍に属する諸藩軍、という軍事的な集合を頭に描き、その構成員を譜代家臣団に限定することで、輪郭を鮮明化した概念であったと考えることができよう。その後、藩の同盟という概念自体は、奥羽同盟にも引き継がれたと思われる。しかし、奥羽越同盟は明確に地域的な軍事的同盟であり、反新政府―反薩摩・長州―によって結集した同盟である。引き継がれたのは概念のみであり、本書でみた譜代藩の連帯とは、性格的に異なるものとし、切り離して考えておきたい。

本書の考察は、ここまでである。今後、本書が館林藩について行ったように、さらに一藩でも多くの譜代藩の、幕末における葛藤と行動選択とを明らかにする努力が広まることが望まれる。それぞれの「曖昧との決別」が総意となって新政府による統一が確立し、近代国家が誕生するからである。本書で明らかにした諸事実が、見つからないままであった幕末史という嵌め絵の一片となれば幸いである。

注

（1）明治十年二月十二日「西南事変作戦意見書」（大山梓編『山縣有朋意見書』原書房、一九六六）六八―七〇頁。
（2）田中彰『明治維新』（講談社学術文庫二〇〇三）四五頁。
（3）井上勲『開国と幕末の動乱』五（吉川弘文館、二〇〇三）大政奉還と王政復古、九七―九九頁。
（4）高木不二「長州再征期の越前藩と薩摩藩―大名同盟論序説」（『史学』六八巻一・二号、一九九九）。
（5）西村晃「幕末岡山藩における国事周旋方針と藩論」（『史学研究』一八四号、一九八九）。

別表1　新政府軍の関東入りと関東諸藩

総督本陣	最終確保	国	藩主	旧役職	石高	殿席	追討令	3年連帯参加	慶喜助命嘆願	謹慎·拘束	赦免	献金等	※
		上野											
慶応4. 3/7		安中	板倉勝殷		3	雁間		○					1
		吉井	松平信謹		(定府)1	大廊下		—	—				2
3/8		高崎	大河内輝声	陸軍奉行	8.2	雁間	×			銚子戦後		3/12	3
		○七日市	前田利豁		1	柳間				京都4月			4
		小幡	松平忠恕	寺社奉行	2	帝鑑間		○				3/25	5
		前橋	松平直克		17	大広間		—	—	京都拘束			6
		伊勢崎	酒井忠強		2	菊間		○	○	藩地3/10	3/27	3/10	7
閏4/9～19		舘林	秋元礼朝	奏者番	6	雁間		○	○	藩地3/5	3/29	3/15,17	8
	*閏4/7	沼田	土岐頼知		3.5	帝鑑間		○	○		閏4/23	閏4/17	9
		武蔵											
		岡部	安部信発		2	菊間		○					10
閏4/2～8		忍	松平忠誠		10	溜間		○	—	梁田戦後	4/6	3/11	11
		川越	松平康英	老中	8	帝鑑間	×	—	—	京都3/4		7/5	12
		岩槻	大岡忠貫		2.3	雁間		○	○				13
		下野											
	*	足利	戸田忠行	陸軍奉行	1.1	菊間		○				3/7,16	14
		佐野	堀田正頌		1.6	帝鑑間		○	○	藩地4/4	4/16	4/14	15
		吹上	有馬氏弘		1	菊間			○				16
宇都宮戦本営	*	壬生	鳥居忠宝		3	帝鑑間		○	○				17
	*閏4/14	宇都宮	戸田忠友	奏者番、寺社奉行	6.78	雁間		○		京都3/6	5/17		18
	*	烏山	大久保忠順		3	雁間							19
		喜連川	喜連川縄氏		10格　5千	なし		—	—				20
	*	高徳	戸田忠至	山稜奉行	慶応3取立　1	菊間		在京					21
		○黒羽	大関増裕	若年寄、海軍奉行	1.8	柳間							22
	*5/15	○大田原	大田原勝清		1.1	柳間							23
		下総											
		古河	土井利与		8	雁間		○	○				24
		関宿	◎久世広文		4.8	雁間		○	○	維新後			25
	*4/5	結城	水野勝知		1.8	帝鑑間		○	○	維新後			26
		下妻(常陸)	井上正巳		1	菊間		○	○				27
		下館	石川総管	若年寄、陸軍奉行	2	雁間						4/5	28

	常陸										
	○谷田部	細川興貫	1.6	柳間							29
	土浦	土屋寅直　奏者番、寺社奉行	9.5	雁間		○	○				30
	府中	松平頼縄	(定府)2	大広間		—	—				
	牛久	山口弘達　若年寄	1	菊間		○	○			日付不明	31
	○麻生	新庄直敬　日光奉行?	1	柳間				江戸5/6		9/23	32
	笠間	牧野貞直　大坂城代	8	雁間							33
	水戸	徳川慶篤	35	大廊下		—	—				
	上総										
閏4/4	佐倉(下総)	堀田正倫	11	帝鑑間		○	○	京都3/9	7/23		34
	生実	森川俊方	1	菊間		○					35
	高岡	井上正順	1	菊間		○	○	京都拘束	6/15五十日のみ		36
	小見川	内田正学	1	菊間		○	○				37
	多古	松平(久松)勝行	1.2	菊間			○				38
	鶴牧	水野忠順　奏者番	1.5	雁間			○	藩地4/19	8/29		39
	請西	◎林忠崇	慶応4取立 1	菊間		—	—	仙台10/3			40
	飯野	◎保科正益	2	帝鑑間		○	○	京都4/5			41
閏4/14	佐貫	◎阿部正恒	1.6	雁間		○		佐倉4/28	10/7		42
	久留里	黒田直養	3	雁間		○	○			閏4/14	43
閏4/12	大多喜	大河内正質　老中	2	雁間	×			閏4/14	8/19		44
	一宮	加納久宣　若年寄	1.3	菊間		○	○			3/27	45
	安房										
	勝山	酒井忠美	1.2	菊間		○	○				46
	館山	稲葉正善	1	菊間		当時先代老中	○				47
	相模										
	荻野山中	大久保教義	1.2	菊間			○				48
*5/24	小田原	◎大久保忠礼	11.3	帝鑑間		○	○	5/24			49
	金沢(武蔵)	米倉正言	1.2	菊間			○				50

＊：激戦地
□：国は異なるが地理的に近隣地
○：由来的に外様
◎：最後まで旧幕府支持
全52藩：大廊下2、大広間2、溜間1、帝鑑間9、雁間15、菊間17、柳間5、なし1
※：従来の研究に基づく参考記事（次頁参照）

別表1　※従来の研究に基づく参考記事

1　松本、高崎とともに碓氷峠警固（幕府）中、四年二月二十八日偽官軍事件を機に勤王表明。吉井地方の一揆鎮圧。高崎、吉井とともに小栗探索、討伐命じられる。一小隊を戸倉へ。
2　小栗を捕縛するも、妻を会津へ逃す。しかし、一貫して新政府軍に便宜を図る。
3　安中と同様。三月十二日一万両、銃器弾薬献上。小栗討伐を強制される。その後小千谷、三国峠、会津出兵。榎本艦との銚子戦で責任を問われ謹慎。
4　藩主、四月に京都に拘束。沼田、三国峠、越後六日町出兵。十一月まで会津に駐屯。
5　領内打ち壊しに対処。三月五日勤王表明。三月二十五日弾薬献上。沼田、三国峠、戸倉出兵。
6　藩主は京都で拘束。富津陣屋の旧幕軍参加の件で老臣二名が切腹。祖式軍の威圧に勤王表明。三国、片品出兵。
7　三月十日謹慎。十二金千両、米五百石献上。領内一揆鎮圧のため、謹慎を解き、その後沼田、三国峠、六日町出兵。兵糧運搬従事。
8　閏四月九日〜十九日総督本陣。その後、少数出兵し、五月二十九日以降、全軍各地に従軍転戦。
9　閏四月七日まで態度決定せず、祖式軍が入城。
10　三月十七日上洛、勤王表明。四月十三日藩主は三河半原陣屋へ移り、関東では渋沢成一郎らが函館戦まで戦う。
11　慶喜の大坂脱出翌日大坂を発つ。梁田戦への関係を問われて、拘束。去就を疑われ、圧力を受け、三月十一日表銃隊、撤兵隊を長州附属とし、兵糧三千俵供出。四月六日、赦免。
12　一月二十七日近江領没収。三月四日京都で謹慎。三月十三日役夫、薪供出。十八日飯能へ出兵。平潟港警備のほか白河会津へ。七月五日赦免、八月帰国。
13　三月十四日板橋駅へ赴き、領内治安と人足供出に応じる。房総飛領周辺に出兵。
14　三月七日人馬供出。十六弾薬、金管供出。三月二十九日恭順。沼田出兵後、白河から会津へ。
15　慶喜助命嘆願の使者として西村鼎が上京。関東では恭順表明したが、四月祖式より疑いを得て、藩主謹慎と三千両献上を求められる。藩主赦免後、白河、戸倉、今市に出兵。
16　二月頃から脱走旧幕兵が出現。打ち壊しも起こる。梁田戦にともない新政府軍に徴集され出兵。宇都宮、会津戦。
17　三月二十四日恭順。結城城警固。戦意なく大鳥軍に惨敗。壬生城、宇都宮戦の本営に。八月、白河へ進軍。
18　三月六日大津で謹慎。四月十一日香川軍入城、板倉父子幽閉するも、四月十七日旧幕軍が奪回。前藩主脱出。閏四月十四日再び新政府軍が城奪回。五月十七日忠友赦免。その後、会津若松まで転戦。
19　宇都宮戦で出兵。白河戦に黒羽、佐野、大田原とともに輜重として従軍。十二月まで奥羽に駐屯。
20　実は高五千石。五月に恭順表明したが、会津と通じたとの疑いを受け、八月出兵。会津藩主を東京まで護送。
21　立藩間もなく、藩主も京都で新政府に参加したため、出兵なし。
22　三月、藩主不審死を隠し、勤王表明したが、出兵に消極的。奥羽列藩同盟の誘いを断った閏四月以降輜重役として従軍。奥羽に転戦。
23　大田原戦で大鳥軍に惨敗。六月に白河戦の病院等後方支援。八月から会津に出兵。
24　幼主上京中に結城戦の旧幕府軍へ武器供与。疑いを受け、その後、白河で新政府軍の兵糧、那須から宇都宮に出兵。
25　大鳥軍との戦闘、領地内の騒擾等で立場不透明。多数が藩主を奉じて彰義隊に合流し、その後会津から函館へ転戦。藩主は、佐倉に逃げ確保されて帰京。維新後謹慎。
26　上野の慶喜警固をめぐって藩内が対立、藩主の旧幕府軍参加に反対する前藩主等が廃嫡を謀るが三月十三日兵を率い結城へ。三月二十五日結城城で反対派に戦勝したが、四月七日新政府軍が奪取、藩主叔父と養父入城、その後、領内では大鳥軍との戦闘が続く。維新後勝知謹慎。
27　藩内は終始混乱し、兵力少数を供出した他は、まったく戦闘に参加していない。
28　四月五日結城が制圧されると、千両供出。四月十七日土方隊の出兵要請を断り、要請された兵糧提供のうえ二百両献金。のち水戸藩領に疎開した。日光等に出兵したが戦闘は行わず。
29　十一月三十日上京辞退。重臣代参。閏四月一日上京。九月十三日今市に出兵したが、戦闘はなし。

30 勤王表明後、致仕、家督譲る。主として江戸での警衛を務める。
31 藩主若年により重臣代参し勤王表明。人馬軍資金供出。
32 九月二十三日三百両献金。
33 家老田中が江戸で拘束される。勤王表明し、帰国。旧幕軍に援軍を約束していたが四月五日宇都宮出兵。結城に転戦したが、完全な旧式軍隊であり惨敗した。藩内が統一されず藩主交代、平、小名浜等に出兵。
34 三月九日上京途中拘束。京都で謹慎。旧幕軍より誘いがあったが断る。激論の末大多喜城受け取りを申し出る。大多喜、佐貫藩主を佐倉に預かる。
35 七月二十三日藩主赦免帰国。
36 閏四月一日上京勤王表明。その後藩地で治安取締。
37 上京し拘束。六月十五日帰国を許されるが五十日の期限付きであった。
38 水戸天狗党、市川党等の影響を受け続け、取締に汲々としていた。
39 四月に勤王表明。帰国して治安取締に当たる。
40 四月十五日旧幕軍に兵糧米を送る。市川船橋戦に藩士参戦、四月十九日藩主は陣屋に謹慎。その後六月、八月に房総で脱走兵の追討に当たる。藩主八月二十九日赦免。水野勝知を預かり、助命のために嘆願運動を行う。
41 四月二十八日旧幕府遊撃隊と行動をともにすることで一致。佐貫館山飯野兵に小田原を加え、激戦するが、敗色濃厚となり榎本と合流奥羽へ。十月三日林、仙台で降伏。
42 四月五日京都で謹慎。藩主不在の国許では林の軍に合流。その他会津藩に合流。
43 四月二十八日旧幕遊撃隊と行動を共にすることで一致。新政府軍木更津入りによって城を捨てる。藩主は謹慎佐倉藩預かり。佐貫城に佐倉藩兵駐屯。十月七日赦免
44 撤兵隊、遊撃隊に兵糧供出。閏四月十四日、新政府軍に兵糧、人馬供与を命じられる。八月三日上総の治安取締。
45 閏四月四日、新政府軍佐倉入り。大多喜城へ向かう。藩主および伏見戦参戦藩士ら自ら謹慎し城を明け渡し、藩主は佐倉藩預

け。八月十九日赦免。

46 三月二十七日金穀献上。上京を止められる。重臣が大多喜城管理に加わることを申し出る。房総鎮撫。

46 閏四月八日勤王表明のため藩主上京。この間に小田原箱根戦に加わる。七月二十八日藩主帰国。

前藩主正巳（老中）。旧幕府海軍、請西、小田原藩と行動を共にし、館山兵は蝦夷まで。正巳は五月十四日赦免、木更津警固に。

47 小田原箱根戦を前に恭順し、戦後謹慎藩地没収の小田原藩主忠礼を嫡子岩丸が継いでいる。

48 一旦恭順したが、小田原箱根戦で林ら旧幕軍に付き、敗戦。五月二十四日藩主謹慎。領地没収。九月二十七日永蟄居。

49 東海道の諸所で新政府軍に便宜供与。横須賀警備。戦闘なし。

別表2　館林藩戊辰戦争参戦状況一覧（1）三月～四月

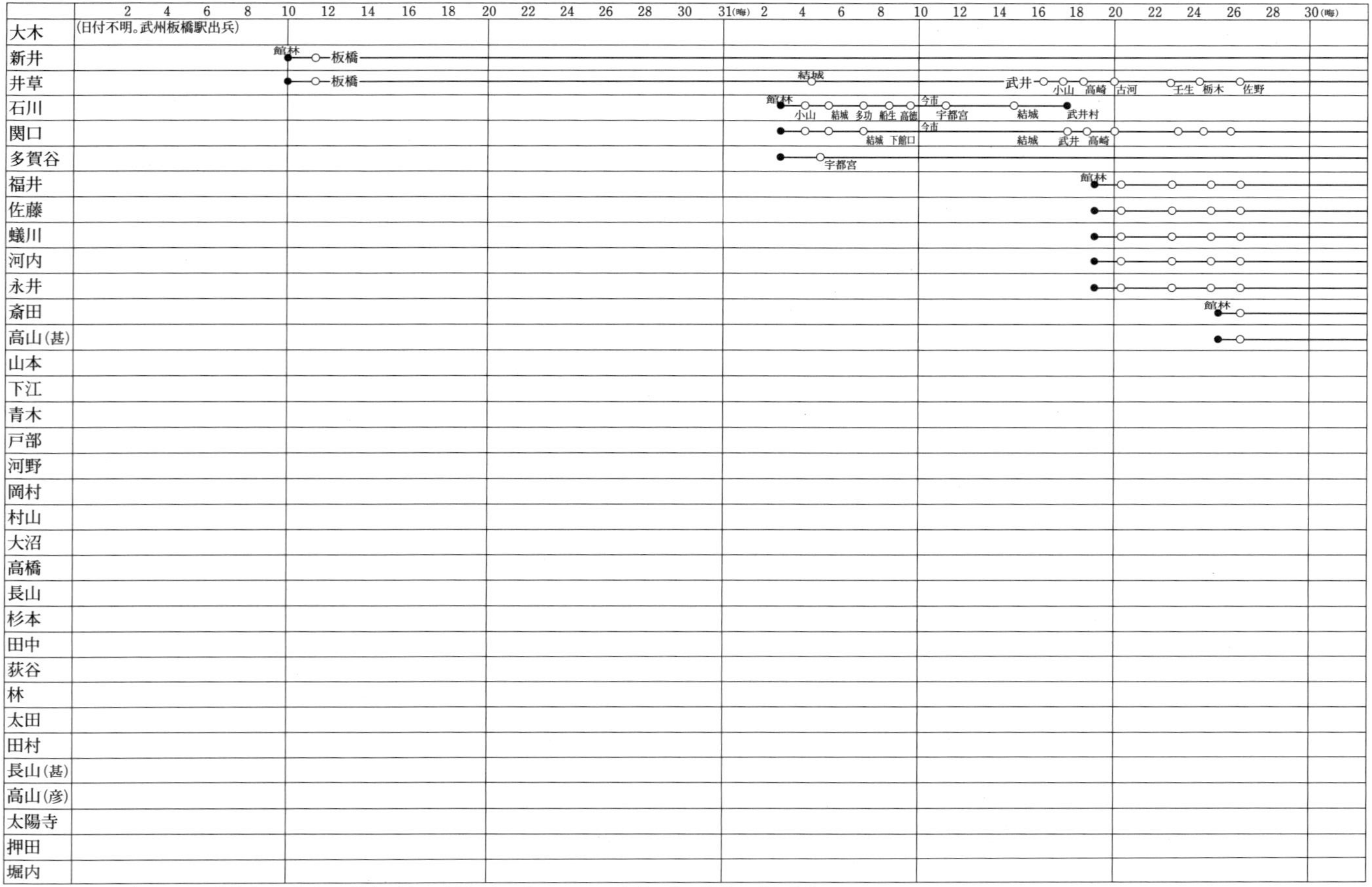

○：戦闘地、宿営地　●：発進地、目的地　（注）地名の表記のない点については上段の点に準ずる（以下同）

別表3　館林藩戊辰戦争参戦状況一覧（2）閏四月～五月

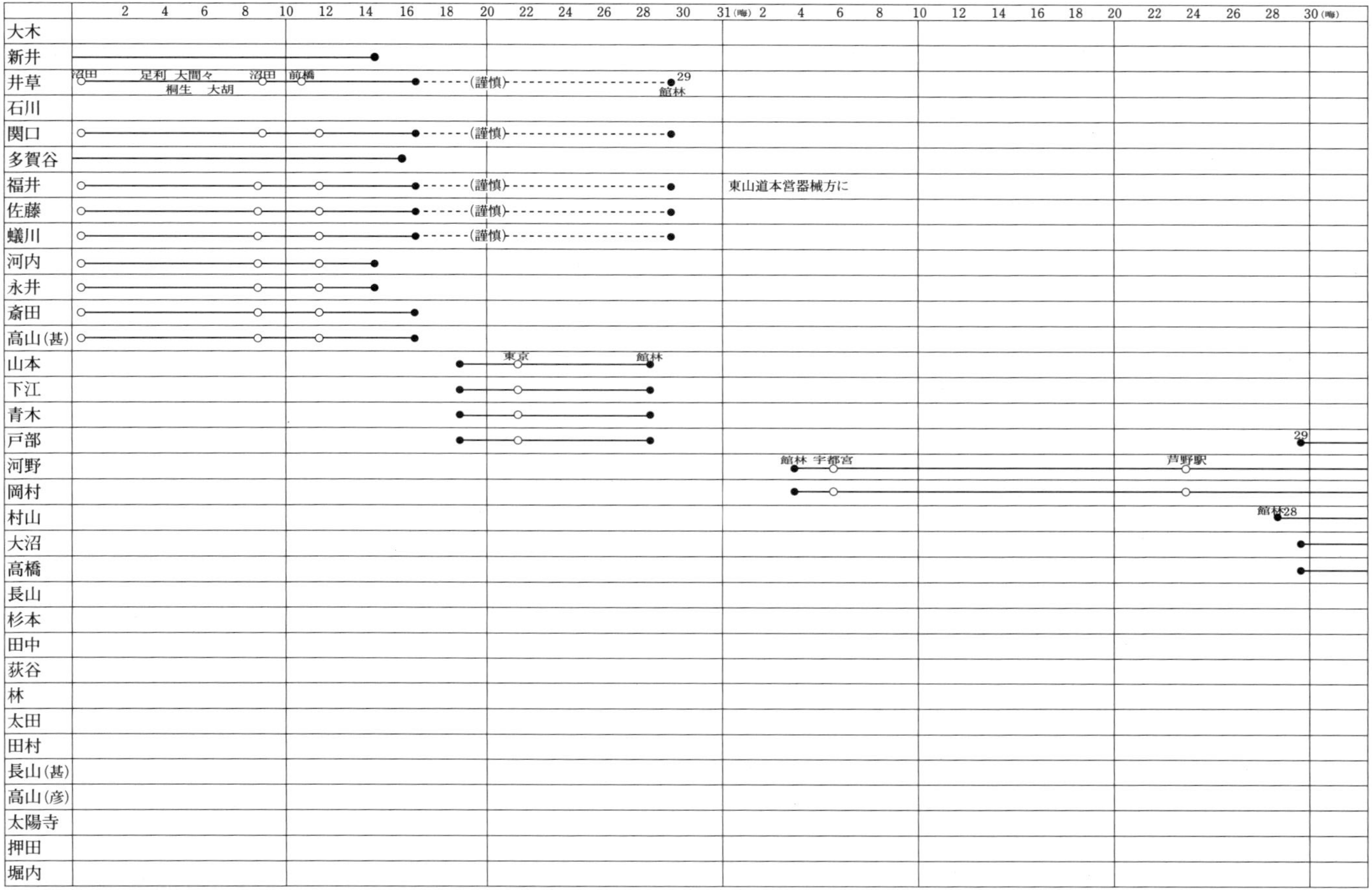

点線：謹慎命令による移動

別表4　館林藩戊辰戦争参戦状況一覧（3）六月〜七月

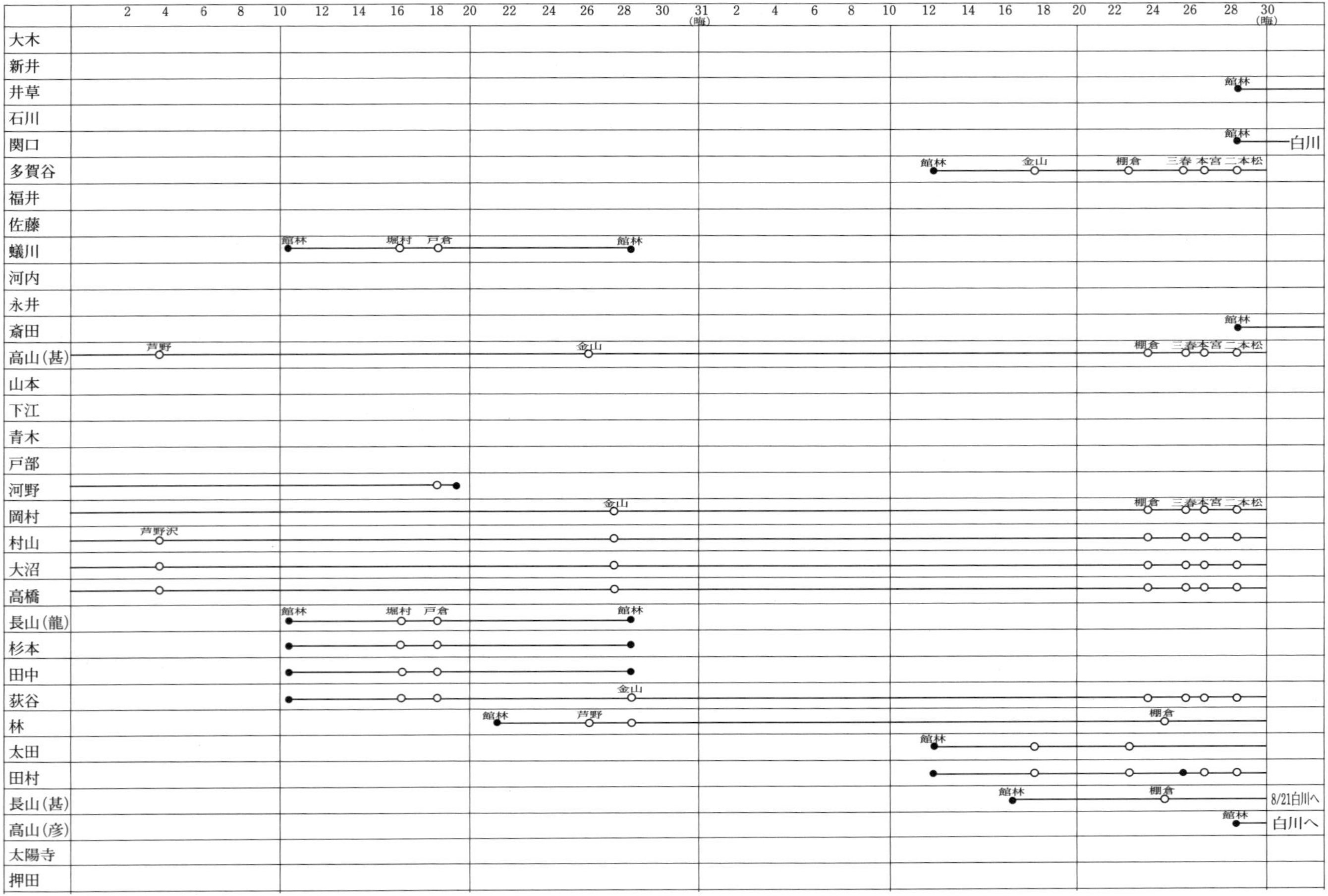

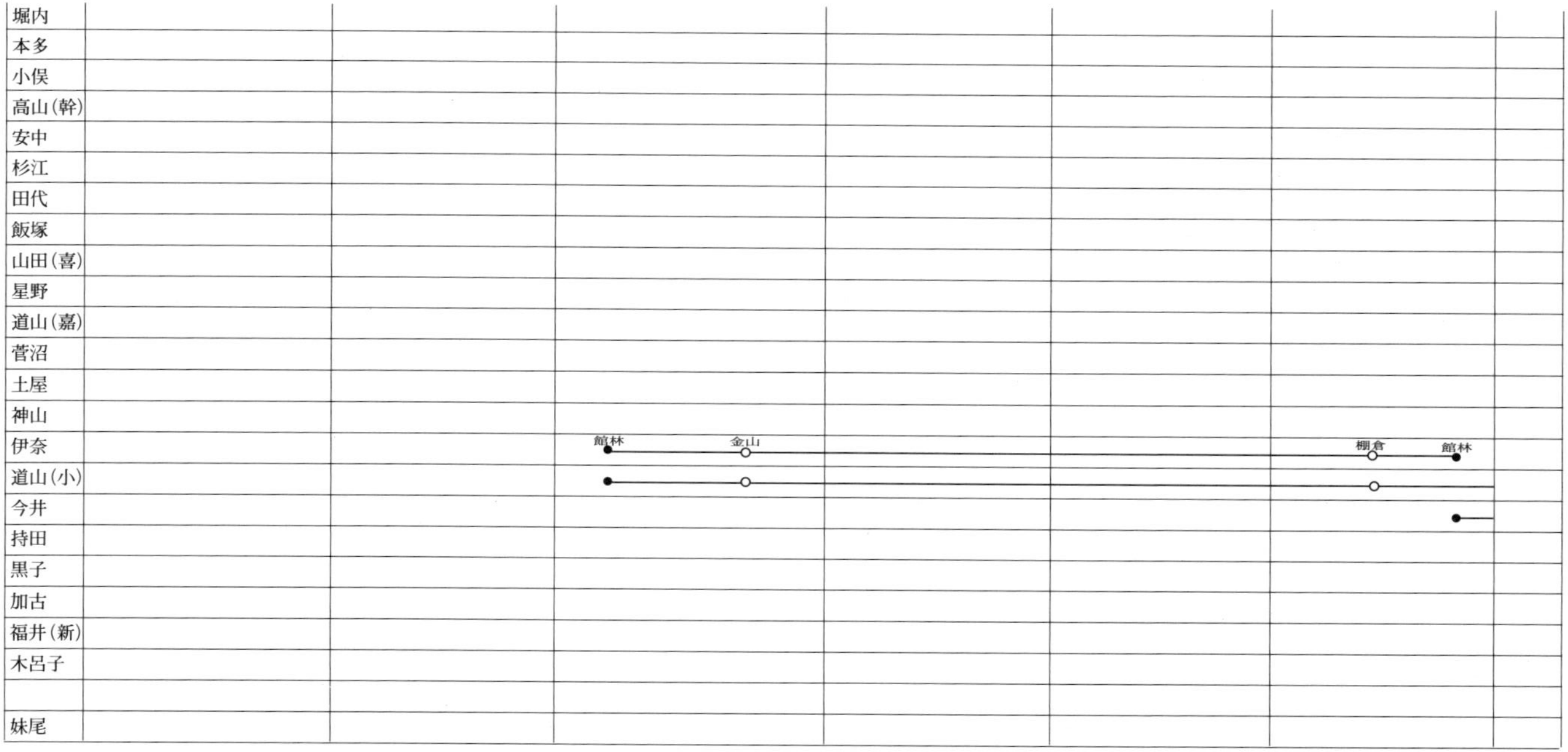
堀内
本多
小俣
高山(幹)
安中
杉江
田代
飯塚
山田(喜)
星野
道山(嘉)
菅沼
土屋
神山
伊奈
道山(小)
今井
持田
黒子
加古
福井(新)
木呂子
妹尾
館林
金山
棚倉
館林

別表5　館林藩戊辰戦争参戦状況一覧（4）八月～九月

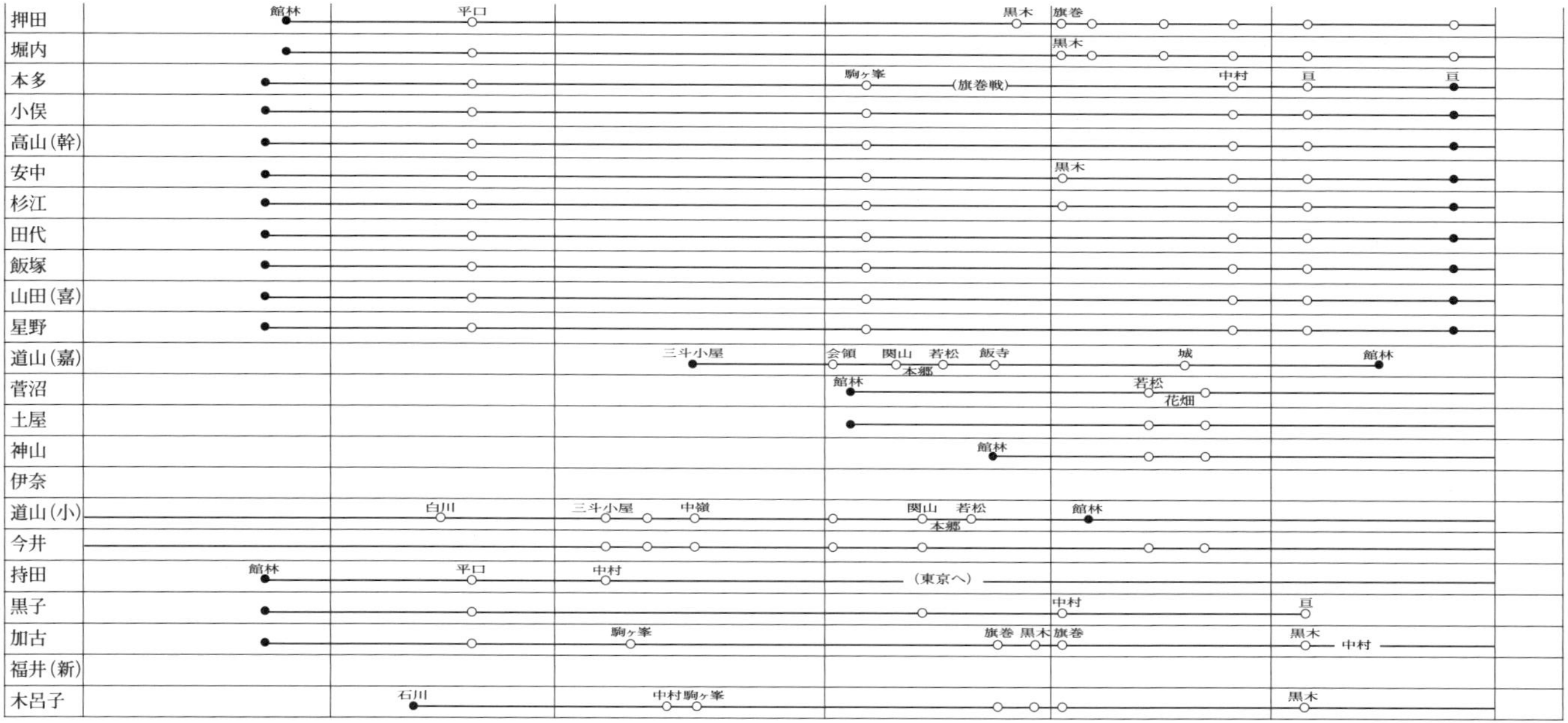
押田 館林 平口 黒木 旗巻
堀内 黒木
本多 駒ヶ峯 (旗巻戦) 中村 亘 亘
小俣
高山(幹)
安中 黒木
杉江
田代
飯塚
山田(喜)
星野
道山(嘉) 三斗小屋 会領 関山 本郷 若松 飯寺 城 館林
菅沼 館林 若松 花畑
土屋
神山 館林
伊奈
道山(小) 白川 三斗小屋 中領 関山 本郷 若松 館林
今井
持田 館林 平口 中村 (東京へ)
黒子 中村 亘
加古 駒ヶ峯 旗巻 黒木 旗巻 黒木 中村
福井(新)
木呂子 石川 中村 駒ヶ峯 黒木

別表6　館林藩戊辰戦争参戦状況一覧（5）十月～十一月

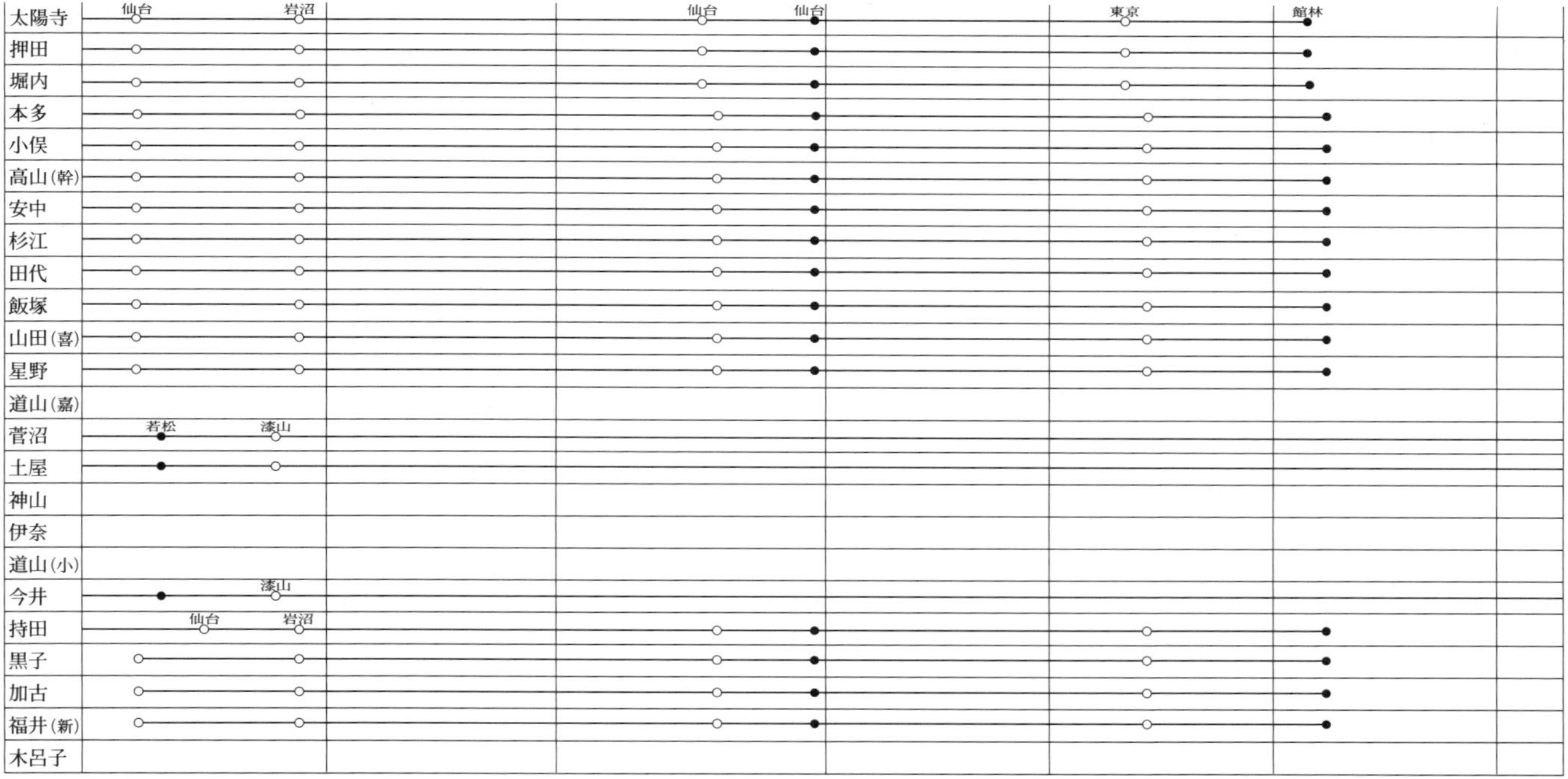

太陽寺
押田
堀内
本多
小俣
高山(幹)
安中
杉江
田代
飯塚
山田(喜)
星野
道山(嘉)
菅沼
土屋
神山
伊奈
道山(小)
今井
持田
黒子
加古
福井(新)
木呂子
仙台
岩沼
仙台
仙台
東京
館林
若松
漆山
漆山
仙台
岩沼

別表7　館林藩戊辰戦争参戦状況一覧（6）戊申十二月～壬巳一月

太陽寺							
押田							
堀内							
本多							
小俣							
高山(幹)							
安中							
杉江							
田代							
飯塚							
山田(喜)							
星野							
道山(嘉)							
菅沼						館林	1/29立 2/9帰
土屋	漆山	館林					
神山							
伊奈							
道山(小)							
今井		館林					
持田							
黒子							
加古							
福井(新)							
木呂子							

あとがき

本書は、筆者が二〇〇九年三月に人文科学博士の学位を授与された論文『幕末譜代藩の政治行動』を基としたものである。

大学院修士課程を修了したとき継続を諦めた研究生活を、人生のキャリアの最後に再度選択したのは、もう八年前になる。直接のきっかけは、先祖が残した文書類の整理に手をつけたことであった。原史料を読むことで、甲斐勝沼氏について、従来語られてきたことと、かなり相違する事実を語る、価値の高い文書が含まれていることを発見した。これらを公開することは、学界への貢献にもなり、同時に、戦国時代と幕末という日本史の二つの大きな転機に、いずれも敗者の側にならざるを得なかった故に、多くの苦労を経験した祖先たちへの供養にもなると考えた。

史料の寄贈先などについて、大学時代の恩師である大口勇次郎先生に御相談したところ、まずは自分で何か書いてみたらどうですか、とのお返事が返ってきたのである。長年、別の畑で仕事をしていたため、日本史の研究現場がどうなっているのか分からず、また、新しい方法や研究成果にも触れていないので、戸惑いは大きかった。そこで、研究者の末端に加えていただけるようになるためのリハビリを開始した。本業（日本語教員）の週一度の研究日を利用して、二年間、お茶の水女子大学大学院での大口先生のゼミと、学習院大学大学院での松尾美恵子先生のゼミで、我が子と同年齢ほどの院生の皆さんに混じって、史料輪読や研究発表に取り組んだ。その場で耳にするすべてのことが、刺激的であり、また懐かしく、心躍る毎日だった。昔大学院で身につけたものが、今後研究を行うための役に立つか否かを探る試金石となった。三年目に、古巣のお茶の水女子大学大学院博士後期課程に出願することを決意し、受験して合格したのは二〇〇二年三月であった。

本書の研究の門を開いてくださったのは、大口、松尾両先生であった。しかし、それからの道は決して平坦ではなかった。ようやく研究をまとめることができたのは、さらに多くの方のお蔭あってこそである。

ときには厳しく、また温かい目でご指導を賜った神田由築先生、小風秀雅先生をはじめ、両先生とともに学位論文の審査にあたってくださった市古夏生先生、高嶋洋一先生、安田次郎先生、本大学院内外でお世話になったすべての先生方、史料調査に伺った館林市教育委員会の阿部課長をはじめ、各地の諸史料館や図書館、博物館等でご協力を賜った多くの方々に、心からの感謝を申し述べたい。

そして、年の差をまったく意識することなく、容赦のない鋭い指摘やアドバイスをいただき、悩みを打ち明け合った、ゼミや諸研究会の若い先輩、後輩とのさまざまな交わりは、八年間に得た貴重な財産として感謝している。

勝沼家文書の撮影については、神田先生のゼミでお近づきとなった三浦裕子さんと気多恵子さんに、親身なご協力をいただいた。大江洋代さんと郭海燕さんには研究仲間として、終始、励ましをいただいた。

本書の出版は、長年ご厚誼を得ている豊川裕之先生と杏林書院の太田裕社長のご紹介により、同成社の山脇洋亮社長とのご縁を得て実現した。山脇さん、編集部の三浦彩子さんには、辛抱強く温かいご指導をいただき、本当に感謝に堪えない。

あらためて、多くの方々のお力によって本書を上梓できたことは喜びであり、厚く御礼申し上げる。

夫と子供たちにも、感謝の気持ちを伝えたい。家族の支えがなければ、とても、ここまで漕ぎ着けられなかっただろう。

二〇一〇年　春

鈴木壽子

幕末《ばくまつ》譜代《ふだい》藩《はん》の政治《せいじ》行動《こうどう》

■著者略歴■

鈴木壽子（すずき　かずこ）

1946年　東京都生まれ。
1970年　お茶の水女子大学大学院人文科学研究科修士課程（史学専攻）修了。
2002年　お茶の水女子大学大学院人間文化研究科博士後期課程（国際日本学専攻）入学。
2009年　同課程修了。博士（人文科学）。
現在、NPO法人日本文化塾主宰として活動中。

2010年3月25日発行

著　者　鈴　木　壽　子
発行者　山　脇　洋　亮
組　版　㈱富士デザイン
印　刷　モリモト印刷㈱
製　本　協栄製本㈱

発行所　東京都千代田区飯田橋4-4-8
（〒102-0072）東京中央ビル　㈱同成社
TEL　03-3239-1467　振替　00140-0-20618

ISBN978-4-88621-512-3　C3021